Neuere Geschichte der Pädagogik

Weitere Bände in der Reihe http://www.springer.com/series/16174

Klaus Mollenhauer

Unter Mitwirkung von
Christiane Giffhorn, Wolfgang Keckeisen,
Michael Parmentier und Brigitte Hantsche

Pädagogik der ‚Kritischen Theorie'

Vier Studienbriefe für die
FernUniversität in Hagen

Herausgegeben von
Cathleen Grunert und Katja Ludwig

Klaus Mollenhauer (1928-1998)

Neuere Geschichte der Pädagogik
ISBN 978-3-658-23245-0   ISBN 978-3-658-23246-7 (eBook)
https://doi.org/10.1007/978-3-658-23246-7

Die Deutsche Nationalbibliothek verzeichnet diese Publikation in der Deutschen Nationalbibliografie; detaillierte bibliografische Daten sind im Internet über http://dnb.d-nb.de abrufbar.

Springer VS
© Springer Fachmedien Wiesbaden GmbH, ein Teil von Springer Nature 2021, korrigierte Publikation 2022
Das Werk einschließlich aller seiner Teile ist urheberrechtlich geschützt. Jede Verwertung, die nicht ausdrücklich vom Urheberrechtsgesetz zugelassen ist, bedarf der vorherigen Zustimmung des Verlags. Das gilt insbesondere für Vervielfältigungen, Bearbeitungen, Übersetzungen, Mikroverfilmungen und die Einspeicherung und Verarbeitung in elektronischen Systemen.
Die Wiedergabe von allgemein beschreibenden Bezeichnungen, Marken, Unternehmensnamen etc. in diesem Werk bedeutet nicht, dass diese frei durch jedermann benutzt werden dürfen. Die Berechtigung zur Benutzung unterliegt, auch ohne gesonderten Hinweis hierzu, den Regeln des Markenrechts. Die Rechte des jeweiligen Zeicheninhabers sind zu beachten.
Der Verlag, die Autoren und die Herausgeber gehen davon aus, dass die Angaben und Informationen in diesem Werk zum Zeitpunkt der Veröffentlichung vollständig und korrekt sind. Weder der Verlag, noch die Autoren oder die Herausgeber übernehmen, ausdrücklich oder implizit, Gewähr für den Inhalt des Werkes, etwaige Fehler oder Äußerungen. Der Verlag bleibt im Hinblick auf geografische Zuordnungen und Gebietsbezeichnungen in veröffentlichten Karten und Institutionsadressen neutral.

Planung/Lektorat: Stefanie Laux
Springer VS ist ein Imprint der eingetragenen Gesellschaft Springer Fachmedien Wiesbaden GmbH und ist ein Teil von Springer Nature.
Die Anschrift der Gesellschaft ist: Abraham-Lincoln-Str. 46, 65189 Wiesbaden, Germany

Inhalt

Vorwort IX

Klaus Mollenhauer und die Pädagogik der Kritischen Theorie –
eine Einleitung | *Cathleen Grunert* 1

Pädagogik der „Kritischen Theorie"

Autorenspiegel 22
Studierhinweise 23
Kursübersicht 24
Lernziele zum Gesamtkurs 25
Literaturverzeichnis zum Gesamtkurs 26

Kurseinheit 1: Was ist ‚Kritische Theorie?' 29
Inhaltsverzeichnis zur Kurseinheit 1 31
Literaturverzeichnis zur Einheit 1 32
Lernziele 34

1   Einleitung 35
    1.1   Einige geschichtliche Motive 35
    1.2   Eine theoretische Anregung 38
    1.3   Einige historische Zusammenhänge 41
    1.4   Überlegungen zu einem kritischen Konzept
           von Erziehungswissenschaft 45

2	Zur Geschichte der Kritischen Theorie	49
	2.1 Vorbemerkung	49
	2.2 Geschichte des Frankfurter Instituts für Sozialforschung	49
	2.3 Auseinandersetzung mit dem Faschismus	54
3	Traditionelle und Kritische Theorie	59
	3.1 Vorbemerkung	59
	3.2 Wissenschaft in der gesellschaftlichen Arbeitsteilung	60
	3.3 Erkenntniskritischer Aspekt	63
4	Resümee: Fragen an die Pädagogik	71

Glossar zum Gesamtkurs 73

Kurseinheit 2: Zur pädagogischen Relevanz der Kritischen Theorie 85

Inhaltsverzeichnis 87
Literaturverzeichnis 88
Lernziele 90

0	Einleitung	91
1	Zur Thematik der Kritischen Theorie	95
	1.1 Die sozialisationstheoretische Fragestellung	95
	1.2 Autorität und Familie	100
	1.3 Der autoritäre Charakter	105
	1.4 Der narzißtisch gestörte Sozialisationstyp	113
	1.5 Zwischenresümee	117
2	Zur Methode der Kritischen Theorie und ihrer erziehungswissenschaftlichen Bedeutsamkeit	119
	2.1 Die Komponenten des wissenschaftlichen Verfahrens	119
	2.2 Die geschichtliche Deutung	120
	2.3 Reflexion der leitenden Kategorien	123
	2.4 Empirische Kontrolle	125
3	Utopie und Ideologie: Zur Normativitätsproblematik	129
	3.1 Fragestellung	129

3.2	Der normative Bezugspunkt	129
3.3	Die Begründung	131

Kurseinheit 3: Die Rezeption der Kritischen Theorie durch die Erziehungswissenschaft ... 139

Inhaltsverzeichnis ... 141
Literaturverzeichnis ... 142
Lernziele ... 144

0   Einleitung ... 145

1   Erziehung als Interaktion ... 147
     1.1   Die Struktur interpersonellen Handelns ... 147
     1.2   „Gestörte" Interaktion ... 151
     1.3   Die sozialen Kontexte der pädagogischen Interaktion ... 156

2   Der Versuch einer „Kritischen Didaktik" ... 161
     2.0   Zum Terminus „Didaktik" ... 161
     2.1   Kritische Didaktik – 1. Abgrenzung ... 162
     2.2   Kritische Didaktik – 2. Abgrenzung ... 163
     2.3   Kritische Didaktik – 3. Abgrenzung ... 163
     2.4   Kritische Didaktik – 4. Abgrenzung ... 165

3   Methodologie einer kritischen Erziehungswissenschaft ... 171
     3.1   Die Interessengebundenheit wissenschaftlicher Theorie (HABERMAS) ... 172
     3.2   Erkenntnisinteresse in der Erziehungswissenschaft: Versuch der Integration von Empirie, Hermeneutik und Ideologiekritik (KLAFKI) ... 175
     3.3   Handlungsforschung ... 178
         3.3.1   Handlungsforschung als kritische Methode ... 178
         3.3.2   Handlungsforschung als innovatorische Problemlösung ... 180
         3.3.3   Kritik der „kritischen" Handlungsforschung ... 183

**Kurseinheit 4: Perspektiven einer kritischen
Erziehungswissenschaft in Beispielen** 187

Inhaltsverzeichnis 189
Literaturverzeichnis 190
Lernziele 192

0   Einleitung 193

1   Ästhetische Erziehung und Bildung 195
    1.1 Zur Funktion und Autonomie des Kunstwerks 196
    1.2 Zur Ästhetischen Bildung 198
    1.3 Einige Probleme der Musikerziehung 202

2   Moralische Erziehung – Postkonventionelle Moral 211
    2.1 Stufen der Entwicklung zur Ich-Identität 212
    2.2 Zur Entwicklung der Interaktionskompetenz
        und des moralischen Bewußtseins 213
    2.3 Moralische Erziehung – Analyse einer Interaktionssequenz .. 215
        2.3.1 Das Interaktionsprotokoll 215
        2.3.2 Die Analyse 222
    2.4 Ein unerledigtes Problem 229

3   Abweichendes Verhalten – „Normalität" und „Anormalität" 231
    3.1 Einleitung 231
    3.2 Die handlungsleitende Funktion von
        Normalitätsdefinitionen 233
    3.3 Historizität und Wandel gesellschaftlicher Normalität 235
    3.4 Erziehungswissenschaft und Abweichung 237
        3.4.1 Historische und gesellschaftstheoretische Analyse .. 238
        3.4.2 Suche nach theoretischen Maßstäben 241
        3.4.3 Ausgrenzung als Interaktion 243

4   Grundregeln des Erziehungshandelns –
    Erziehung als Vergesellschaftung 245
    4.1 Einleitung 245
    4.2 Die historische Bestimmtheit pädagogischer
        Handlungsregeln 248
    4.3 Praktische Fragen 254

Erratum zu: Klaus Mollenhauer und die Pädagogik der Kritischen Theorie –
eine Einleitung E1

Vorwort

Im hier vorliegenden Band werden die vier Einheiten des Kurses *Pädagogik der "Kritischen Theorie"*, die Klaus Mollenhauer für die FernUniversität in Hagen verfasst hat, inhaltlich unverändert veröffentlicht. Während Klaus Mollenhauer als Hauptautor ausgewiesen wird, haben an diesem Kurs auch Christiane Giffhorn, Wolfgang Keckeisen und Michael Parmentier mitgewirkt. An der zweiten überarbeiteten Auflage, die im Verlauf des Studienjahres 1981/82 angefertigt wurde und die dieser Veröffentlichung zugrundeliegt, war zudem Brigitte Hantsche beteiligt. Erstmals eingesetzt wurden die vier Kurseinheiten im Studienjahr 1978/79 im damaligen Diplomstudiengang Pädagogik. Die Kursverzeichnisse der FernUniversität in Hagen belegen, dass der hier vorliegende Kurs bis in das Studienjahr 1994/95 im Diplomstudiengang eingebunden war.

Aus unseren Gesprächen mit Frau Christa Bast, die im Rahmen der hier vorliegenden Kurseinheiten die Redaktion übernommen hatte, ging hervor, dass Prof. Karl-Heinz Dickopp für die Organisation des Fernstudienkurses verantwortlich war. Karl-Heinz Dickopp hatte damals den Lehrstuhl für Systematische Pädagogik an der FernUniversität in Hagen inne und war nach den Aussagen von Frau Bast daran orientiert, für den Ende der 1970er-Jahre neu eingerichteten Studiengang grundlegende Themen und zentrale wissenschaftstheoretische Strömungen in das Zentrum der Lehre zu stellen und dafür auch maßgebende Akteure als Autoren zu gewinnen. Neben Wolfgang Klafki, der einen Kurs zur Geisteswissenschaftlichen Pädagogik verfasste (Klafki 2020), gewann Prof. Dickopp mit Klaus Mollenhauer einen der zentralen Vertreter derjenigen Erziehungswissenschaftler:innen, die in ihren Arbeiten Anschlüsse an die Kritische Theorie gesucht hatten. Diese Anschlüsse werden in den vier Kurseinheiten systematisch in den Blick genommen und – grob umrissen – entlang folgender Frage aufgegriffen: Was ist ‚Kritische Theorie'? (Kurseinheit 1), Welche ‚pädagogische Relevanz' hat Kritische Theorie? (Kurseinheit 2), Wie wurde Kritische Theorie – zum damaligen Zeitpunkt – in der

Erziehungswissenschaft rezipiert? (Kurseinheit 3) und: Welche zukünftigen ‚Perspektiven einer kritischen Erziehungswissenschaft' lassen sich skizzieren? (Kurseinheit 4).

Für die Erstellung des Kurses orientierte sich Klaus Mollenhauer unter Mitwirkung von Christiane Giffhorn, Wolfgang Keckeisen und Michael Parmentier auch an den Vorlagen der FernUniversität zur Erstellung des Kursmaterials (Zentrum für Fernstudienentwicklung 1978), sodass die er und die beteiligten Personen in die Kurseinheiten auch jeweils einen selbstverfassten Lebenslauf – und durchaus bemerkenswert, drei Gruppenfotos – integriert haben. Zudem wurden kommentierte Literaturempfehlungen, Studierhinweise, Beschreibungen der Lernziele, Glossare und Aufgaben zur Vertiefung aufgenommen.

Grundsätzlich entspricht die Veröffentlichung der Kurseinheiten hier den Originalen, da dies aus unserer Sicht auch am ehesten einen ‚unverfälschten' Zugang zu dieser historischen Quelle ermöglicht. Das bedeutet auch, dass die Rechtschreibung, aber auch die Platzierung z. B. der Glossare, Literaturverzeichnisse und Inhaltsverzeichnisse wie in den originalen Versionen der Kurseinheiten beibehalten wurde, auch wenn wir ein Gesamtinhaltsverzeichnis zur einfacheren Übersicht ergänzt haben. Auch bei der Formatierung wurden so wenig wie möglich Veränderungen vorgenommen. So entsprechen die Hervorhebungen in ‚fetter' Schriftart dem Original, ebenso wie die Kursivsetzungen vieler Textabschnitte. Das Format betreffende Anpassungen haben wir hier z. B. nur mit Blick auf die Hervorhebung von expliziten Hinweisen und Aufgaben im Text vorgenommen, um diese besser vom jeweiligen Fließtext abzusetzen. Im Falle editorischer Anmerkungen in den Kurseinheiten sind diese als gesonderte Fußnoten mit einem Asterisken (*) gekennzeichnet. In den Kurseinheiten 1, 3 und 4 sind Fotos, Abbildungen und Zeichnungen enthalten, die im Original und damit in einer höheren Qualität nicht mehr zugänglich sind. Um dennoch die für den Verlauf der Darstellung und Argumentation wichtigen Abbildungen aufnehmen zu können, wurden Fotos dieser Abbildungen eingefügt, deren Qualität zwar mit Abstrichen verbunden ist, unserer Ansicht nach jedoch für einen angemesseneren Gesamteindruck und eine bessere Nachvollziehbarkeit des Textes sorgen.

Insgesamt erscheinen uns die Kurseinheiten zur ‚Pädagogik der Kritischen Theorie' für verschiedene Zielgruppen anregungsreich. Für Studierende, die auch im Ursprungskontext die Adressat:innen sind, liegt hier eine umfangreiche und didaktisch aufbereitete Einführung in eine der theoretischen Strömungen der Erziehungswissenschaft vor, die die Entwicklung der Disziplin in der zweiten Hälfte des letzten Jahrhunderts entscheidend geprägt hat. Dafür stattet Klaus Mollenhauer unter Mitwirkung von Christiane Giffhorn, Wolfgang Keckeisen und Michael Parmentier den Text mit vielen Beispielen und Erklärungen aus und integriert Aufgaben, die sowohl auf das Textverständnis als auch auf ein Reflektieren und Weiterdenken zielen. Sortierte Literaturempfehlungen in den Kurseinheiten sollen die Studierenden bei der Auswahl entsprechender Literatur unterstützen. Gleichzeitig eröffnen die Kurseinheiten nicht nur einen Einblick in die zentralen Linien der Kritischen Theorie und der erziehungswissenschaftlichen Bezugnahmen – sie sind zugleich ein Beispiel eines expliziten Nachdenkens über die Möglichkeiten, aber auch Grenzen und Herausforderungen eines solchen Anschlusses an ein außerdisziplinäres Theoriekonzept, der eine stete Rückkoppelung an erziehungswissenschaftliche Grundfragen erfordert und gleichzeitig zur Schärfung der eigenen disziplinären Problemstellungen beiträgt.

In diesem Sinne ist der Studienbrief nicht nur für Studierende anregungsreich, sondern auch für Lehrende, die in ihren Veranstaltungen auf die Kritische Erziehungswissenschaft Bezug nehmen, um die eigenen Seminare zu gestalten. Darüber hinaus können die Kurseinheiten als historischer Quellentext auch für Wissenschaftler:innen eine Auseinandersetzung mit Klaus Mollenhauers theoretischen Überlegungen zu den Herausforderungen des Rückgriffs auf die Kritische Theorie für erziehungswissenschaftliche Norm- und Erkenntnisfragen ermöglichen, nicht zuletzt indem sie Einblicke in die Spannungsmomente und Ausblicke auf die Neuanschlüsse seines Denkens geben.

Bedanken möchten wir uns bei Heinz-Hermann Krüger als Ideengeber, bei der FernUniversität in Hagen sowie Frau Susanna Mollenhauer für die Genehmigung der Veröffentlichung und bei Stefanie Laux und Katharina Gonsior vom Springer Verlag für die gute Zusammenarbeit. Außerdem danken wir Frau Christa Bast herzlich für die Hinweise und Gespräche zum Entstehungshintergrund der Kurseinheiten.

Cathleen Grunert und Katja Ludwig

Die Originalversion des Buchs wurde revidiert. Ein Erratum ist verfügbar unter https://doi.org/10.1007/978-3-658-23246-7_24

Klaus Mollenhauer und die Pädagogik der Kritischen Theorie – eine Einleitung

Cathleen Grunert

Der Kurs ‚Pädagogik der Kritischen Theorie' für die FernUniversität Hagen stellt eine systematische Herleitung der Verbindungslinien von Pädagogik und der Kritischen Theorie der Frankfurter Schule unter der Federführung von Klaus Mollenhauer und damit einem Autor, der selbst ganz entscheidend an deren Rezeption in der Erziehungswissenschaft mitgewirkt hat. Über die im Kurs aufgeworfenen Fragen lässt er sich aber auch als ein zeithistorisches Dokument lesen, in dem systematisch nach den Schwachstellen dieser Rezeption gefragt wird, indem verlorengegangene Perspektiven – insbesondere im Hinblick auf Begriffs-, Norm- und Erkenntnisfragen – einer sich als Handlungswissenschaft verstehenden Erziehungswissenschaft immer wieder thematisiert werden. Darüber hinaus gibt der Kurs auch punktuelle Einblicke in das Weiterdenken der aufgemachten Bezüge und die damaligen Perspektiven Mollenhauers auf die Frage „wie die weitere Ausarbeitung einer ‚Kritischen Erziehungswissenschaft' verlaufen könnte" (Kurseinheit 4, S. 193). Die Kurseinheiten sind damit sowohl Rückerinnerung, Bestandsaufnahme als auch Zukunftsvision eines eindrucksvollen erziehungswissenschaftlichen Denkens. Und zwar eines Denkens, das wissenschaftliche Erkenntnisfragen nicht von praktischen Fragen trennt, das immer wieder Bezüge außerhalb der Erziehungswissenschaft sucht, diese aber an die genuinen Fragen der eigenen Disziplin rückbindet und das mögliche Verluste durch einmal eingeschlagene Wege versucht, über neue Perspektiven sichtbar zu machen und einzuholen.

Rückerinnerung, Bestandsaufnahme und Zukunftsvision beschreiben nicht nur den Gang durch die Kurseinheiten, sondern auch den Weg von Klaus Mollenhauer durch seine wissenschaftliche Biographie. Aus steten Suchbewegungen nach der angemessenen Bearbeitung erziehungswissenschaftlicher Grundfragen gingen in begrifflicher, methodischer und theoretischer Hinsicht wie auch in Handlungsfeldbestimmungen, insbesondere im Kontext der Sozialpädagogik, immer wieder entscheidende Impulse für die Erziehungswissenschaft hervor und

---

Die Originalversion dieses Kapitels wurde revidiert. Ein Erratum ist verfügbar unter https://doi.org/10.1007/978-3-658-23246-7_24

waren Anlass für fruchtbare Kontroversen, die entscheidend zur Entwicklung der Disziplin beigetragen haben.

Rückerinnerung, Bestandsaufnahme und Zukunftsvision, sollen im Folgenden leitend sein, um im Gang durch die Kurseinheiten auch nach Anschlüssen im weiteren Werk Mollenhauers zu fragen.

1 Rückerinnerung – Pädagogik und Kritische Theorie – Begründungslinien

In der Kurseinheit 1 werden zunächst zwei zentrale Momente der Rückerinnerung als Begründungslinien für eine Orientierung an der Kritischen Theorie als „wissenschaftliches Verfahren" (Kurseinheit 1, S. 35) genannt, das außerhalb der Erziehungswissenschaft verortet ist. Während die erste nach Wurzeln und Versäumnissen innerhalb der eigenen Wissenschaftsdisziplin sucht, betont die biographische Linie Anschlüsse aufgrund der Erfahrungen einer neuen Wissenschaftler:innengeneration mit dem Nationalsozialismus und deren Übertragung auf pädagogische Fragen (siehe 1.2).

1.1 Rückerinnerung – disziplinäre Anschlüsse

Die Frage nach den Versäumnissen der eigenen Wissenschaftsdisziplin führt Mollenhauer zunächst zu Friedrich Schleiermachers Frage nach Erhalten oder Verändern bzw. Verbessern gesellschaftlicher Zustände als Aufgabe der Pädagogik und ebenso zu Jean-Jacques Rousseaus Perspektive auf das Verhältnis von Erziehung und Gesellschaft. Bei beiden ‚Klassikern' der Pädagogik hebt Mollenhauer auch in anderen Schriften das Moment des Umgangs mit dem Prozess gesellschaftlicher Veränderung als Fluchtpunkt des entworfenen Erziehungskonzeptes hervor. Für Rousseau entwirft er diese Lesart etwa auch in seinem Aufsatz über „Pädagogik und Rationalität" (Mollenhauer 1977a[1964]). Darin merkt er jedoch gleichzeitig an, dass diesem kritischen Moment im Werk Rousseaus in der folgenden Rezeption zu wenig Beachtung geschenkt wurde und stattdessen das Augenmerk auf dem „Wohl des Kindes" oder dem „Recht der Jugend auf ihre eigene Lebensart" lag. Dies hatte den Effekt, so Mollenhauer, dass „die bestehende Ordnung nicht mehr in Frage" gestellt werden konnte (Mollenhauer 1977b[1968], S. 101). Auf Schleiermacher verweist er in seinen Schriften der 1960er- und 1970er-Jahre jedoch häufiger und empfiehlt auch im Band „Theorien zum Erziehungsprozess" (Mollenhauer 1982[1972], S. 191) die Lektüre seiner pädagogischen Vorlesungen, wenn auch mit dem Hinweis, dass die Empfehlung solcher Klassikschriften ein „altertümliche[r] Ratschlag" sei, dass die Beschäftigung mit dem allgemeinen Teil und der Einleitung „genügt" und dass dies erst dann „ertragreich" sei, wenn man es mit der parallelen Lektüre von Marx und Engels oder Bernfelds ‚Sisyphos' verbindet. Rückerinnerung also, aber im Kontext des Einschlagens neuer Wege. Niemeyer & Rautenberg (2008, S. 338) bemerken zudem, dass Schleiermacher in den ‚Theorien zum Erziehungsprozess' auch der einzige pädagogische Klassiker auf Mollenhauers Empfehlungsliste bleibt, auch Rousseau taucht hier nicht auf. In seinem 1986 erschienenen Band ‚Umwege' konstatiert Mollenhauer allerdings sehr vehement, dass Schleiermachers „Pädagogik-Vorlesung von 1826 die beste Exposition pädagogischer Grundprobleme der Moderne" (Mollenhauer 2014[1986], S. 111) sei, womit er nicht nur die Vielschichtigkeit von Schleiermachers Gedankengängen zur Pädagogik und ihren Aufgaben, sondern auch deren Aktualität und Geltungskraft zu unterstreichen sucht. Gerade diese Auseinandersetzung mit den Grundfragen und damit der Geschichte des pädagogischen Denkens, also Rückerinnerung, klagt er im Jahr 1982 in seinem Aufsatz ‚Marginalien zur Lage der Erziehungswissenschaft' (Mollenhauer 1982) dann auch deutlich ein und verweist nicht nur auf ihren historischen, sondern ihren „systematischen Sinn" für die Arbeit an einem „begründbaren Begriff von der Sache" (Mollenhauer 1982, S. 259).

Den Bogen zwischen Kritischer Theorie und Schleiermacher schlägt Mollenhauer im Studienbrief, wenn auch reichlich knapp, im Rekurs auf ein Zitat Schleiermachers (Kurseinheit 1, S. 41 f.), mit dem er auf die gesellschaftstheoretischen Aspekte in der historischen Tradition der Pädagogik verweist. Diese sind allerdings, wie Mollenhauer in den ‚Theorien zum Erziehungsprozeß' herausarbeitet, mit der Geisteswissenschaftlichen Pädagogik und ihrer Fokussierung auf das pädagogische Verhältnis „als Dyade, der gegenüber alle anderen Komponenten zu Randbedingungen schrumpfen" (Mollenhauer 1982[1972], S. 21), verlorengegangen. Schleiermachers Frage nach dem Generationenverhältnis war für Mollenhauer vielmehr eine Frage nach dem Verhältnis zweier sozialer Gruppen, in dem die ältere Generation dazu aufgerufen ist, ihre Erziehungs- und Bildungsinhalte sowie -praktiken der jüngeren gegenüber zu legitimieren (Mollenhauer 1977b[1968], S. 101) und nach den gesellschaftlichen Verhältnissen zu fragen, in denen dies geschieht. Dieses Problem, das sich auch als ethisches ausweisen lässt, führt er in der Kurseinheit 3 – wenn auch nicht mit explizitem Rückgriff auf Schleiermacher – aus, indem die Legitimation von Erziehungszielen als grundlegendes Normativitätsproblem der Erziehung diskutiert wird. Darauf, dies in der pädagogischen Theoriebildung zu berücksichtigen, und auf die damit verbundenen Herausforderungen hat Mollenhauer seit Ende der 1970er-Jahre immer wieder hingewiesen (z. B. Mollenhauer & Rittelmeyer 1977, 1978).

Die Rückerinnerung an Schleiermacher war für Klaus Mollenhauer eine Anschlusslinie an geisteswissenschaftliche Theorietraditionen, in der er das fand, was über den Zustand der Geisteswissenschaftlichen Pädagogik der Nachkriegszeit hinauswies, nämlich, „dass eine Theorie der Pädagogik dem komplexen Zusammenhang zwischen Gesellschaftsanalyse und einer umfassenden Vorstellung von Bildung als Grundlage einer Vergewisserung über Erziehung nachzugehen habe" (Winkler 2015, S. 293). Insofern ist für Mollenhauer mit der Rezeption der Kritischen Theorie auch keine Neu-, sondern eine „Wiederentdeckung der Gesellschaftstheorie für die Erziehungswissenschaft" (Kurseinheit 1, S. 42) verbunden. Mit dieser Rückerinnerung geht jedoch die Notwendigkeit einher, sich von dem „Typus von Erziehungstheorie" wie ihn die Geisteswissenschaftliche Pädagogik verkörperte, abzusetzen. In Anbetracht von deren gesellschaftstheoretischer und -kritischer Leerstelle bemerkt Mollenhauer: „Die Tatsache, daß Erziehungsprozesse [...] gesellschaftlich vermittelt sind, wurde überhaupt nicht zum Gegenstand der Reflexion" (Mollenhauer 1977c, S. 24) und in den ‚Theorien zum Erziehungsprozeß' (1982, S. 44) stellt er schließlich fest: „Jenseits der Reproduktion des historisch Vorgegebenen vermag ein solcher Ansatz nichts."

Das klingt nach einer radikalen Abkehr von der Geisteswissenschaftlichen Pädagogik. In den Studienbriefen benennt er jedoch Anschlüsse zumindest an die Hermeneutik als einzigem Aspekt disziplinärer Rückerinnerung, den Mollenhauer explizit mit der Geisteswissenschaftlichen Pädagogik verknüpft (Kurseinheit 1, S. 45; Kurseinheit 3, S. 15 ff.). Die Notwendigkeit, das Augenmerk auf die Geschichtlichkeit pädagogischer und gesellschaftlicher Praxis zu richten, wird hingegen nicht mit der Geisteswissenschaftlichen Pädagogik als eine ihrer Grundannahmen verbunden, sondern aus dem Anschluss an die Kritische Theorie abgeleitet, die dies, anders als die Geisteswissenschaftliche Pädagogik, systematisch mit kritischer Gesellschaftsanalyse verband. Der Geisteswissenschaftlichen Pädagogik indes bescheinigt Mollenhauer als „bürgerliche' Pädagogik" einen „ideologische[n] Graben", der sie „von der Kritischen Theorie trennt" (Kurseinheit 1, S. 68). Und auch die Hermeneutik, so betont Mollenhauer im Anschluss an Wolfgang Klafki, kann nicht mehr in der Form betrieben werden, wie es bei der Geisteswissenschaftlichen Pädagogik der Fall war, sondern eine solche methodisch-methodologische Ausrichtung muss auch eine ideologiekritische Perspektive „in sich aufnehmen" und ist auch verpflichtet, dies zu tun (Klafki 1976, S. 42; Kurseinheit 3, S. 167). Hermeneutik ja, aber nicht ohne diese wiederum mit einem gesellschaftsanalytischen und -kritischen Moment zu verbinden. Eine kleine Reminiszenz findet sich jedoch in der Diskussion der Frage nach dem Verhältnis von Wissenschaft und Praxis in Kurseinheit 1 (S. 67 f.), indem Mollenhauer in der Forderung etwa von Erich Weniger oder Wilhelm Flitner nach einem „Engagement" als „interessierter Beteiligung an den Problemen der Praxis" ein „ähnlich geartetes Begründungsproblem" dieses Verhältnisses aufworfen sieht, wie es Max

Horkheimer (2011[1937]) mit seiner Kritik an der Entfremdung von Theorie und gesellschaftlicher Praxis formuliert hat. Anders als bei Wolfgang Klafki jedoch, der ebenso wie Mollenhauer bei Erich Weniger promoviert hatte und sich immer wieder bemühte, „kritisch nach den Leistungen, aber auch den Grenzen" der Geisteswissenschaftlichen Pädagogik zu fragen (Klafki 1998, S. 17; 2020), erscheinen die Arbeiten Mollenhauers als ein größerer Bruch mit dieser Theorietradition. Und auch wenn er mit den ‚Vergessenen Zusammenhängen' (2008) und seinen späteren Arbeiten wieder Anschlüsse an geistes- und kulturgeschichtliche Zugänge finden wird, sind diese doch kaum mit deren pädagogischer Tradition, wie sie sich in den 1920er-Jahren in Deutschland formierte und bis in die 1960er-Jahre dominierend war, verbunden. Vielmehr bleibt hier Schleiermacher mit seiner Frage nach dem Ziel von Erziehung im Generationenverhältnis und seiner Grundlegung der Hermeneutik als „allgemeine Theorie der Interpretation, für *alle* Humanwissenschaften" (Mollenhauer 2014[1986], S. 115, Hervorhebung i. O.) die zentrale Verbindungslinie ‚disziplinärer' Rückerinnerung.

1.2 Rückerinnerung – biographische Anschlüsse

Während die Wiederentdeckung des gesellschaftstheoretischen Moments einen Bogen zu den ‚Klassikern' und damit zur Geschichte der Disziplin spannt, wird das Anknüpfen an die Kritische Theorie im Studienbrief auch als Eröffnung eines Möglichkeitsraums begründet, sich mit der jüngeren deutschen Geschichte auseinanderzusetzen. Anders als in der damaligen Pädagogik selbst, in der eher Verdrängung, denn Aufarbeitung auch der eigenen Verstrickungen herrschte (Ortmeyer 2009), ergab sich hier ein Denkhorizont, der die Zeit des Nationalsozialismus nicht ad acta legt, sondern in ihren Hervorbringungsdynamiken analysiert und darüber gerade auch die Verflechtung von Bildungs- und Erziehungsverhältnissen mit gesellschaftlichen Verhältnissen in den Fokus rückt. Die Entscheidung, sich der Kritischen Theorie zuzuwenden, wird von Mollenhauer in der Kurseinheit 1 (S. 35 ff.) sehr stark in einen eigenbiographischen Zusammenhang eingebettet. Dabei wird der Nationalsozialismus als Kollektiverfahren einer jungen Wissenschaftler:innengeneration beschrieben, die im Zusammenspiel mit prägenden akademischen Begegnungen auch Vergemeinschaftungsprozesse im Denken über die künftige Ausrichtung der Pädagogik als Handlungswissenschaft hervorgebracht hat. So hat Mollenhauer selbst, aber haben auch Herwig Blankertz, Wolfgang Klafki, Wolfgang Lempert und Peter-Martin Roeder, die hier explizit benannt werden, den Nationalsozialismus als Kinder oder Jugendliche „am eigenen Leibe erlebt oder über ihre Eltern und Freunde kennengelernt" (Kurseinheit 1, S. 36; zu den biographischen Erfahrungen Mollenhauers im Nationalsozialismus siehe Aßmann 2015). Hinzu kam, so Mollenhauer, das Studium bei Lehrer:innen, „die selbst Antifaschisten waren und die Zeit der nationalsozialistischen Herrschaft in der Emigration, in Konzentrationslagern oder im Widerstand verbracht haben" (Kurseinheit 1, S. 36). Während Wolfgang Abendroth, Elisabeth Blochmann, Heinz-Joachim Heydorn, Theodor Litt und Helmut Plessner ausdrücklich Erwähnung finden, kommt sein Doktorvater Erich Weniger im gesamten Studienbrief nur einmal im Zusammenhang mit der beschriebenen kurzen Einlassung zum Theorie-Praxis-Bezug vor. Dies dürfte nicht zuletzt am schwierigen Umgang mit Wenigers Rolle in der NS-Zeit gelegen haben (Ortmeyer 2009, 2008), die die Generation seiner Schüler:innen vor Loyalitätskonflikte stellte. Anders als bei Wolfgang Klafki (Grunert 2020) finden sich bei Mollenhauer jedoch bis zuletzt nur sehr spärliche Hinweise zu seiner Perspektive auf diese Thematik[1]. Gerade in Anbetracht der auch in den Kurseinheiten vorgebrachten Kritik an der fehlenden Aufarbeitung der NS-Vergangenheit sowie der Betonung der Auseinandersetzung mit dem Faschismus in der Kritischen Theorie, scheint in dem Versäumnis, dieses Ansinnen auch auf die gesellschaftspolitischen Verflechtungen in den Denkansätzen der eigenen Lehrer, insbesondere Erich Wenigers, zu übertragen, das große Spannungsmoment auf, in dem sich Mollenhauer und andere Schüler Wenigers befunden haben müssen (Ortmeyer 2008; Grunert 2020). Es gelingt Mollenhauer scheinbar, indem er die Erziehungswissenschaft in Theorie und Tradition (!) zu einem „‚Vakuum'" erklärt (Kurseinheit 1, S. 44), das „die Erziehungswissenschaftler nach dem Kriege vorfanden". Damit wird die ‚Pädagogik der Kritischen Theorie' als radikaler Neuanfang erziehungswissenschaftlicher Theoriebildung gekennzeichnet, deren Hinwendung zu Theorien und Traditionen außerhalb der Pädagogik selbst zur geradezu alternativlosen Notwendigkeit wird. Gebrochen wird diese Radikalität der Abkehr dann aber dennoch durch die bereits erwähnten Zugeständnisse an die hermeneutische Tradition, die allerdings

---

1 Auch in den ‚Umwegen' (Mollenhauer 2014[1986]) bemerkt er in seinem Aufsatz ‚Stationen der europäischen Pädagogik' im Hinblick auf die Pädagogik im Nationalsozialismus deutlich unbestimmt, dass die „Mehrdeutigkeit vieler Formeln … trotz aller Integrität ihrer Verfasser" zu Missverständnissen geführt habe und „für die Barbarei mißbraucht werden konnte" (ebd., S. 148). Dies formuliert er jedoch in einer Zeit, in der eine ernsthafte Auseinandersetzung mit dem Thema in der deutschen Erziehungswissenschaft gerade erst ihren Anfang nahm (z. B. Tenorth 1985). Dennoch bleiben seine öffentlichen Einlassungen dazu auch später eher verhalten und z. T. irritierend (Aßmann 2015, 283 f.). So wendet er sich zwar gegen die Verleihung der Ehrenmitgliedschaft der DGfE für Theodor Wilhelm (Niemeyer 2017, S. 107), belässt es aber bei äußerst knappen, methodenkritischen Kommentaren zu Barbara Siemsens Studie zu Wenigers Wirken im Nationalsozialismus (Mollenhauer 1997; Siemsen 1997; Ortmeyer 2008, S. 200).

mit dem Rekurs auf Schleiermacher deutlich vor der Zeit des Faschismus einsetzen. Konsequenz aus den Erfahrungen mit dem Nationalsozialismus ist dann für Mollenhauer die Erkenntnis, dass – „wollte man seine, wenn auch im Vergleich zu anderen und Älteren harmlosen Faschismuserfahrungen nicht verleugnen" – zumindest eine „ungebrochene Fortsetzung der geisteswissenschaftlichen Pädagogik" „nicht akzeptabel" sei (Kurseinheit 1, S. 37).

2 Bestandsaufnahme – Pädagogik und Kritische Theorie

Den Anschluss an die Kritische Theorie begründet Mollenhauer dann im Studienbrief nicht zuletzt mit Parallelitäten, die er in der Motivlage der Vertreter der ‚Frankfurter Schule' und der „Erziehungswissenschaftler der Nachkriegszeit" sieht, eine Neuausrichtung der eigenen Wissenschaftsdisziplin anzustreben. In unterschiedlichen historischen Zeiten – Adorno und Horkheimer in den 1920er-Jahren, Mollenhauer, Klafki, Blankertz u. a. in den 1960er-Jahren – ist man zu dem Schluss gekommen „daß gesellschaftliche Wirklichkeit einerseits in der vorherrschenden soziologischen, andererseits in der pädagogischen Theorie nicht adäquat formuliert wurde" (Kurseinheit 1, S. 42).

Eine Orientierung an der ‚Kritischen Theorie' versprach die Möglichkeit zur Orientierung an einem Wissenschaftsverständnis, das „analytisch ist, historisch argumentiert, die gesellschaftliche Geformtheit jedes Gegenstandes betont, die vielfältigen widersprüchlichen Verknüpfungen hervorhebt" (Kurseinheit 1, S. 41). Für Mollenhauer und andere Vertreter:innen einer kritisch ausgerichteten Erziehungswissenschaft bedeutete dies, insbesondere im Anschluss an Jürgen Habermas, hermeneutische und erfahrungswissenschaftliche Zugänge nicht abzuschreiben, sondern unter einer ideologiekritischen Perspektive zu verbinden, die sich am Postulat von Mündigkeit und Emanzipation orientiert. Mit dem Anschluss an die Kritische Theorie, so macht es Mollenhauer im Studienbrief deutlich, werden pädagogisches Handeln und gesellschaftliche Struktur in ihrer historischen Gewordenheit und ihren Wechselbezügen wahrgenommen und darüber als gesellschaftlich bedingt und veränderbar gefasst. Ein solcher Entwurf einer erziehungswissenschaftlichen Disziplin, die sich mit dem Anschluss an die Hermeneutik ihr geisteswissenschaftliches Erbe bewahrt und mit dem Anschluss an sozialwissenschaftliche Forschungszugänge nach neuen Wegen sucht – wenngleich sie mit der experimentellen Pädagogik (z. B. Meumann 1911) in der Adaption erfahrungswissenschaftlicher Methoden durchaus eine Tradition besitzt –, zielt dann über das ideologiekritische Moment nicht nur auf Beschreibung, sondern auch auf Kritik und Veränderung gesellschaftlicher Verhältnisse. Während dieses Veränderungsmoment in den früheren Schriften Mollenhauers noch deutlicher im Zentrum steht (z. B. Mollenhauer 1977a[1964]), bleibt es im Studienbrief eher implizit bzw. wird in den Darstellungen der Grundthesen der ‚Kritischen Theorie' und weniger in den Anschlüssen durch die Erziehungswissenschaft aufgegriffen. Kritische Theorie wird jedoch als eine Form von Wissenschaft beschrieben, die „höchst Bedeutsames für die Pädagogik" (Kurseinheit 2, S. 95) hervorgebracht hat.

2.1 Drei Aspekte ‚Kritischer Theorie' in ihrer Bedeutung für die Erziehungswissenschaft

Herausgestellt werden in dieser Hinsicht in der Kurseinheit 2 zum Ersten mit den Arbeiten zu Autorität und Familie und zum autoritären Charakter diejenigen Analysen, die auf den Zusammenhang von Gesellschaftsstruktur und Persönlichkeit verweisen und damit Sozialisationsaspekte in das Zentrum stellen, die auch als „Bedingungen (und Barrieren) von Bildungsprozessen" (ebd., S. 95) gelesen werden können. Zur Frage der Familienerziehung hatten Mollenhauer et al. bereits 1975 eine Abhandlung vorgelegt, auf die in der Kurseinheit jedoch nicht eigens, sondern nur im Verweis auf ähnliche Arbeiten zum historischen Wandel familialer Strukturen und Erziehungsverhältnisse und deren Einbettung in gesellschaftliche Veränderungsprozesse Bezug genommen wird. Während damit die Anschlüsse an die Kritische Theorie durch die Erziehungswissenschaft stärker thematisch im Hinblick auf sozialisationstheoretische Perspektiven untermauert werden, werden zum Zweiten methodologische Grundlegungen und Ansprüche betont, die diese Fragen in spezifischer Weise bearbeiten. Die Verbindung von geschichtlicher Deutung des Gegenstands, Reflexion der zur Deutung herangezogenen Kategorien und empirischer Prüfung der Deutungen, wie sie für die Kritische Theorie kennzeichnend ist, wird – allerdings eigentümlich zurückgenommen – als „mindestens nützlich" (Kurseinheit 2, S. 127) für die erziehungswissenschaftliche Forschung markiert. Erziehungswissenschaft, so lässt sich folgern, geht nicht in diesen Dimensionen auf, sondern fragt als Handlungswissenschaft gleichzeitig nach der Legitimation pädagogischen Handelns und den Argumentationsbedingungen ihrer Begründung. Erziehungswissenschaftliche Forschung, so Mollenhauer (1982[1972], S. 255), „erschöpft" sich nicht „in der soziologischen Analyse von Erziehungsverhältnissen". Zum Dritten wird deshalb als Anschluss an die ‚Kritische Theorie' zwar der Diskurs-Begriff wie ihn Habermas ausgearbeitet hat, eingeführt, jedoch im Kontext einer erziehungswissenschaftlichen Perspektive diskutiert. Diese Verbindung hatte Mollenhauer bereits in den ‚Theorien zum Erziehungsprozess' (Mollenhauer 1982[1972]) aufgegriffen. In Kurseinheit 3 (S. 154) wird dies als „erste[r] Versuch" beschrieben, aus der Habermas'schen Diskurstheorie „für die Erziehungswissenschaft eine Konsequenz zu ziehen". Diese Konsequenz war dann in erster Linie, aus der regulativen Idee der idealen Sprechsituation, wie sie Habermas ausgearbeitet hat, Erziehungsziele und pädagogische Handlungsnormen zu legitimieren. Erziehung sollte zum Ziel haben, diskurs- und konsensfähige Subjekte hervorzubringen. Allerdings verweist Mollenhauer als Spezifikum erzieherischer Kommunikation darauf, dass es sich im Gegensatz zum idealen Entwurf bei Habermas nicht um eine „symmetrische Verteilung von Kommunikationschancen" (Kurseinheit 2, S. 132) handelt. Vielmehr ist sie aufgrund von Kompetenz- und Machtdifferenzen durch spezifische Asymmetrien gekennzeichnet (auch Mollenhauer & Rittelmeyer 1978, S. 85), die gleichzeitig den unaufhebbaren Widerspruch von autoritativen und egalitären Elementen im Erziehungshandeln begründen und legitimieren.

2.2 Drei Anschlüsse an die ‚Kritische Theorie' durch Vertreter der kritischen Erziehungswissenschaft

Während in Kurseinheit 2 damit drei zentrale Dimensionen der ‚Kritischen Theorie' in ihrer Bedeutung für die Erziehungswissenschaft begründet werden, stehen in der Kurseinheit 3 wiederum drei Anschlusswege im Zentrum, wie sie von den Vertretern einer kritischen Erziehungswissenschaft eingeschlagen wurden.

Der erste Weg ist der, den Klaus Mollenhauer selbst initiiert und in den ‚Theorien zum Erziehungsprozess' (Mollenhauer 1982[1972]) begründet hat, nämlich Erziehung in Anknüpfung insbesondere an George Herbert Mead (Mead 1995 [1934]) als Interaktionsgeschehen zu fassen. Während sich der Argumentationsgang stark an demjenigen in den ‚Theorien zum Erziehungsprozess' orientiert, wird das Kapitel selbst zwar mit „Erziehung als Interaktion" (Kurseinheit 3, S. 147) überschrieben, eingeführt wird es aber mit einer Vergewisserung über den Begriff der Bildung. Bildung wird dabei als „tätige Auseinandersetzung mit der Umwelt" gefasst, die grundlegend an soziale Interaktionsbeziehungen gekoppelt ist. Diese wiederum stellen sich nicht im luftleeren Raum her, sondern immer auch vor dem Hintergrund historisch gewordener „kulturelle[r] Traditionen, der Formen gesellschaftlichen Verkehrs, der Machtverhältnisse, der Weisen der gesellschaftlichen Produktion" (Kurseinheit 3, S. 148). Im Kindesalter, so Mollenhauer, besteht der Bildungsprozess zum „fundamentalen Teil in dem Erwerb von Interaktionskompetenz" (ebd., S. 151), der allererst über Interaktionen mit kompetenteren Interaktionspartnern einen Ermöglichungsraum findet. Eine solche Perspektive auf Bildung als Selbsttätigkeit, die sich über soziale Interaktionsbeziehungen herstellt und hier nur angedeutet ist, elaboriert Mollenhauer dann in den ‚Vergessenen Zusammenhängen' (Mollenhauer 2008[1983]) weiter aus. Hier bestimmt er die Aufgabe pädagogischer Interaktionen als „Aufforderung zur Selbsttätigkeit", über die sich Kompetenzen herstellen können, die wiederum zu „Produktivkräften der eigenen Bildung" werden (ebd., S. 141). Betrachtet man Erziehung als Interaktion, dann, so wird es in der Kurseinheit 3 entfaltet, müsste es Gegenstand der Erziehungswissenschaft sein, Interaktionsstörungen in ihren situativen und gesellschaftlichen Herstellungsbedingungen zu identifizieren, die nicht allein auf das dem Typ ‚pädagogische Interaktion' inhärente Macht- und Kompetenzgefälle zurückzuführen sind. Vielmehr können sie auf unterschiedlichen Ebenen der Geltungsansprüche für verständigungsorientierte Kommunikation liegen wie sie etwa bei Habermas (1981) formuliert sind, sie können mit „sozioökonomischen oder institutionellen" Bedingungen verbunden sein, die den Interaktionsbeziehungen zugrunde liegen oder sie können an die „herrschenden Grundmuster für den pädagogischen Umgang der Generationen miteinander" (Kurseinheit 3, S. 159) gekoppelt sein, die im bourdieu'schen Sinne pädagogische Interaktionen erst als solche legitimieren. Gerade der Habitusbegriff Bourdieus wird hier als nicht psychologisch konnotierter in seiner Anschlussfähigkeit an pädagogische Problemstellungen herausgestellt (auch Mollenhauer 1982[1972], S. 150 ff., 2014[1977], S. 34 f.), insbesondere auch in seiner Anschlussfähigkeit für historische Untersuchungen.

Der zweite Weg des Anschlusses an die Kritische Theorie, der im Studienbrief vorgestellt wird, ist die Auseinandersetzung mit Fragen der Didaktik. Hier schließt die Darstellung explizit an die Arbeiten von Herwig Blankertz (1969) und Dieter Lenzen (1973) an und wird im Stil der Abgrenzung vollzogen. Didaktische Fragen stellen sich als normative vor allem deshalb, weil sich in ihnen Entscheidungen im Hinblick auf die Zukunft spiegeln. Was sollen Kinder wie lernen und vor welchem argumentativen Hintergrund sollen diese Mittel und Wege gewählt werden? Zur Einordnung der Antworten einer kritischen Erziehungswissenschaft auf diese Frage werden Abgrenzungen aufgezeigt, erstens zu tradierten Anweisungen und Regeln, zu „Erfahrungsschätzen" wie Mollenhauer sie nennt. Solche Überlieferungen würden nicht nur von den Vertretern einer kritischen Erziehungswissenschaft abgelehnt, sondern sie stünden *allen* didaktischen Entwürfen entgegen, die einen Anspruch auf Wissenschaftlichkeit erheben (Kurseinheit 3, S. 162). Zweitens findet eine Abgrenzung gegenüber einer technologischen Perspektive auf Curriculumentwicklung statt, die in erster Linie an Effektivität der Lernzielerreichung orientiert ist, dabei aber normative Fragen der Entscheidungen über Lernziele ausklammert. Die dritte Abgrenzung speist sich dann eher aus Merkmalen, die eine „kritische Didaktik" gegenüber anderen Didaktiken auszeichnen. Diese gründen in einer historischen und gesellschaftlichen Perspektive auf Curricula und ihre Herstellung, auf dem Grundsatz einer schulnahen Curriculumentwicklung in Verbindung mit offenen Curricula sowie der Ausarbeitung von Kriterien für die Analyse und konstruktive Kritik von Lerninhalten und Lernzielen wie sie vor allem Herwig Blankertz (1969, 1973) betrieben hat. Als vierte Abgrenzung wird dann in Gestalt des didaktischen Ansatzes von Dieter Lenzen (1973) betont, dass Curriculumtheorie auch den Lernvorgang auf Seiten der Lernenden berücksichtigen muss. Während Lenzen selbst sich in seinem Entwurf in erster Linie an entwicklungspsychologischen und linguistischen Theoriekonzepten orientiert und sich im Kontext strukturalistischer Begründungsfiguren bewegt, stellt Mollenhauer hier Verbindungslinien zwischen Lenzens Argumentation und der Kritischen Theorie heraus und kennzeichnet sie als „kritische Didaktik", die den „‚unkritischen' Rest in BLANKERTZ' Theorie beseitigt" (Kurseinheit 3, S. 166) habe. Der unkritische Rest liegt dabei in der Ausblendung des Anteils der Schüler:innen selbst am Unterrichtsgeschehen, das über Lenzens Ansatz als kommunikatives in den Blick gerät. Auch über diesen Argumentationsgang lenkt Mollenhauer im Studienbrief den Blick auf die ‚Selbsttätigkeit', das aktive Handeln und die produktive Verarbeitung gesellschaftlicher Wirklichkeit im Lernprozess. Hier deutet sich an, was Mollenhauer dann in den ‚Vergessenen Zusammenhängen' (Mollenhauer 2008[1983]) als pädagogische Grundprobleme, wenn auch auf eher kulturwissenschaftlichen Wegen, bearbeitet. Nämlich die Verschränkung von Fragen danach, was und wie in pädagogischen Prozessen vermittelt werden soll und was Kinder in diese Prozesse mitbringen. Präsentation, Repräsentation, Bildsamkeit und Selbsttätigkeit stehen dann in einem Wechselverhältnis, das nicht restlos aufzuklären und in seinen Ergebnissen zu prognostizieren ist. Erziehung sollte deshalb „nicht nach dem Modell der Bearbeitung, Formung, Veränderung eines Materials gedacht werden, sondern als Unterstützung sich entwickelnder Kraft, als dialogische Beziehung, als Ruf und Antwort" (Mollenhauer 2008[1983], S. 90)

Ein dritter Weg des Anschlusses an die Kritische Theorie durch die Erziehungswissenschaft wird dann auf methodologischer Ebene diskutiert. Dafür wird exemplarisch Wolfgang Klafkis Programm einer kritisch-konstruktiven Erziehungswissenschaft aufgerufen, an das auch andere Vertreter einer kritischen Erziehungswissenschaft als anschlussfähig markiert werden. Zentrale Figur ist darin die Verbindung von hermeneutischen und erfahrungswissenschaftlichen Methoden – die in geisteswissenschaftlichen bzw. empirischen Entwürfen von Erziehungswissenschaft eher einseitige Erkenntniswege bilden – mit gesellschaftskritischen Reflexionen (schon Mollenhauer 1977[1968], S. 16 ff.). Da Erziehungswissenschaft als Handlungswissenschaft aber nicht einem kritischen Beobachterstatus verhaftet sein kann, sondern auch nach der Gestaltung pädagogischer Praxis fragt, kann sie nicht dabei stehen bleiben. Daraus wird in diesem Kapitel dann auch die Frage abgeleitet, ob die Erziehungswissenschaft eigentlich eine eigene Methodologie benötigt, um ihren Gegenstand bearbeiten zu können. Wie soll also Wissen derart gewonnen werden, dass „auch dem ‚praktischen' und dem ‚emanzipatorischen' Erkenntnisinteresse genüge getan wird?" (Kurseinheit 3, S. 179). Kritisch diskutiert wird deshalb das Programm einer Handlungsforschung, die „Forschung als eingreifende Praxis" (Krüger 2019, S. 81) entwirft, als möglicher Weg, einen solchen Anspruch einzulösen. Da zum Zeitpunkt des Verfassens des Studienbriefes aber eher von der Erprobung eines solchen Weges als von ausgearbeiteten methodologischen Konzepten gesprochen werden kann, werden hier unterschiedliche Positionen auf ihre Plausibilität befragt. Darin deutet sich eine starke Skepsis gegenüber der Handlungsforschung an (auch Mollenhauer & Rittelmeyer 1978, S. 84). Kritisch betrachtet werden vor allem radikale Perspektiven, die mit der Preisgabe von Gütekritieren wissenschaftlicher Erkenntnis einhergehen oder eine Abkehr von erfahrungswissenschaftlicher Forschung propagieren und erziehungswissenschaftliche Forschung auf aufklärende Gespräche zwischen Forscher:innen und Praktiker:innen reduzieren. Gleichwohl wird in Anschlag gebracht, dass, wenn Handlungsforschung nicht gleichzeitig die Aufgabe wissenschaftlicher und theoretischer „Strenge" betreibt, sie durchaus „ein respektables Instrument der Erziehungswissenschaft sein" (Kurseinheit 3, S. 185) kann. Im Thema der Handlungsforschung, so wird es hier wie auch in Mollenhauers Aufsatz zur Lage der Erziehungswissenschaft (Mollenhauer 1982[1972], S. 261) deutlich, spiegelt sich die schwierige Suche der Erziehungswissenschaft nach einer eigenen Methodologie, die den Ansprüchen einer Handlungswissenschaft genügt. Handlungsforschung, so Mollenhauer hier, kann deshalb auch als Versuch gelesen werden, „die Methoden der erziehungswissenschaftlichen Erkenntnis von der praktischen Seite des Gegenstandes her zu begründen und zu entwickeln".

3 Kritische Erziehungswissenschaft weiterdenken – Zukunftsperspektiven

In den Kurseinheiten deuten sich immer wieder offene Fragen, Skepsis und Hinweise auf ein notwendiges Weiterdenken auch der eigenen früheren Perspektiven auf das Verhältnis von Erziehungswissenschaft und Kritischer Theorie an. Am deutlichsten zeigen sich diese vielleicht in den immer wieder vorgenommenen Verweisen auf die Differenzen von Kritischer Theorie und Kritischer Erziehungswissenschaft, die in einem handlungswissenschaftlichen Entwurf von Erziehungswissenschaft begründet liegen. Die Perspektiven einer kritischen Erziehungswissenschaft liegen dann in der Arbeit an einem Wissenschaftsverständnis, das sich praktischen Fragen nicht entzieht, sondern gerade diese in ihren Perspektiven auf Bedingungen und Prozesse von Erziehung und Bildung zum Ausgangspunkt macht und nach den Argumentationsregeln fragt, die der Erörterung ethischer Probleme in der Pädagogik zugrundeliegen. Damit werden Theorie und Praxis nicht voneinander getrennt, sondern wechselseitig aufeinander bezogen und das pädagogische Feld als „ethisch bestimmtes Feld" (Aßmann 2015, S. 253) entworfen.

Skepsis macht Mollenhauer jedoch im Hinblick auf die Lage der Erziehungswissenschaft selbst deutlich, eine solche Perspektive zu ihrem einenden Grundgedanken zu machen. Mit der „Selbstetikettierung der Pädagogik als Sozialwissenschaft" (Mollenhauer 1982, S. 255), an der er in seinem Aufsatz zur Lage der Erziehungswissenschaft selbstkritisch seinen eigenen Anteil einräumt, seien erziehungspraktische Fragen und Problemstellungen zunehmend aus dem Wissenschaftsverständnis ausgelagert worden. Auch in den Kurseinheiten des Studienbriefs stellt Mollenhauer fest, „daß häufig ‚Pädagogik' nur noch eine lockere Addition von Erziehungssoziologie und pädagogischer Psychologie" (Kurseinheit 1, S. 64) sei. Zudem ist die „erfahrungswissenschaftliche[n] Pädagogik", so Mollenhauer in Kurseinheit 3 (S. 176), in erster Linie von einem „technische[n] Erkenntnisinteresse'" geleitet, das an Rationalisierung und Optimierung, aber kaum an „der prinzipiellen Veränderbarkeit von Determinationsverhältnissen" ausgerichtet sei. Während Heinrich Roth noch für die Beibehaltung des normativen Moments der Erziehungswissenschaft, das er in der Ausrichtung am Erziehungsziel der Mündigkeit begründet sah, ebenso plädierte wie dafür, dass die Erziehungswissenschaft „unter ihrer besonderen Fragestellung auch facheigene Forschungsmethoden entwickeln muss" (Roth 1962, S. 482), scheint die Erziehungswissenschaft zu Beginn der 1970er-Jahre – nicht zuletzt auch aufgrund ihrer schnellen Expansion an den Universitäten seit Einrichtung des Diplomstudiengangs 1969 und der damit verbundenen Ausdifferenzierung (Thiersch 1974) – von disziplinärer Identität immer weiter entfernt. Das genuin Erziehungswissenschaftliche der Disziplin, ein gemeinsames Verständnis ihres Gegenstandes, schien verlorengegangen zu sein. Dafür nimmt Mollenhauer sowohl die Orientierung an erfahrungswissenschaftlichen Zugängen als auch eine überzogene ideologiekritische Ausrichtung, und nicht zuletzt eine „falsche Rezeption der Kritischen Theorie in der Pädagogik" (Mollenhauer 1982, S. 256) in Haft. Kritik fand die Orientierung an einem ausschließlich empirisch-analytischen Wissenschaftsverständnis, das „als wissenschaftliche Theorie nur gelten lässt, was dem in den Naturwissenschaften entwickelten Wissenschaftsbegriff entspricht" (Mollenhauer 1977[1968], S. 11ff.) bereits in ‚Erziehung und Emanzipation'. Eine solche Skepsis begleitete Klaus Mollenhauer allerdings bis an sein Lebensende. In einem seiner letzten Essays betont er, dass die empirische Bildungsforschung sich in erster Linie auf Bildung als „Resultat" konzentriert habe, ihr aber nun „aufgegeben" sei, Bildungsforschung „unter dem Gesichtspunkt der Prozeß-Analyse" (Mollenhauer 1998, S. 490) zu betreiben, um Bildungsvorgänge beschreiben zu können. Qualitative Zugänge erachtete er dafür als deutlich geeigneter als standardisiert-quantitative. Schwerer wiegt aber für Mollenhauer der Verlust normativer Fragen, den er insbesondere in einer Ausrichtung an psychologischen Verfahren begründet sah. Aber auch das ideologiekritische Moment sei in der Pädagogik über deren Herauslösung aus geschichtlichen Deutungen kaum in seiner Potentialität ausgeschöpft worden. Insbesondere den „dünn gewordenen Kontakt zur Geschichte pädagogischen Handelns und Denkens" (Mollenhauer 1982, S. 259) machte Mollenhauer schließlich verantwortlich für den „Verlust eines begründbaren Begriffs von der Sache" und die fehlende Bearbeitung praktischer pädagogischer Problemstellungen.

Skepsis zeigt sich auch gegenüber den methodisch-methodologischen Orientierungen wie sie die ‚Kritische Theorie' leiten. Bereits in der Diskussion der familiensoziologischen Arbeiten zu ‚Autorität und Familie' der ‚Frankfurter Schule' (Kurseinheit 2) deutet Mollenhauer Wege an, die über eine rein sozialwissenschaftliche Begründung erziehungswissenschaftlicher Methodologie hinausweisen, indem er auf vielfältige literarische Quellen verweist, in denen bereits um die Jahrhundertwende ein Legitimitätsverlust autoritärer Erziehung zum Ausdruck kommt (Kurseinheit 2, S. 113 f.). Skepsis zeigt sich aber auch in der Feststellung, dass „sich nicht jeder beliebige Gegenstand demjenigen Begriff von Erfahrungskontrolle, wie er z. B. in den Regeln der empirischen Sozialforschung oder gar in der methodologischen Theorie des psychologischen Experiments enthalten ist" (Kurseinheit 2, S. 119) fügt. Hier scheint schon auf, was dann in den ‚Vergessenen Zusammenhängen' (Mollenhauer 2008[1983]) zum Programm wird, nämlich die Hinwendung zu Grundfragen der Erziehungswissenschaft in ihrem Eigensinn, ohne die Postulate einer kritischen Erziehungswissenschaft von historischer Analyse, kategorialer Bestimmung und empirischer Prüfung aufzugeben, zudem eine Hinwendung zu literarischen und künstlerischen Produkten als erziehungswissenschaftlichen Forschungsdaten. Ein solcher methodisch-methodologischer ‚Dreh' findet sich bereits im Band zur Familienerziehung, in den neben Protokollen von Familieninteraktionen auch literarische Beispiele einfließen und als „Erkenntnisquelle" „ernsthafter wissenschaftlicher Beschäftigung" (Mollenhauer et al. 1975, S. 201) gekennzeichnet werden. Rückblickend wird dieses Vorgehen von Mollenhauer als Notwendigkeit betrachtet, um eine andere, „eine stärker an den Grundfragen der Erziehungswissenschaft orientierte Sprache zu finden" (Mollenhauer 1987, S. 65).

Mit der Hinwendung zu einer „sozialwissenschaftlichen Stilisierung der Sprache" wurden – so Mollenhauer rückblickend – nicht nur die ‚einheimischen Begriffe', sondern „zugleich das Problem zum Verschwinden gebracht" (Mollenhauer 1987, S. 56). Dass Begriffe wie Bildung und Erziehung zentral auch über die Anschlüsse Mollenhauers selbst an Theoriekonzepte, etwa von Mead, Goffman oder Habermas (Mollenhauer 1982[1972]), verdrängt wurden, betrachtete er später als den „schlimmsten Fehler" (Mollenhauer 1987, S. 56), den er und ein großer Teil seiner Wissenschaftlergeneration gemacht haben. Allerdings erscheinen ihm diese ‚Umwege' in der Rückschau auch als Notwendigkeit, als in der historischen Situation einziger Weg, mit den „Ungenauigkeitsbestandteilen" der Geisteswissenschaftlichen Pädagogik umzugehen und sich von dieser lösen zu können (ebd.). Die Kurseinheiten zeugen zumindest im Ansatz von einer Revidierung dieses eingeschlagenen Weges, die dann in den ‚Vergessenen Zusammenhängen' (Mollenhauer 2008[1983]) noch stärker in der Hinwendung zu geistes- und kulturgeschichtlichen Zugängen sowie einer hermeneutischen Verfahrensweise zutage tritt.

Dieser Anschluss an geisteswissenschaftliche Traditionen geschieht nicht zuletzt aus der Erkenntnis heraus, dass in der Hinwendung der Pädagogik zu sozialwissenschaftlichen Theorien und Methoden zwar das Augenmerk notwendigerweise auf die gesellschaftliche Einbettung von Erziehungs- und Bildungsprozessen gelegt wurde, jedoch darüber in Vergessenheit geriet, „daß die Bildung der nachwachsenden Generation nicht nur durch das Erbe der Sozialstruktur belastet, sondern auch zur Auseinandersetzung mit der kulturellen Überlieferung genötigt wird" (Mollenhauer 2008[1983], S. 19). Diese Perspektive auf die Frage nach dem Stellenwert von kulturellen Traditionsbeständen im Bildungsprozess und für das erzieherische Handeln wird auch bereits im Studienbrief eingeführt, indem in Kurseinheit 4 die Bedeutung einer ästhetischen Erziehung und Bildung diskutiert wird, die Mollenhauer darin sieht, „eine bildende Aneignung ästhetischer Gehalte zu unterstützen" (Kurseinheit 4, S. 202). Allerdings schließt er hier nicht an die Geisteswissenschaftliche Pädagogik, etwa Eduard Sprangers kulturpädagogischen Ansatz (Spranger 1967[1923]), an, sondern an Adornos Theorie der Ästhetik und ästhetischen Erfahrung im Verbund mit dessen Bildungsverständnis.

Mit dieser Hinwendung zu ästhetischen Produkten als „Seismographen für den Zustand der Kultur" (Mollenhauer 2014[1986], S. 18) ebnete er nicht nur den Weg für den Einbezug von Ästhetik und Leiblichkeit in das erziehungswissenschaftliche Denken um Erziehungs- und vor allem Bildungsprozesse, sondern erweiterte auch das Materialspektrum erziehungswissenschaftlicher Forschung um Produkte ästhetisch kultureller Praxis. Klaus Mollenhauer, so resümieren es Dietrich & Heyhusen (2020, S. 18) „bereitete damit in den 1980er-Jahren theoretisch und methodisch vor, was dann allmählich zu einer Theorie der ästhetischen Dimension der Bildung ausreifte" und man möchte ergänzen, er bereitete mit seiner in den ‚Vergessenen Zusammenhängen' eingeschlagenen Perspektive die Erziehungswissenschaft auch auf den Einbezug kulturtheoretischer Analysen in ihr Forschungsprogramm vor.

Deutlich wird, dass Klaus Mollenhauer für die Erziehungswissenschaft ein wichtiger Wegbereiter, Mahner und Impulsgeber war, der aktuelle Theoriedebatten aufnahm (wie sich im Studienbrief auch an den Bezügen auf Bourdieu oder Foucault zeigt), diese aber immer wieder an pädagogisch relevante Problemstellungen rückbinden konnte; der ‚Umwege' ging, um seiner Frage nach der Verschränkung von historisch-gesellschaftlichen Bedingungen mit Bildungsprozessen und Erziehungsverhältnissen nachzugehen und der der Erziehungswissenschaft immer wieder den Spiegel vorhielt, wenn sie drohte, zu sehr in anderen Wissenschaftslogiken aufzugehen. Klaus Mollenhauer wird in vielen biographischen Reminiszenzen als jemand beschrieben, der Studierende und Kolleg:innen nicht in ihrer „Komfortzone" beließ, sich selbst davon auch nicht ausnahm; der kein dogmatisches Wissen vermitteln, sondern zum Denken anregen wollte, der „eine systematische Form des offenen Denkens und Analysierens und kein System" (Parmentier & Gruschka 1998, S. 12) propagierte. Davon zeugt in der Gesamtschau auch der vorliegende Studienbrief, der in seiner didaktischen Stoßrichtung zwar ein ‚System' notwendigerweise erfordert, der um dieses aber auch ringt, der versucht Schließungen zu vermeiden und eigene Denkbewegungen zu ermöglichen. In den Kurseinheiten zeugt davon vielleicht keine andere Passage so sehr wie die Hinführung zu den enthaltenen Übungsaufgaben am Beginn: „Die Übungsaufgaben dieses Kurses werden Sie vielleicht teils für ungewöhnlich oder gar unzweckmäßig halten. Versuchen Sie dennoch, sie zu lösen. Wir sind nämlich der Meinung, daß die Einsicht in die Hemmungen, Widersprüche und Bedingtheiten des eigenen Denkens, Fühlens und Handelns zu den Grunderfahrungen gehört, ohne die eine ‚Pädagogik der Kritischen Theorie' u. E. ihren Sinn verlöre" (Kurseinheit 1, S. 23).

Literatur

Aßmann, A. (2015). *Klaus Mollenhauer. Vordenker der 68er – Begründer der emanzipatorischen Pädagogik. Eine Biografie*. Paderborn: Schöningh.
Blankertz, H. (1969). *Theorien und Modelle der Didaktik*. München: Juventa.
Blankertz, H. (Hrsg.) (1973). *Fachdidaktische Curriculumforschung*. Essen: Neue Deutsche Schule.
Dietrich, C. & Heyhusen, L.-K. (2020). Die Edition und Kommentierung von Kunstwerken und Musikstücken. In A. Hild, A. Kirchberg, C. Dietrich & K.-P. Horn (Hrsg.), *Die Klaus Mollenhauer Gesamtausgabe (KMG). Textkritische und kommentierte Edition* (S. 17–22). Göttingen: Uni Göttingen.
Grunert, C. (2020). Wolfgang Klafki und die Geisteswissenschaftliche Pädagogik – eine Einleitung. In W. Klafki, *Geisteswissenschaftliche Pädagogik. Fünf Studienbriefe für die FernUniversität in Hagen* (S. XIII–XXXII). Hrsg. von Cathleen Grunert & Katja Ludwig. Wiesbaden: Springer.
Habermas, J. (1981). *Theorie des kommunikativen Handelns* (2 Bände). Frankfurt a. M.: Suhrkamp.
Horkheimer, M. (2011[1937]). *Traditionelle und kritische Theorie. Fünf Aufsätze* (7. Aufl.). Frankfurt am Main: Fischer.
Klafki, W. (1976). *Aspekte kritisch-konstruktiver Erziehungswissenschaft. Gesammelte Beiträge zur Theorie-Praxis-Diskussion*. Weinheim: Beltz.

Klafki, W. (1998). Grundzüge kritisch-konstruktiver Erziehungswissenschaft. In W. Klafki (Hrsg.), *Erziehung – Humanität – Demokratie. Erziehungswissenschaft und Schule an der Wende zum 21. Jahrhundert. Neun Vorträge.*

Klafki, W. (2020). *Geisteswissenschaftliche Pädagogik. Fünf Studienbriefe für die Fern-Universität in Hagen.* Hrsg. von Cathleen Grunert & Katja Ludwig. Wiesbaden: Springer.

Krüger, H.-H. (2019). *Erziehungs- und Bildungswissenschaft als Wissenschaftsdisziplin.* Opladen & Toronto: Barbara Budrich.

Lenzen, D. (1973). *Didaktik und Kommunikation.* Frankfurt a. M.: Fischer-Athenäum.

Mead, G. H. (1995[1934]). *Geist, Identität und Gesellschaft. Aus der Sicht des Sozialbehaviorismus.* Frankfurt am Main: Suhrkamp.

Mollenhauer, K. (1977[1968]). *Erziehung und Emanzipation. Polemische Skizzen* (7. Aufl.). München: Juventa.

Mollenhauer, K. (1977a[1964]). Pädagogik und Rationalität. In K. Mollenhauer (Hrsg.), *Erziehung und Emanzipation. Polemische Skizzen* (7. Aufl., S. 55–74). München: Juventa.

Mollenhauer, K. (1977b[1968]). Jugend und Schule im Spannungsfeld gesellschaftlicher Widersprüche. In K. Mollenhauer (Hrsg.), *Erziehung und Emanzipation. Polemische Skizzen* (7. Aufl., S. 97–118). München: Juventa.

Mollenhauer, K. (1977c). Funktionalität und Disfunktionalität der Erziehung. In K. Mollenhauer (Hrsg.), *Erziehung und Emanzipation. Polemische Skizzen* (7. Aufl., S. 22–35). München: Juventa.

Mollenhauer, K. (1982). Marginalien zur Lage der Erziehungswissenschaft. In E. König & P. Zedler (Hrsg.), *Erziehungswissenschaftliche Forschung: Positionen, Perspektiven, Probleme* (S. 252–265). Paderborn: Schoningh.

Mollenhauer, K. (1982[1972]). *Theorien zum Erziehungsprozeß. Zur Einführung in erziehungswissenschaftliche Fragestellungen.* München: Juventa.

Mollenhauer, K. (1987). Klaus Mollenhauer im Gespräch mit Theodor Schulze und Rundgespräch im Anschluss an das Gespräch zwischen Mollenhauer und Schulze. In H. B. Kaufmann (Hrsg.), *Kontinuität und Traditionsbrüche in der Pädagogik* (S. 48–69). Münster: Comenius-Institut.

Mollenhauer, K. (1997). Legenden und Gegenlegenden: Ein kritischer Kommentar zum Beitrag von Barbara Siemsen. *Die Deutsche Schule,* 89 (2), 158–160.

Mollenhauer, K. (1998). „Über die Schwierigkeit, von Leuten zu erzählen, die nicht recht wissen, wer sie sind". Einige bildungstheoretische Motive in Romanen von Thomas Mann. *Zeitschrift für Pädagogik,* 44 (4), 487–502.

Mollenhauer, K. (2008[1983]). *Vergessene Zusammenhänge. Über Kultur und Erziehung.* Weinheim und München: Juventa.

Mollenhauer, K. (2014[1977]). Interaktion und Organisation in pädagogischen Feldern. In K. Mollenhauer (Hrsg.), *Umwege. Über Bildung, Kunst und Interaktion* (S. 19–39). Ibbenbüren: Münstermann.

Mollenhauer, K. (Hrsg.) (2014[1986]). *Umwege. Über Bildung, Kunst und Interaktion.* Ibbenbüren: Münstermann.

Mollenhauer, K., Brumlik, M. & Wudtke, H. (1975). *Die Familienerziehung.* München: Juventa.

Mollenhauer, K. & Rittelmeyer, C. (1977). *Methoden der Erziehungswissenschaft*. München: Juventa.
Mollenhauer, K. & Rittelmeyer, C. (1978). Einige Gründe für die Wiederaufnahme ethischer Argumentation in der Pädagogik. In H. Blankertz (Hrsg.), *Die Theorie-Praxis-Diskussion in der Erziehungswissenschaft. 15. Beiheft der Zeitschrift für Pädagogik* (S. 79–85). Weinheim: Beltz.
Niemeyer, C. (2017). Mythos Sozialpädagogik? In J. Richter (Hrsg.), *Geschichtspolitik und Soziale Arbeit. Interdisziplinäre Perspektiven* (S. 93–110). Wiesbaden: Springer.
Niemeyer, C. & Rautenberg, M. (2008). Klaus Mollenhauer (1928–1998). In B. Dollinger (Hrsg.), *Klassiker der Pädagogik. Die Bildung der modernen Gesellschaft* (2., durchgesehene Aufl., S. 331–352). Wiesbaden: Springer.
Ortmeyer, B. (2008). *Erich Weniger und die NS-Zeit. Forschungsbericht. Frankfurter Beiträge zur Erziehungswissenschaft*. Frankfurt a. M.
Ortmeyer, B. (2009). *Mythos und Pathos statt Logos und Ethos – Zu den Publikationen führender Erziehungswissenschaftler in der NS-Zeit: Eduard Spranger, Herman Nohl, Erich Weniger und Peter Petersen*. Weinheim: Beltz.
Parmentier, M. & Gruschka, A. (1998). Der Pädagoge als Intellektueller. Erinnerungen an Klaus Mollenhauer. *Pädagogische Korrespondenz* (23), 5–24.
Roth, H. (1962). Die realistische Wendung in der Pädagogischen Forschung. *Neue Sammlung. Göttinger Blätter für Kultur und Erziehung, 2*, 481–490.
Siemsen, B. (1997). „In der Entscheidung gibt es keine Umwege". Zwei Pädagogen reagieren auf ihre Amtsenthebung 1933: Erich Weniger und Adolf Reichwein. *Die Deutsche Schule, 89*, 137–157.
Spranger, E. (1923/1967). Berufsbildung und Allgemeinbildung. In H. Röhrs (Hrsg.), *Die Bildungsfrage in der modernen Arbeitswelt* (2. Aufl., S. 17–34). Frankfurt a. M.: Akademische Verlagsgesellschaft.
Tenorth, H.-E. (1985). *Zur deutschen Bildungsgeschichte 1918–1945. Probleme, Analysen und politisch-pädagogische Perspektiven*. Köln: Böhlau.
Thiersch, H. (1974). Einleitung. In U. Langenbach, K. Leube & R. Münchmeier (Hrsg.), *Die Ausbildungssituation im Fach Erziehungswissenschaft. 12. Beiheft der Zeitschrift für Pädagogik* (S. XIX–XXII). Weinheim: Beltz.
Winkler, M. (2015). Ein Nachwort – nicht ganz frei von subjektiven Momenten. In A. Aßmann (Hrsg.), *Klaus Mollenhauer. Vordenker der 68er – Begründer der emanzipatorischen Pädagogik. Eine Biografie* (S. 287–298). Paderborn: Schöningh.

Pädagogik der „Kritischen Theorie"

Pädagogik der „Kritischen Theorie"

Autorenspiegel

Christiane Giffhorn

1949	geboren in Rotenburg/Wümme
1968	Abitur an einem Naturwissenschaftlichen Gymnasium in Celle
1968–1969	Studium generale am Leibnitz-Kolleg in Tübingen
1969	Jura-Studium in Tübingen, seit 1971 in Göttingen
1972	Abbruch des Jurastudiums, verschiedene Gelegenheitsjobs als Kellnerin und Verkäuferin
1973–1974	Arbeit als „Bezugsperson" in einem Kinderladen
1974/77	Studium der Erziehungswissenschaft in Göttingen

Wolfgang Keckeisen

1946	geboren in Stuttgart; aufgewachsen in Stuttgart (bis 1963) und Frankfurt
1966/67	Ziviler Ersatzdienst
1967/74	Studium der Erziehungswissenschaft, Soziologie, Psychologie und Rechtswissenschaft in Frankfurt
1973	Diplom in Pädagogik
1974/77	Wiss. Assistent am Pädagogischen Seminar der Universität Göttingen

Klaus Mollenhauer

1928	geboren in Berlin
1944/48	Luftwaffenhelfer, Gefangenschaft, Abitur
1948/50	Studium an der PH Göttingen
1950/52	Volksschullehrer in Bremen
1952/58	Studium der Pädagogik, Soziologie und Literaturwissenschaft in Hamburg und Göttingen, Promotion
1958/65	Wissenschaftlicher Assistent bzw. Akademischer Rat in Göttingen und Berlin (Freie Universität)
1965/77	Prof. für Pädagogik an der PH Berlin (1965) und an den Universitäten Kiel (1966), Frankfurt (1969) und Göttingen (1972).

Michael Parmentier

1943	geboren in Frankfurt
1963	Abitur
1963–1968	Studium der Germanistik, Geschichte, Philosophie, Staatsexamen
1969–1978	Studium der Erziehungswissenschaften in Frankfurt, Tutor
1972/77	Wiss. Assistent am Pädagogischen Seminar der Universität Göttingen

© Springer Fachmedien Wiesbaden GmbH, ein Teil von Springer Nature 2021
K. Mollenhauer, *Pädagogik der ‚Kritischen Theorie'*, Neuere Geschichte
der Pädagogik, https://doi.org/10.1007/978-3-658-23246-7_2

Studierhinweise

Erziehungswissenschaft wird auf verschiedene Weisen betrieben. Im folgenden Kurs wollen wir einen Typus von erziehungswissenschaftlichem Denken und Forschen darstellen, dem sich – ungefähr seit 1968 – einige Erziehungswissenschaftler zuwandten, angeregt durch die Frankfurter „Kritische Theorie" (zu dieser gehören vor allem die Philosophen/Soziologen ADORNO, HABERMAS, HORKHEIMER, MARCUSE).

Um diesen Kurs mit Gewinn und ohne übermäßige Verständnisschwierigkeiten durcharbeiten zu können, sollten Sie mindestens über folgende Grundkenntnisse verfügen*:

- Grundprobleme pädagogischer Theoriebildung (Kurs: Einführung in die pädagogische Theoriebildung, Einheiten 1 und 2)
- anthropologische Grundkenntnisse (Kurs: Einführung in die Anthropologie der Erziehung, Einheiten 1 und 3)
- Grundkenntnisse von Methoden erziehungswissenschaftlicher Forschung.

Wir empfehlen Ihnen besonders, aus dem Kurs „Einführung in die pädagogische Theoriebildung" in der zweiten Einheit noch einmal die Interpretation des Vorlesungstextes von F. D. SCHLEIERMACHER und aus dem Kurs „Einführung in die Anthropologie der Erziehung" ebenfalls in der zweiten Einheit das Kapitel über „gesellschaftliche Ansätze" zu studieren.

Die Übungsaufgaben dieses Kurses werden Sie vielleicht teils für ungewöhnlich oder gar unzweckmäßig halten. Versuchen Sie dennoch, sie zu lösen. Wir sind nämlich der Meinung, daß die Einsicht in die Hemmungen, Widersprüche und Bedingtheiten des **eigenen** Denkens, Fühlens und Handelns zu den Grunderfahrungen gehört, ohne die eine „Pädagogik der Kritischen Theorie" u. E. ihren Sinn verlöre.

---

* Diese Lektürehinweise führen in andere Kurse des ehemaligen Studiengangs, die nicht Bestandteil des hier vorliegenden Kurses bzw. dessen Kurseinheiten sind. Wir haben diese Verweise hier nicht verändert, um den Text im Original beizubehalten. Die entsprechenden Kurse finden sich im Archiv der FernUniversität in Hagen und wurden von Karl-Heinz Dickopp verfasst.

© Springer Fachmedien Wiesbaden GmbH, ein Teil von Springer Nature 2021
K. Mollenhauer, *Pädagogik der ‚Kritischen Theorie'*, Neuere Geschichte der Pädagogik, https://doi.org/10.1007/978-3-658-23246-7_3

Kursübersicht

Kurseinheit 1:
Was ist ‚Kritische Theorie?'
1. Einleitung
2. Zur Geschichte der Kritischen Theorie
3. „Traditionelle" und „kritische" Theorie

Kurseinheit 2:
Zur pädagogischen Relevanz der Kritischen Theorie
1. Zur Thematik der Kritischen Theorie
2. Zur Methode der Kritischen Theorie und ihrer erziehungswissenschaftlichen Bedeutsamkeit
3. Utopie und Ideologie: Zur Normativitätsproblematik

Kurseinheit 3:
Die Rezeption der Kritischen Theorie durch die Erziehungswissenschaft
1. Erziehung als Interaktion
2. Der Versuch einer kritischen Didaktik
3. Methodologie einer kritischen Erziehungswissenschaft

Kurseinheit 4:
Perspektiven einer kritischen Erziehungswissenschaft
1. Ästhetische Erziehung und Bildung
2. Moralische Erziehung – Postkonventionelle Moral
3. Abweichendes Verhalten – „Normalität" und „Anormalität"
4. Grundregeln des Erziehungshandelns – Erziehung als Vergesellschaftung

Lernziele zum Gesamtkurs

Wenn Sie den vorliegenden Kurs durchgearbeitet haben, dann sollten Sie

- die für die „Kritische Theorie" charakteristische Kombination von philosophischen und gesellschaftstheoretischen Fragestellungen kennen;
- die Bedeutsamkeit dieser Fragestellungen für das pädagogische Handeln und seine Ziele, für die Auswahl der Thematik und für die Methoden erziehungswissenschaftlicher Forschung diskutieren können;
- die Aufnahme und Verarbeitung der Kritischen Theorie in der gegenwärtigen erziehungswissenschaftlichen Diskussion kennen und beurteilen können;
- Vorstellungen von einer Form des Umgangs mit sich selbst und einer Erziehungspraxis entwickeln können, die mit jener Theorie übereinstimmt.

Literaturverzeichnis zum Gesamtkurs*

Einführende bzw. grundlegende Literatur (zur Anschaffung empfohlen)

ADORNO, Th. W.: Erziehung zur Mündigkeit. Frankfurt/M. 1975
HABERMAS, J.: Legitimationsprobleme im Spätkapitalismus. Frankfurt/M. 1975
HORKHEIMER, M.: Traditionelle und kritische Theorie. Frankfurt/M. 1970 (Fischer-Taschenbuch 6015)
KLAFKI, W.: Aspekte kritisch-konstruktiver Erziehungswissenschaft. Weinheim 1976
LENZEN, D.: Didaktik und Kommunikation. Frankfurt/M. 1973 (Fischer Athenäum 3006)
MOLLENHAUER, K.: Theorien zum Erziehungsprozeß. München 1975
MOLLENHAUER, K./RITTELMEYER, Chr.: Methoden der Erziehungswissenschaft. München 1977

Grundlegende Literatur (Originaltexte der Kritischen Theorie)

ADORNO, Th. W.: Studien zum autoritären Charakter. Frankfurt/M. 1973
Ders.: Ästhetische Theorie. Frankfurt/M. 1974 (suhrkamp taschenbuch wissenschaft 2)
FROMM, E.: Sozialpsychologischer Teil. In: ders: Studien über Autorität und Familie. Paris 1936
HABERMAS, J.: Erkenntnis und Interesse. Frankfurt 1968 (suhrkamp taschenbuch wissenschaft 1)
Ders.: Was ist Universalpragmatik? in: Karl-Otto APEL (Hrsg.): Sprachpragmatik und Philosophie. Frankfurt/M. 1976**
Ders.: Vorbereitende Bemerkungen zu einer Theorie der kommunikativen Kompetenz. In: HABERMAS, J./LUHMANN, N., Theorie der Gesellschaft und Sozialtechnologie. Frankfurt/M. 1974
HABERMAS, J./FRIEDEBURG/OEHLER/WELTZ: Student und Politik. Neuwied 1961
HORKHEIMER, M.: Kritische Theorie I/II. Frankfurt/M. 1968
Ders.: Traditionelle und Kritische Theorie. Frankfurt/M. 1970

---

*   Die Literaturangaben folgen stellenweise keinem einheitlichen Muster, entsprechen jedoch den Angaben im Original-Studienbrief. Wir haben deswegen auch keine systematischen Anpassungen vorgenommen. Wenn es jedoch der leichteren Nachvollziehbarkeit dient, finden sich an vereinzelten Stellen vollständige Literaturverweise in einer editorischen Fußnote (*).
** S. 174–272

© Springer Fachmedien Wiesbaden GmbH, ein Teil von Springer Nature 2021
K. Mollenhauer, *Pädagogik der 'Kritischen Theorie'*, Neuere Geschichte der Pädagogik, https://doi.org/10.1007/978-3-658-23246-7_6

INSTITUT FÜR SOZIALFORSCHUNG (Hrsg.): Soziologische Exkurse. Frankfurt/M. o. J.*
MARX, Karl: Die deutsche Ideologie.
Ders.: Thesen über Feuerbach.
Beide Texte vollständig in: MARX/ENGELS Werke. Bd. 3, Berlin (DDR) 1969; oder – in für die Zwecke des Kurses hinreichenden Auszügen – in: K. MARX/F. ENGELS, Studienausgabe in 4 Bänden, Bd. 1 Frankfurt/M. (Fischer Taschenbuch 6059)
ZIEHE, Th.: Pubertät und Narzißmus, sind Jugendliche entpolitisiert? Frankfurt/M. 1975

Weiterführende Literatur

ADORNO, Th. W.: Noten zur Literatur. Bd. I und II, Frankfurt/M. 1958 und 1961
Ders.: Negative Dialektik. Frankfurt/M. 1966
Ders.: Minima moralia. Reflexionen aus dem beschädigten Leben. Frankfurt/M. 1969 (Bibliothek Suhrkamp 236)
ADORNO/FRENKEL-BRUNSWIK/LEVINSON/SANDFORD: The Authoritarian Personality (Studies in Prejudice, Vol. I). New York 1950
BENJAMIN, W.: Das Kunstwerk im Zeitalter seiner technischen Reproduzierbarkeit. Frankfurt/M. 1963
Ders.: Berliner Kindheit um Neunzehnhundert. Frankfurt/M. 1975 (Bibliothek Suhrkamp 2)
BERNFELD/REICH/JURINETZ/SAPIR/STOLJAROV: Psychoanalyse und Marxismus. Frankfurt/M. 1970
BRENNER, Ch.: Grundzüge der Psychoanalyse. Frankfurt/M. 1967
DERMITZEL, R.: Thesen zur antiautoritären Erziehung. in: Kursbuch 17, 1969, S. 179–187
FREUD, S.: Vorlesungen zur Einführung in die Psychoanalyse. Frankfurt/M. 1977
FROMM, E.: Analytische Sozialpsychologie und Gesellschaftstheorie. Frankfurt/M. 1970
HABERMAS, J.: Legitimationsprobleme im Spätkapitalismus. Frankfurt/M. 1975
Ders.: Strukturwandel der Öffentlichkeit. Neuwied 1961
HORKHEIMER, M.: Dämmerung. (Unter dem Pseudonym Heinrich Regius), Zürich 1934
LAPLANCHE/DONTALIS: Das Vokabular der Psychoanalyse. Bd. I und II, Frankfurt/M. 1973
OFFE, C.: Tauschverhältnis und politische Steuerung. Zur Aktualität des Legitimationsproblems. In: OFFE (Hrsg.): Strukturprobleme des kapitalistischen Staates. Frankfurt/M. 1972
WOLF, M.: Individuum/Subjekt/Vergesellschaftung der Produktion. In: Ästhetik und Kommunikation, Heft 15/16 1974, S. 83–103

---

* Im weiteren Verlauf des Studienbriefes wird für diesen Band eine Jahreszahl angegeben und zwar das der ersten Auflage von 1956.

Texte zu erziehungswissenschaftlichen Fragestellungen

BLANKERTZ, H.: Theorien und Modelle der Didaktik. München (9. Auflage) 1975
BRUMLIK, M./KECKEISEN, W.: Etwas fehlt. Zur Kritik und Bestimmung von Hilfsbedürftigkeit. In: Krim. J.* 4/1976
CICOUREL, A.: Sprache in der sozialen Interaktion. München 1975
CLAUSSEN, B./SCARBATH, H. (Hrsg.): Konzepte einer Kritischen Theorie der Erziehungswissenschaften. Einführende Texte. München/Basel 1979
DÖBERT, R./HABERMAS, J. (Hrsg.): Die Entwicklung des Ichs. Köln/Berlin 1977
ELIAS, N.: Der Prozeß der Zivilisation. Frankfurt/M. 1976
FOUCAULT, M.: Überwachen und Strafen. Frankfurt/M. 1976
FROMMANN, A./SCHRAMM, D./THIERSCH, H.: Sozialpädagogische Beratung. In: Z. f. Päd. 5/1976**
HEINZE, Th./MÜLLER, E./STICKELMANN, B./ZINNECKER, J.: Handlungsforschung im pädagogischen Feld. München 1975
HERRMANN, B.: Th. W. Adorno. Seine Gesellschaftstheorie als ungeschriebene Erziehungslehre. Bonn 1978
HOFFMANN, D.: Kritische Erziehungswissenschaften. Stuttgart 1978
KAMPER, D. (Hrsg.): Über die Wünsche. München 1977
KECKEISEN, W.: Die gesellschaftliche Definition abweichenden Verhaltens. München 1974
KLAFKI, W.: Aspekte kritisch-konstruktiver Erziehungswissenschaft. Weinheim 1976
LENZEN, D.: Didaktik und Kommunikation. Frankfurt/M. 1973
LORENZER, A.: Zur Begründung einer materialistischen Sozialisationstheorie. Frankfurt 1972
MEYER-DENKMANN, G.: Struktur und Praxis neuer Musik im Unterricht. Wien 1972
MOLLENHAUER, K.: Theorien zum Erziehungsprozeß. München 1972
MOLLENHAUER, K.: Interaktion und Organisation in pädagogischen Feldern. In: Z. f. Päd. 13. Beiheft, hrsg. von H. BLANKERTZ***
MOSER, H.: Aktionsforschung als kritische Theorie der Sozialwissenschaften. München 1975
SCHMIED-KOWARZIK, W.: Dialektische Pädagogik. Vom Bezug der Erziehungswissenschaften zur Praxis. München 1974

---

*   Krim. J. = Kriminologisches Journal
**   Zeitschrift für Pädagogik 22 (1976), S. 715–742
*** Weinheim/Basel 1976, S. 39–56.

Kurseinheit 1:
Was ist ‚Kritische Theorie?'

Inhaltsverzeichnis zur Kurseinheit 1

Literaturverzeichnis zur Einheit 1   32

Lernziele   34

1   Einleitung   35
    1.1   Einige geschichtliche Motive   35
    1.2   Eine theoretische Anregung   38
    1.3   Einige historische Zusammenhänge   41
    1.4   Überlegungen zu einem kritischen Konzept
        von Erziehungswissenschaft   45

2   Zur Geschichte der Kritischen Theorie   49
    2.1   Vorbemerkung   49
    2.2   Geschichte des Frankfurter Instituts für Sozialforschung   49
    2.3   Auseinandersetzung mit dem Faschismus   54

3   Traditionelle und Kritische Theorie   59
    3.1   Vorbemerkung   59
    3.2   Wissenschaft in der gesellschaftlichen Arbeitsteilung   60
    3.3   Erkenntnistheoretischer Aspekt   63

4   Resümee: Fragen an die Pädagogik   71

Glossar zum Gesamtkurs   73

Literaturverzeichnis zur Einheit 1*

Einführende Literatur (zur Anschaffung empfohlen)

ADORNO, Th. W.: Erziehung zur Mündigkeit. Frankfurt 1975 (suhrkamp taschenbuch 11)
HORKHEIMER, M.: Traditionelle und Kritische Theorie. Frankfurt 1975 (Fischer Taschenbuch 6015)
MARCUSE, H.: Kultur und Gesellschaft I. Frankfurt 1965 (edition suhrkamp 101)

Grundlegende Originaltexte der Kritischen Theorie

ADORNO, Th. W.: Ästhetische Theorie. Frankfurt 1974 (suhrkamp taschenbuch Wissenschaft 2)
Ders.: Gesammelte Schriften. Bd. 8, Frankfurt 1972
HABERMAS, J.: Erkenntnis und Interesse. Frankfurt 1975 (suhrkamp taschenbuch Wissenschaft 1)
HORKHEIMER, M.: Kritische Theorie I/II. Frankfurt 1968
INSTITUT FÜR SOZIALFORSCHUNG (Hrsg.): Soziologische Exkurse. Frankfurt 1956
MARX, K.: Die deutsche Ideologie.
Ders.: Thesen über Feuerbach.
    Beide Texte vollständig in: MARX/ENGELS: Werke, Bd. 3, Berlin (DDR) 1969; oder – in für die Zwecke des Kurses hinreichenden Auszügen - in: K. MARX/F. ENGELS: Studienausgabe in 4 Bänden. Bd. 1, Frankfurt (Fischer Taschenbuch 6059)]

Darstellungen und Kritiken

GUMNIOR, H./RINGGUTH, R.: Horkheimer. Rowohlts Bildmonographien 208. 1973
JAY, M.: Dialektische Phantasie. Die Geschichte der Frankfurter Schule und des Instituts für Sozialforschung 1923–1950. Frankfurt 1976
Kritik und Interpretation der Kritischen Theorie. Gießen (Verlag Andreas Achenbach) 1975 (Reprint)**
SCHMIDT, A.: Zur Idee der Kritischen Theorie. München 1974 (Reihe Hanser 149)

---

*   Die Literaturangaben folgen stellenweise keinem einheitlichen Muster, entsprechen jedoch den Angaben im Original-Studienbrief. Wir haben deswegen auch keine systematischen Anpassungen vorgenommen. Wenn es jedoch der leichteren Nachvollziehbarkeit dient, finden sich an vereinzelten Stellen vollständige Literaturverweise in einer editorischen Fußnote (*).

** Die Herausgeber des Bandes: Lenk, K., Haselberg, P. von, Clemenz, M.

Weiterführende, theoretisch und praktisch relevante Literatur

ADORNO, Th. W.: Minima moralia. Reflexionen aus dem beschädigten Leben. Frankfurt 1969 (Bibliothek Suhrkamp 236)
Ders. (Hrsg.): Der Positivismusstreit in der deutschen Soziologie. Neuwied/Berlin 1969
BENJAMIN, W.: Berliner Kindheit um Neunzehnhundert (Frankfurt 1975/Bibliothek Suhrkamp 2)
Ders.: Das Kunstwerk im Zeitalter seiner technischen Reproduzierbarkeit. Frankfurt 1963 (edition suhrkamp 28)
DUBIEL, H.: Wissenschaftsorganisation und politische Erfahrung. Studien zur frühen Kritischen Theorie. Frankfurt 1978
HABERMAS, J.: Zur Rekonstruktion des Historischen Materialismus. Frankfurt 1976, StW 154
MARCUSE, H.: Triebstruktur und Gesellschaft. Frankfurt 1973 (Bibliothek Suhrkamp 158)
NEGT, O./KLUGE, A.: Öffentlichkeit und Erfahrung. Frankfurt 1974

Nachschlagewerke

Nachschlagewerke, die der Kritischen Theorie voll gerecht würden, liegen nicht vor.

Wir empfehlen dennoch:

HOFFMEISTER, J.: Wörterbuch der philosophischen Begriffe. Hamburg 1955
KLAUS, G./BUHR, M. (Hrsg.): Marxistisch-leninistisches Wörterbuch der Philosophie. Reinbek (Rowohlt Taschenbücher 6155-7)

Lernziele

Wenn Sie den folgenden Kurs durchgearbeitet haben, dann sollten Sie

- etwas über die historische Situation, in der die Rezeption der Kritischen Theorie für die Erziehungswissenschaften relevant wurde, sagen können,
- den Zusammenhang zentraler Begriffe der Kritischen Theorie verstehen können,
- den Unterschied von Kritischer und Traditioneller Theorie bezeichnen können,
- die gesellschaftliche Funktion von Theorie als relevante Fragestellung begründen können,
- die historische Determination Ihres eigenen Denkens zum Gegenstand Ihrer Reflexion machen können,
- versuchen, die pädagogischen Handlungsziele als geschichtliche Erscheinungen zu begründen.

Einleitung 1

Mit dem Thema „Pädagogik der Kritischen Theorie" ist nicht ein Sachverhalt gemeint, den es völlig zweifelsfrei schon gibt. Mit ihm sollen vielmehr drei Fragen aufgeworfen werden: *Bedeutung der Kritischen Theorie für die Pädagogik*

1. Wir wollen prüfen, ob der Typus von Gesellschaftstheorie, der in der Zeit des herannahenden Faschismus im Frankfurter Institut für Sozialforschung unter dem Namen „Kritische Theorie" entwickelt wurde, geeignet ist, auch der Wissenschaft von der Erziehung als theoretischer Ausgangspunkt zu dienen.
2. Wir wollen ferner prüfen, inwieweit Erziehungswissenschaftler bisher jene ‚Kritische Theorie' in ihrem Denken verwendet haben.
3. Wir wollen schließlich diskutieren, mit welchem Recht solche Erziehungswissenschaftler sich auf die ‚Kritische Theorie' berufen.

1.1 Einige geschichtliche Motive

Wie ist es dazu gekommen, daß die ‚Kritische Theorie', die ja keine genuin erziehungswissenschaftliche Fragestellung verfolgt, sondern eher als ein wissenschaftliches Verfahren zu bezeichnen ist, für die Diskussion in den Erziehungswissenschaften bedeutsam wurde?

Gegen Ende der 50er Jahre hatten an einigen deutschen Universitäten, beispielsweise in Göttingen und Marburg, mehrere junge Erziehungswissenschaftler ihre Dissertation abgeschlossen. Ihnen war folgendes gemeinsam: *Situation der Erziehungswissenschaftler in den 60er Jahren*

- Sie hatten (ungefähr zwischen 1926 und 1930 geboren) den Faschismus noch in seiner letzten Phase erlebt, in der Zwangsjacke der „Hitlerjugend", als Luftwaf- *Erfahrungen des Nationalsozialismus* fenhelfer, als Soldaten faschistische Gewalt am eigenen Leibe erlebt oder über ihre Eltern und Freunde kennengelernt.

Politische Orientierungslosigkeit
- Sie hatten, als sie genötigt waren, die Ausbildung zur Hochschulreife nach Beendigung des Krieges zu Ende zu führen, die politische Hilflosigkeit ihrer Lehrer erfahren. Diese Pädagogen verleugneten plötzlich, was sie gestern noch gelehrt hatten, oder sie versuchten, wo sie ehrlich mit sich und ihren Schülern waren – das moralische, politische und argumentative Dilemma ihrer gesellschaftlichen Existenz offenzulegen.

Antifaschistische Lehrer
- Sie hatten teils bei Hochschullehrern studiert (ABENDROTH, BLOCHMANN, HEYDORN, LITT, PLESSNER u. a.), die selbst Antifaschisten waren und die Zeit der nationalsozialistischen Herrschaft in der Emigration, in Konzentrationslagern oder im Widerstand verbracht haben.

Interesse an pädagogischer Praxis
- Sie hatten schließlich – diesen Erfahrungen folgend – ein zunächst vorwiegend praktisches Berufsinteresse: Sie wurden, ehe sie an der Universität wiederum ihre wissenschaftlichen Studien fortsetzten, Lehrer an Volks- und Berufsschulen (z. B. BLANKERTZ, KLAFKI, LEMPERT, MOLLENHAUER, ROEDER), um die Probleme der pädagogischen Praxis zu erfahren und ihre Vorstellungen in der pädagogischen Praxis zu gestalten.

Theoretische Neuorientierung
Nach Abschluß ihrer akademischen „Lehrjahre" um 1960 waren sie selbst in der Situation, eine **eigene** Lehre vertreten zu müssen. Erneut und nicht mehr nur rezeptiv wie in ihrer Studienzeit mußten sie sich mit der Frage auseinandersetzen, was denn eine zu verantwortende Erziehungswissenschaft sei.
Aber an welchen Theorien und Fragestellungen konnten sie sich orientieren?

Gesellschaftliche Praxis in den 60er Jahren
In der Wissenschaft wie in der gesellschaftlichen Praxis bot sich für sie ein verwirrendes Bild: mit der gesellschaftlichen Restauration im „CDU-Staat"[1] wurden auch die sozialen Ungleichheiten wieder festgeschrieben, konnten autoritäre Ideologien unangefochten wieder Platz ergreifen; die deutsche Erfahrung mit dem Faschismus blieb im Zuge dieser Restauration anscheinend ohne Konsequenzen. Nach einer Phase der Auseinandersetzung und der Öffnung für weitergehende demokratische Ver-

---

1   1969 wurde von einer Autorengruppe (SCHÄFER/NEDELMANN) eine politische Analyse der Bundesrepublik mit dem Titel ‚Der CDU-Staat', Analysen zur Verfassungswirklichkeit der BRD herausgegeben. Die Autoren untersuchten dort wesentliche Resultate von 20 Jahren ‚sozialer Marktwirtschaft' und ‚freiheitlicher rechtsstaatlicher Demokratie' auf dem Hintergrund historischer Kontinuität und Diskontinuität der besonderen Tradition politischer und ökonomischer Herrschaft in Deutschland. Der ‚CDU-Staat' gilt dort als politikwissenschaftlicher Begriff der Restauration des organisierten Kapitalismus mit technokratischer Legitimation. Er ist die Bezeichnung für die Zeit, in der in der Bundesrepublik die CDU die Regierung bildete.

änderungen kurz nach Kriegsende verengte sich die Aufarbeitung der Vergangenheit in einen pauschalen ‚Anti-Totalitarismus'. Diskussionen über radikaldemokratische und sozialere Formen der Eigentumsverteilung und der Machtkontrolle wurden auf dem Hintergrund des Ost-West-Konfliktes als eine dem ‚freiheitlichen Rechtsstaat' ungemäße Form abgewehrt. Anti-Totalitarismus

Die undifferenzierte Auseinandersetzung mit autoritären Staatsformen führte zu einem pauschalen Bekenntnis zu Demokratie und Freiheit, wobei der restaurative Staat als Inbegriff dieser Ordnung gesehen wurde. Die Auseinandersetzung mit der Vergangenheit in der Haltung des Anti-Totalitarismus wurde wesentlich als „Anti-Kommunismus" wirksam, denn in der ‚DDR' war ja im unmittelbaren Gesichtsfeld ein Staat entstanden, der die Züge eines autoritären Staates trug.

Eine „pädagogische Bewegung", wie sie in den 20er Jahren als praktischer Bezug für erziehungstheoretische Arbeiten existierte, gab es nicht.

Für theoretische Orientierung waren deshalb – wollte man seine, wenn auch im Vergleich zu anderen und Älteren harmlosen Faschismuserfahrungen nicht verleugnen – zwei Wege nicht akzeptabel: Überholte erziehungstheoretische Positionen

- Die ungebrochene Fortsetzung der geisteswissenschaftlichen Pädagogik, die die gesellschaftliche Praxis nur interpretierte, und zwar ohne ihren gesellschaftlichen Charakter zu zeigen;
- Die normative Weltanschauungspädagogik, die im Faschismus ihre brutalste Pointe gebildet hatte und sich nun unter verschiedenen Namen (konfessionellen, existenzphilosophischen, ideengeschichtlichen, ja selbst empirischen) wiederum empfahl. In ihrem Apell, an die ausländische Tradition der Erziehung anzuknüpfen, versuchte sie, zum ‚sittlich Guten' in der Erziehung auffordern*, ohne die Bedingungen herauszufinden, unter denen diese ‚sittliche Verpflichtung' eingehalten werden konnte. Letzten Endes konnte sie kein anderes als ein dogmatisches Verständnis von Erziehung und Erziehungswissenschaften produzieren.

In der engeren pädagogischen Diskussion gab es für diese Neuorientierung keinerlei Hilfen. Aber sobald man den Horizont über die Pädagogik hinaus erweiterte, ergaben sich neue Sichtweisen.

---

*   sic

1.2 Eine theoretische Anregung

1956 waren im Institut für Sozialforschung in Frankfurt die ‚Soziologischen Exkurse' erschienen*. Darin wurde eine Form wissenschaftlicher Tätigkeit präsentiert, die auch Erziehungswissenschaftler zur Auseinandersetzung anregte. Zur „Familie" heißt es dort:

> „Die Familie tritt in der Geschichte zunächst als naturwüchsiges Verhältnis auf, das sich dann bis zur modernen Einehe differenziert und kraft solcher Differenzierung einen Sonderbereich, den des Privaten, stiftet. Dem naiven Bewußtsein erscheint das Private als Insel inmitten der gesellschaftlichen Dynamik, als Residuum des Naturzustandes, den man verklärt. In Wirklichkeit hängt die Familie nicht nur von der geschichtlich konkreten gesellschaftlichen Realität ab, sondern ist bis in ihre innerste Struktur hinein gesellschaftlich vermittelt.
>
> Daher unterliegt sie einer gesellschaftlichen Dynamik von doppeltem Charakter. Einerseits tendiert die steigende Vergesellschaftung – ‚Rationalisierung', ‚Integration' aller menschlichen Beziehungen in der späten, voll entfalteten Tauschgesellschaft – dazu, das gesellschaftlich gesehen irrational-naturwüchsige Element der familialen Ordnung soweit wie möglich zurückzudrängen. Andererseits steigert sich das Mißverständnis zwischen den totalen gesellschaftlichen Mächten und dem Individuum derart, daß es oft gleichsam zu seinem Schutz in eben jene kleinste Verbände vom Typus der Familie zurückkriechen möchte, deren Bestand unvereinbar scheint mit der großen Entwicklung. Die Tendenz, welche die Familie bedroht, scheint sie zugleich, wenigstens temporär, zu fördern. Zugleich ist die Familie jedoch auch von innen her angegriffen. Fortschreitende Vergesellschaftung heißt immer lückenlose Erfassung und Kontrolle der Triebe. Die Verzichte aber können nicht reibungslos gelingen. Die verdrängten Triebe mögen ihrerseits wieder destruktiv gegen die Familie sich wenden. So findet sie sich heute gleichermaßen attackiert vom zivilisatorischen Fortschritt und von den irrationalen Gegenbewegungen, die er auslöst.
>
> Die Familie kann ihrem Begriff nach sich ihres naturalen Elementes, des biologischen Zusammenhangs der Mitglieder, nicht entäußern. Aber von der Gesellschaft her erscheint jenes Element als heteronom, gewissermaßen als Ärgernis, weil es in der

---

* Die ‚Soziologischen Exkurse' widmeten sich verschiedenen Grundbegriffen, die als konstitutiv für die Soziologie betrachtet wurden, wie dem hier rezipierten Begriff der Familie oder etwa auch ‚Gesellschaft', ‚Individuum' oder ‚Gruppe'. Gleichzeitig skizzierten Adorno und Horkheimer hier ihr Verständnis von sozialwissenschaftlicher Forschung in Abgrenzung zu einer positivistisch verstandenen Soziologie. Vgl. Institut für Sozialforschung (1956). *Soziologische Exkurse. Nach Vorträgen und Diskussionen*. Frankfurt a. M.: Europäische Verlagsanstalt.

Einleitung

Tauschbeziehung nicht ganz aufgeht, obwohl heute auch der Sexus dem Tauschverhältnis, der Vernunft des give and take, sich anähnelt. Indessen läßt weniger denn je das naturale Element sich unabhängig vom gesellschaftlich-institutionellen behaupten." (INSTITUT FÜR SOZIALFORSCHUNG (Hrsg.): Soziologische Exkurse. Frankfurt/M. o. J., S. 117)*

Wie sind diese Gedanken zu verstehen?

Im ersten Absatz wird angesprochen, daß die Menschen zum Erhalt ihrer Gattung untereinander Verbindungen eingehen. Ein solches ‚naturwüchsiges' Verhältnis ist das zwischen den Geschlechtern, zwischen Mann und Frau, das auf den biologischen Geschlechtsunterschieden beruht. Konstitutiv ist für dieses Verhältnis der Sexualtrieb. Naturwüchsiges Verhältnis

Für das Fortbestehen der Gattung Mensch muß die Aufzucht des Nachwuchses garantiert sein. Dieser Prozeß erfordert eine relativ konstante Gruppe über einen längeren Zeitraum. Die Familie ist eine solche Gruppe, die auf der Basis von Verwandtschaft organisiert ist und in der die Beziehungen durch ein Gefälle gekennzeichnet sind: kompetente Mitglieder schützen die Bedürftigen. Das naturale Element, was sich in der Familie realisiert, ist eben diese Zuwendung auf die Schutzbedürftigen, auf Kinder oder Schwache, wobei die Beziehungen auf einer emotional spontanen Basis ruhen und ungleichgewichtig verteilt sind. Emotionalität und Konstanz

Wie diese Gruppenkonstellation aussieht, hat sich im Laufe der Geschichte verändert: Die Familie hat sich zur modernen Einehe differenziert. Die Existenz der Lebensweise anderer Ethnien gibt eine Ahnung davon, wie variabel die Familienformen sind.

Aber auch, wenn die Familie zunächst ein naturwüchsiges Verhältnis ist, so scheint es nur für das ‚naive Bewußtsein' als einzig mögliche Form des Zusammenlebens, als Ort der Geborgenheit und des Glücks.

Denn diese Wahrnehmung der Familie entwickelt sich auf dem Hintergrund einer gesellschaftlichen Dynamik, die für das Individuum ständigen Wechsel von Beziehungen, Situationen, Räumen und Orientierungen bedeutet. Gesellschaftliche Dynamik

Angesichts dieser gesellschaftlich bedingten Instabilität und der Ausgrenzung emotionaler und irrationaler Momente aus bestimmten gesellschaftlichen Bereichen (z. B. Arbeit) wird die Familie leicht ein Objekt für Idealisierungen.

---

* In der zweiten Kurseinheit ist für diesen Band ein Jahr angegeben, und zwar das der ersten Auflage von 1956.

Vergesellschaftung am Beispiel der Zeiterfahrung

Die Stichworte dafür sind „Vergesellschaftung" und „Tauschgesellschaft". Beide Begriffe sind aus dem Marxschen Theoriezusammenhang entlehnt. Am Beispiel der Zeiterfahrung sollen diese beiden Problemzusammenhänge erläutert werden:

> *Wir operieren täglich mit zwei Zeitbegriffen, einmal mit unserer ‚inneren Uhr', d. h. wir empfinden die Zeit nach unserem Gefühl von Lust und Unlust als angenehm lang oder zu kurz, wir haben eine eigene Bedürfniseinteilung, die abhängig ist von körperlichen Empfindungen etc. Diese Zeiteinteilung nach dem subjektiven Bedürfnis und Empfinden in bestimmten, individuell wiederkehrenden Rhythmen wird ‚zyklische' Zeit genannt.*
>
> *Zum anderen haben wir die allgemeine Zeiteinteilung, die in gleichmäßigen Intervallen mit der Uhr gemessen wird. Unser Leben als gesellschaftliches Individuum ist in großem Maße durch diese ‚lineare Zeit' bestimmt: der Tagesrhythmus, Schulstunden, Arbeitsstunden, die Verteilung des Tages in Arbeit und Freizeit, der Platz, der für individuelle Bedürfnisse eingeräumt wird. Wenn man die Tagesabläufe der Individuen vergleicht, stellt man eine große Übereinstimmung fest: durch die Zeit werden die Lebensrhythmen synchronisiert, das individuelle Leben ist Teil des gesellschaftlichen, es ist vergesellschaftet. Dieser Prozeß greift weit in das Leben des Menschen, auch weit in die Erziehungsvorgänge ein.*
>
> Zyklische Zeit ist nicht meßbar, weil der Bezugspunkt einzig das Individuum selbst ist. Wenn man aber etwas tauschen will, muß es auch vergleichbar sein: Zeit als ‚lineare Zeit' ist meßbar, sie kann ausgetauscht und verglichen werden, z. B. kann man ein bestimmtes Quantum Arbeitszeit gegen ein bestimmtes Quantum Lohn tauschen.
>
> *Die Tätigkeit des ‚Messens' und des ‚Vergleichs' sind grundlegende Operationen, die für den Tausch nützlich und in der Tauschgesellschaft üblich sind. Sie ergreifen auch Sphären, die von ihrer Natur her mit diesen Verfahren nicht zu begreifen sind.*
>
> *Je mehr nun dem Menschen in einer Gesellschaft die Sphäre der Irrationalität genommen wird, sei es z. B. durch die Rationalität der Arbeitsabläufe oder durch die Formen des Umgangs mit anderen Menschen, die durch gesellschaftlichen Status und kontrollierte Affekte bestimmt werden, andererseits aber die sozialen Beziehungen durch eine ständig wechselnde und sich vergrößernde Anzahl von Kontakten gekennzeichnet sind, wächst das Bedürfnis nach einem Raum, in dem diese spontanen emotionalen Äußerungen akzeptiert sind.*
>
> *Die Familie ist ein gesellschaftlich definierter Raum, in dem diese Bedürfnisse noch am ehesten zugelassen sind. Sie steht im Spannungsfeld, diese ‚naturalen' Elemente zu organisieren, jedes Mitglied in seiner Individualität zu akzeptieren, Gruppenkonstanz zu gewährleisten, aber trotzdem durch ihre institutionell organisatori-*

sche Form, die spezifische Art der Arbeitsteilung, die Deutung und Bewertung von Verhalten einzelner Familienmitglieder gesellschaftliche Normen der Tauschgesellschaft zu transponieren, die sich bis in die Charakterstruktur der einzelnen Mitglieder fortsetzt (vgl. 2. Studienbrief).

Zusammenfassend läßt sich sagen, daß in den ‚Soziologischen Exkursen' eine Denkweise vorgestellt wurde, die

- analytisch ist,
- historisch argumentiert,
- die gesellschaftliche Geformtheit jedes Gegenstandes betont,
- die vielfältigen widersprüchlichen Verknüpfungen hervorhebt.

1.3 Einige historische Zusammenhänge

Der Versuch, über die Grenzen der Fachwissenschaft hinauszugehen und sich mit Theorien auseinanderzusetzen, die nicht unmittelbar dem pädagogischen Zusammenhang angehörten, wurde damals (um 1960) vor allem von Soziologen nahegelegt, die sich an der bildungspolitischen Diskussion beteiligten (z. B. ADORNO, HABERMAS, SCHELSKY). Für den erziehungswissenschaftlichen Leser zeigte sich überdies eine Kontinuität nicht nur mit der politischen Philosophie der Aufklärung, sondern auch mit dem pädagogischen Denken z. B. ROUSSEAUs und SCHLEIERMACHERs.

Sowohl ROUSSEAU als auch SCHLEIERMACHER entwickelten ihre Erziehungsvorstellungen bewußt in Auseinandersetzung mit dem Problem gesellschaftlicher Veränderungen.

Anknüpfung an ältere pädagogische Theorien

„Wenn nun solche Mißverhältnisse stattfinden, was ist dann die Aufgabe der Pädagogik? Sagen wir, die Erziehung soll die heranwachsende Jugend so ausbilden, daß sie tüchtig ist und geeignet für den Staat, wie er eben ist, so würde dadurch nichts anderes geleistet werden als dieses, die Unvollkommenheit würde verewigt und durchaus keine Verbesserung herbeigeführt werden. Die ganze jüngere Generation würde mit ihrem ganzen Wesen und vollkommener Zustimmung in diese Unvollkommenheit eingehen, und wir wären wiederum in einem neuen Widerspruch. Unsere Theorie erscheint dann als ein Ausfluß der Theorie, nach der die freie menschliche Tätigkeit gehemmt wird; und es würde unserer Theorie diese Formel aufgeprägt sein: Damit die jüngere Genera-

---

* Dieser Verweis bezieht sich auf das Kapitel 1.2 „Autorität und Familie" sowie 1.3 „Der autoritäre Charakter" in der Kurseinheit 2.

tion zur Zufriedenheit mit dem Bestehenden hingeleitet werde, soll sie nie den Wunsch empfinden, die Unvollkommenheit zu verlassen."
(WENIGER, E. (Hrsg.): Schleiermachers pädagogische Schriften. Bd. I: Vorlesungen aus dem Jahre 1826. Düsseldorf 1957, S. 30)

<small>Auseinandersetzung mit der deutschen Vergangenheit</small>

Die Rezeption der ‚Kritischen Theorie' – inzwischen waren bereits zehn Bände der ‚Frankfurter Beiträge zur Soziologie' erschienen, von denen die ‚Soziologischen Exkurse' der erste Band in der Buchreihe des nach dem Kriege neu gegründeten Instituts für Sozialforschung in Frankfurt waren – bedeutete deshalb eine Wiederentdeckung der Gesellschaftstheorie für die Erziehungswissenschaft. Die Lektüre regte Offenheit der Pädagogik gegenüber der gesellschaftlichen Formierung von Erziehungsprozessen an.

Hier fanden sich auch Hinweise für eine Auseinandersetzung mit der deutschen Vergangenheit:

„Jede Debatte über Erziehungsideale ist nichtig und gleichgültig diesem gegenüber, daß Auschwitz sich nicht wiederhole. Es war die Barbarei, gegen die alle Erziehung geht. Man spricht vom drohenden Rückfall in die Barbarei. Aber er droht nicht, sondern Auschwitz war er; Barbarei besteht fort, solange die Bedingungen, die ihren Rückfall zeitigen, wesentlich fortdauern. Das ist das ganze Grauen. Der gesellschaftliche Druck lastet weiter, trotz aller Unsichtbarkeit der Not heute. Er treibt die Menschen zu dem Unsäglichen, das in Auschwitz nach dem weltgeschichtlichen Maße kulminierte. Unter den Einsichten von Freud, die wahrhaft auch in Kultur und Soziologie hineinreichen, scheint mir eine der tiefsten die, daß die Zivilisation ihrerseits das Antizivilisatorische hervorbringt und es zunehmend verstärkt."
(ADORNO, Th. W.: Erziehung nach Auschwitz, ders.: in: Erziehung zur Mündigkeit, Frankfurt 1975, S. 88)

Die Anknüpfungspunkte für die Erziehungswissenschaftler der Nachkriegszeit an die Gedankengänge der „Frankfurter Schule" lagen nicht allein in dem praktischen Versuch der „Frankfurter Schule", die unmittelbare Vergangenheit nicht zu verdrängen, sondern auch darin, daß sich Gemeinsamkeiten entdecken ließen: eine ähnlich strukturierte Erfahrung der Situation von wissenschaftlicher Tätigkeit und Erkenntnis.

<small>Gemeinsamkeiten in den Ansprüchen an Theorie</small>

Die Erziehungswissenschaftler der Nachkriegszeit und die Theoretiker der „Frankfurter Schule" kamen in unterschiedlichen historischen Situationen zu dem Schluß, daß gesellschaftliche Wirklichkeit einerseits in der vorherrschenden soziologischen, andererseits in der pädagogischen Theorie nicht adäquat formuliert wurde.

Einleitung

Die historische Situation in den 20er Jahren unseres Jahrhunderts, mit der sich die Theoretiker der Frankfurter Schule auseinandersetzten und innerhalb derer sie ihre wissenschaftliche Position entwickelten, war gekennzeichnet durch — Historische Situation in den 20er Jahren

- *die Krise des politischen Systems, der demokratischen Legitimation von Macht und Herrschaft,*
- *die Krise des ökonomischen Systems, das nicht mehr als liberale ‚Konkurrenzwirtschaft' sondern als zunehmende ‚Monopolwirtschaft' zu beschreiben war,*
- *die Polarisierung der sozialen Kräfte, die sich als verstärkte Klassenauseinandersetzung bemerkbar machte,*
- *die theoretische und praktische Handlungsunfähigkeit der Arbeiterklasse, die innerhalb des bürgerlichen Staates die Ideen von Freiheit und Gleichheit erkämpfen sollten*
- *und später das Aufkommen irrationaler Ideologien, wie sie durch die NSDAP vertreten wurden und die sich als massenwirksam erwiesen.*

Theorie müsse, angesichts dieser Realität, gesellschaftliche Zusammenhänge so formulieren, daß einmal die sinnfällige Irrationalität gesellschaftlicher Wirklichkeit als geschichtlicher und nicht gleichsam als naturwüchsiger Prozeß begreifbar werde und gleichzeitig Vorstellungen von Veränderungen mitdenken, nämlich die Ideen von Freiheit und Vernunft als Grundlage menschlichen Zusammenlebens mit in die Reflexion miteinbeziehen – so kann in zunächst noch groben Umrissen die Zielsetzung des Kreises von Intellektuellen beschrieben werden, die das Institut für Sozialforschung damals gründeten. — Theoretische Ansprüche

Die theoretische Tradition, an die die ‚Frankfurter Schule' anknüpfte, war dem von KARL MARX entwickelten ‚Dialektischen Materialismus' verpflichtet. In der ‚Kritik der politischen Ökonomie', einem Modell des Reproduktionsprozesses der ‚Bürgerlichen Gesellschaft', geht MARX davon aus, daß die Formen des Zusammenlebens der Menschen in einer Gesellschaft dadurch entstehen, wie diese auf einer historisch konkreten Stufe die Art und Weise ihrer Reproduktion regeln. Die Arbeit als Aneignung der ‚äußeren Natur' des Menschen ist für MARX eine zentrale Kategorie. Sie ist seine praktische Kritik an der Philosophie des Deutschen Idealismus und, wie HABERMAS später anmerkt: — Theoretische Tradition / Kritik der politischen Ökonomie

> „Das Modell für den naturwüchsigen Reproduktionsprozeß der Gesellschaft sind die Produktionen eher als die Natur des Geistes. Deshalb tritt bei MARX die ‚Kritik der politischen Ökonomie' an die Stelle, die im Idealismus die ‚Kritik der formalen Logik' einnimmt."
> (HABERMAS, J.: Erkenntnis und Interesse, Frankfurt 1968, S. 44).

Ökonomie berührt auch für MARX nur zum kleinen Teil den fachwissenschaftlichen Aspekt im engeren Sinne; in dem Begriff der ‚Politischen Ökonomie' ist für MARX kritische Gesellschaftstheorie aufgehoben, denn die Formen des Zusammenlebens, des Denkens und der Vorstellungen, die sich die Menschen von ihrem Leben machen, entstehen aus und beziehen sich auf die Formen, die sie zur materiellen Organisation ihres Lebenszusammenhangs herausbilden. ‚Kritik der Politischen Ökonomie' ist zuallererst Analyse historischer Macht- und Herrschaftsverhältnisse, die in einem historischen Prozeß aus den gesellschaftlichen Produktionsbedingungen entstehen. Das historisch Besondere der Herrschaftsverhältnisse in der bürgerlichen Gesellschaft liegt nun darin, daß sie nicht wie in der Feudalgesellschaft personale Herrschaftsverhältnisse sind, daß ihr Ursprung nicht persönliche Freiheit oder Unfreiheit ist, sondern daß ihr Ursprung ein Tauschverhältnis ist, das zwar von der Form her ‚gerecht' ist, aber seine Ungleichheit durch den Unterschied des Gebrauchswerts der Ware Arbeitskraft und des Geldes bekommt. Die Ware ist deshalb für MARX ein ‚sinnlich-übersinnliches' Ding: sinnlich deshalb, weil sie in unmittelbar alltäglichem Sinne konsumierbar ist, übersinnlich, weil sie Träger sozialer Produktionsverhältnisse, Beziehungen von Menschen zueinander ist. Das übersinnliche Moment kann nicht wahrgenommen, sondern nur durch Analyse erschlossen werden. An diesem Punkt schließt MARX auch das Problem der Ideologie an. Die Vorstellungen, die sich die Gesellschaftsmitglieder von ihrer Realität machen, sind falsche Vorstellungen, denn sie berühren nicht den Ursprung der Ungleichheit. Die Aufgabe der theoretischen Analyse besteht darin, den ‚Schein' zu enthüllen.

Macht- und Herrschaftsverhältnisse in der Tauschgesellschaft

ADORNO greift dies auf, wenn er seinen Anspruch an Theorie folgendermaßen formuliert:

> „Theorie will benennen, was insgeheim das Getriebe zusammenhält. Die Sehnsucht des Gedankens, dem einmal die Sinnlosigkeit dessen, was bloß ist, unerträglich war, hat sich säkularisiert zum Drang der Entzauberung. Sie möchte den Schein heben, unter dem das Unwissen brütet. In seiner Erkenntnis allein ist ihr Sinn bewahrt…"
> (ADORNO, Th. W.: Soziologie und empirische Forschung, in: ZIEGLER (Hrsg.): Wesen und Wirklichkeit des Menschen, Festschrift für H. PLESSNER, Göttingen 1957*)

Diese Aufforderung zu ‚kritischem Denken' appellierte daran, dieses ‚Vakuum' an Theorie und Tradition, was die Erziehungswissenschaftler nach dem Kriege vorfanden, auszufüllen.

Die „Studien über Autorität und Familie" (schon 1936 veröffentlicht) oder MARCUSEs „Über den affirmativen Charakter der Kultur" (1935), ADORNOs

---

* S. 245–260

"Theorie der Halbbildung" erschienen für jene Erziehungswissenschaftler damals als das in Forschungsprojekte übertragene Interesse einer demokratisch-pädagogischen Perspektive der Erziehungspraxis. Die interessanten Momente, die sich bei der Rezeption der ‚Kritischen Theorie' herauskristallisierten, lagen darin, daß diese Theorie versuchte,

- sich selbst und ihre Methoden als gesellschaftlich produzierte zu begreifen,
- geschlossenen Theorien mit universalem Wahrheitsanspruch kritisch gegenüberzustehen,
- empirische Sachverhalte innerhalb eines Begriffs von gesellschaftlicher Totalität zu formulieren,
- "parteilich" zu sein, in dem Sinne, daß sie sich konsequent mit den fundamentalen und "vernünftigen" Bedürfnissen der Menschen auseinandersetzte.

1.4 Überlegungen zu einem kritischen Konzept von Erziehungswissenschaft

Angesichts solcher Anregungen schien nur eine Form von Erziehungswissenschaft akzeptabel, die imstande war,

Anforderungen an eine kritische Erziehungstheorie

- theoretische Konsequenzen aus der Erfahrung mit der geschichtlichen Praxis zu ziehen; die Frage zu beantworten, wohin denn die Geschichte laufen sollte und wie vor dieser Geschichte Handlungsziele zu verantworten sind;
- solche Konsequenzen mit den Mitteln der gesellschaftlichen Analyse pädagogischer Praxis zu erarbeiten, also auch die hermeneutische Erfahrung der geisteswissenschaftlichen Pädagogik nicht zu verleugnen;
- sich sozialwissenschaftlich-empirischer Verfahren zu bedienen; denn nur unter dieser Voraussetzung konnte die Hoffnung bestehen, die Ursachen und vielfältigen Zwischenglieder zur Erklärung des Dilemmas der gegenwärtigen Erziehungs- und Bildungspraxis aufzudecken: nämlich daß man sich in Deutschland (Ost und West) abermals aufmachte, die Rede von einer – am Begriff eines möglichen qualitativ-demokratischen Fortschritts gemessen – "verspäteten Nation" (PLESSNER) zu bestätigen.

Diese Situation fand ihren ersten, vorerst jedoch nur tastenden literarischen Niederschlag beispielsweise in den folgenden Veröffentlichungen:

Rezeption der Kritischen Theorie in der Erziehungswissenschaft

H. BLANKERTZ: Berufsbildung und Utilitarismus, Düsseldorf 1963

K. MOLLENHAUER: Pädagogik und Rationalität. In: ders.: *Erziehung und Emanzipation*, München 1968 (Vortrag, gehalten 1964)
K. MOLLENHAUER: Zur pädagogischen Theorie der Geselligkeit. In: *Erziehung und Emanzipation. a. a. O.* (Antrittsvorlesung, gehalten 1965)
H. BLANKERTZ/K. MOLLENHAUER: Zwei wissenschaftstheoretische Vorträge. In: *Neue Folge der Ergänzungshefte zur Vierteljahresschrift für wissenschaftliche Pädagogik*, 1966, Heft 5*
P. M. ROEDER: *Erziehung und Gesellschaft*. Weinheim 1968
H. BLANKERTZ/J. DAHMER/K. MOLLENHAUER: Aufsätze dieser Verfasser in dem Sammelband mit dem programmatischen Titel: *Geisteswissenschaftliche Pädagogik am Ausgang ihrer Epoche*. Hrsg. von I. DAHMER/W. KLAFKI, Weinheim 1968
K. MOLLENHAUER: Einleitung zu: *Erziehung und Emanzipation, a. a. O.*
W. LEMPERT: Bildungsforschung und Emanzipation. In: ders.: *Leistungsprinzip und Emanzipation.* Frankfurt 1971

Welche Wirkung hatten diese Veröffentlichungen?

Situation an den deutschen Universitäten in den 60er Jahren

An den deutschen Universitäten begann, ungefähr zur gleichen Zeit, sich ein Stück gesellschaftliche Praxis zu entfalten, ohne das vermutlich auch die pädagogische Rezeption der Kritischen Theorie anders verlaufen wäre: Die Studentenbewegung und der Versuch einer Hochschulreform.

Pädagogik – bis dahin eher Pflichtübung zukünftiger Lehrer – wurde zu einem spannenden Thema gerade für jene Studenten, die sich mit den gesellschaftspolitischen Ansprüchen an die Wissenschaft auseinandersetzten, und der Wissenschaft den ‚Elfenbeinturm', in den sie sich zurückgezogen hatte, nicht mehr zugestanden, die sich selbst als Wissenschaftler auch politisch verantwortungsbewußt definierten und wissenschaftliche Erkenntnisse in ihre Praxis integrieren wollten. Die Kritik wandte sich gegen die ‚technologische' Verkürzung von Wissenschaft.

Für diejenigen Dozenten, die bereit waren, sich diesem Anspruch zu stellen, konnte deshalb – sofern sie Pädagogen und also auch Didaktiker waren – die Form ihrer Lehre mit deren Inhalt zusammenfallen; sie konnten sich zudem als Beteiligte eines praktischen Prozesses definieren, in dem nicht mehr nur von den

---

* Hierbei handelt es sich vermutlich um folgende Publikationen:
Mollenhauer, K. (1966). Das Problem einer empirisch-positivistischen Pädagogik. In Martin Heitger (Hrsg.), *Zur Bedeutung der Empirie für die Pädagogik als Wissenschaft. Untersuchungen zu pädagogischen Zeitfragen. Neue Folge der Ergänzungshefte zur Vierteljahrsschrift für wissenschaftliche Pädagogik*, H. 5, S. 53–64.
Blankertz, H. (1966). Pädagogische Theorie und empirische Forschung. In Martin Heitger (Hrsg.), *Zur Bedeutung der Empirie für die Pädagogik als Wissenschaft. Untersuchungen zu pädagogischen Zeitfragen. Neue Folge der Ergänzungshefte der Vierteljahrsschrift für wissenschaftliche Pädagogik*, H. 5, S. 65–78.

Hochschulen, dem Zustand der Pädagogik, sondern vom Zustand unserer Gesellschaft im Ganzen die Rede war. Damit war ein Punkt erreicht, an dem das Motiv entstand, das zunächst nur in Umrissen antizipierte Programm einer Kritischen Theorie der Erziehung auszuarbeiten.

„Von den Widerständen und Zwängen nicht zu abstrahieren, vielmehr gerade sie in den Mittelpunkt des Interesses zu rücken, ist das Programm der heute allenthalben geforderten, aber noch kaum ausgeführten Kritischen Theorie der Erziehung. Dabei handelt es sich ebenso um eine Wendung zur politisch-gesellschaftlichen Funktion der Erziehungswissenschaft, wie zu einer erfahrungswissenschaftlichen Orientierung, und zwar so, daß bestimmte Elemente aller zuvor genannten Ansätze (hermeneutische, prinzipienwissenschaftliche, erfahrungswissenschaftliche, d. V.) konvergieren, wenn auch in einem neu gesetzten Bezugsrahmen."
(H. BLANKERTZ: Pädagogik unter wissenschaftstheoretischer Kritik. in: S. OPPOLZER (Hrsg.): Erziehungswissenschaft 1971 zwischen Herkunft und Zukunft der Gesellschaft. Wuppertal/Ratingen 1971, S. 30**)

Programm einer Kritischen Theorie der Erziehung

Die Wendung

- zur politisch-gesellschaftlichen Orientierung der Erziehungswissenschaft und eine
- erfahrungswissenschaftliche Orientierung

waren für BLANKERTZ die Punkte, an denen eine Kritische Theorie der Erziehungswissenschaft anzusetzen hätte.

Um die Triftigkeit dieses Programms näher zu prüfen, wenden wir uns im folgenden zunächst dem zu, was „Kritische Theorie" ist bzw. zu sein beansprucht.

---

* S. 20–30, hier: S. 30

Zur Geschichte der Kritischen Theorie 2

2.1 Vorbemerkung

Die unter dem Namen „Kritische Theorie" oder auch nach dem Sitz des Instituts als „Frankfurter Schule" bekannt gewordene Theorie ist insbesondere verbunden mit den Namen **Max Horkheimer** und **Theodor W. Adorno**. Diese beiden Wissenschaftler nahmen nach dem Kriege ihr wissenschaftliches Denken an dem ursprünglichen Gründungsort wieder auf, während andere Institutsmitglieder aus der Gründungszeit in der Emigration blieben (so z. B. MARCUSE, FROMM).

Ihre wissenschaftliche Tätigkeit bekam einen großen Stellenwert für die Entwicklung der Studentenbewegung 1968 – viele Aktive der Studentenbewegung hatten in Frankfurt studiert –, denn sie sorgten durch ihr ‚praktisches Tun', ihre Lehre, dafür, daß die auf die MARXsche Theorie zurückgehenden methodischen Verfahren und gesellschaftsanalytischen Begriffe angewandt wurden.

2.2 Geschichte des Frankfurter Instituts für Sozialforschung

Das Institut wurde 1923 gegen den zunächst heftigen Widerstand der Frankfurter Universität gegründet. Trotz der losen Angliederung an die Universität, die durch ein Ordinariat des Institutsdirektors gewährleistet werden sollte, war die Institutsarbeit in der Bestimmung ihrer Forschungsinhalte und -methoden nicht in den Rahmen der Universität eingespannt, sie war von den Mitgliedern des Instituts frei bestimmt.

Gründungssituation des Instituts

Motiv für die Gründung, was sich auch in der organisatorischen Form eines eigenen Instituts ausdrückte, war das Interesse, Wissenschaft unabhängig von universitärer und staatlicher Regelung und ohne Rücksichten auf die Bindung an

Motive und Ziele

eine der sozialistischen deutschen Parteien zu betreiben. Wissenschaftliches Interesse war für die Gründungsmitglieder – dieses Interesse wurde auch später beibehalten –, eine Analyse der bürgerlichen Gesellschaft zu versuchen, die die Möglichkeiten interdisziplinärer Forschung und Marxistischer Theoriebildung ausschöpfte.

Das Gründungsmitglied Felix H. WEIL hatte durch seinen Vater ein Privatvermögen zur Verfügung, aus dem der wesentliche Teil der Institutsfinanzierung gedeckt wurde. Das Institut bekam die rechtliche Form einer privaten Stiftung. So wurde die Unabhängigkeit ermöglicht. Unter Einbezug der historischen Situation ging es den Gründungsmitgliedern zunächst einmal darum, die ‚Marxsche Theorie', die von den Theoretikern der Arbeiterbewegung dogmatisch behandelt wurde und im Interesse der politischen Auseinandersetzung ‚verkürzt' war, erneut aufzuarbeiten. Dieses Interesse konnte sich nur unabhängig von den Arbeiterorganisationen verwirklichen, und auch unabhängig von den damaligen wissenschaftlichen Institutionen, die durch eine Aussparung marxistischer Theoreme aus der akademischen Diskussion gekennzeichnet waren.

Die von Felix H. WEIL ausgehende Initiative, einen Diskussionsrahmen für ‚linke Intellektuelle' zu schaffen, stieß auf Interesse, da gerade diese Linken mit ihren Positionen durch die Spaltung der Arbeiterbewegung in eine ‚revolutionäre' KPD und eine ‚nicht-revolutionäre' SPD innerhalb dieser parteipolitischen Aktivitäten zu Zugeständnissen gezwungen waren, die sie nicht bereit waren zu geben. Zu diesen interessierten Intellektuellen gehörten Theoretiker wie LUCACS, KORSCH, POLLOCK, WITTFOGEL, die teilweise selbst in der KPD organisiert waren. Zu den Gründungsmitgliedern im engeren Sinn gehörten dann WEIL, POLLOCK, HORKHEIMER, einige Intellektuelle aus dem obigen Kreis waren als Assistenten tätig.

Gründungsmitglieder und Mitarbeiter des Instituts

Erster Direktor des Instituts war KARL GRÜNBERG, ein Wiener Historiker und Nationalökonom, der mit WEIL freundschaftlich verbunden war.

In der ersten Phase der Geschichte des Instituts unter der Leitung GRÜNBERGs knüpften die Forschungen an die Probleme der Arbeiterbewegung an.

Schwerpunkte in der ersten Phase der Institutsarbeit

Die Thematik war an* einer Überprüfung der von MARX aufgestellten Erkenntnisse der immanenten Entwicklung der kapitalistischen Akkumulation geprägt. Unter kapitalistischer Akkumulation verstand MARX, daß das Kapital ein ‚sich selbst verwertender Wert' sei, d. h. Ziel der Produktion ist es, den Wert zu vermehren, wobei der Befriedigung der Lebensbedürfnisse nur ein mittelbarer Zweck zukommt. Die Folgen dieses Prozesses sind Konzentration und Zentralisation des Kapitals.

---

*   sic

Die geschichtlichen Verhältnisse hatten sich gegenüber der Entwicklung der bürgerlichen Gesellschaft, die MARX vorgefunden hatte, in der Tat verändert:

Behaupteten seine Analysen der bürgerlichen Gesellschaft in dem Stadium der ‚freien Konkurrenzwirtschaft', die ‚Anatomie' der bürgerlichen Gesellschaft als kapitalistische Produktionsweise erkannt zu haben, so war die kapitalistische Entwicklung nun in ihr ‚monopolistisches Stadium' eingetreten. Nicht mehr die freie Konkurrenz der Einzelunternehmer, sondern die Konzentration des Kapitals in wenigen Großunternehmen bestimmte als Machtfaktor das gesellschaftliche Geschehen. Diese Entwicklung entsprach nach den von MARX aufgestellten Analysen den ‚Bewegungsgesetzen des Kapitals'.

Er verstand darunter, daß quasi in der Entfaltung einer immanenten Logik die Entwicklung der Gesellschaft darauf hinauslaufen würde, daß die Diskrepanz zwischen dem Anspruch – Freiheit und Gleichheit aller Bürger – und der Wirklichkeit – Trennung der Gesellschaft in Produktionsmittelbesitzer und Besitzer der Ware Arbeitskraft – immer größer würde. Die Folge dieser faktischen Ungleichheit seien vermehrte Klassenauseinandersetzungen.

Tatsächlich hatte es auch eine Revolution gegeben, allerdings in einem Land, das nicht kapitalistisch entwickelt war, in Rußland. Die deutschen revolutionären Bewegungen nach dem ersten Weltkrieg waren mit der Gründung der Weimarer Republik gescheitert. Der Verlauf der Geschichte und die verschiedenen Versuche, diese theoretisch zu erfassen, gaben für die Wissenschaftler Anlaß genug,

- sich damit zu befassen, inwieweit sich denn diese Verhältnisse noch adäquat mit der Marxschen Theorie erfassen ließen,
- wie denn nun das Verhältnis von Bewußtsein und revolutionärer Praxis zu beschreiben sei. Nach den Erfahrungen konnte es kaum als mechanisches Verhältnis, wie es teilweise von den sozialistischen Parteien aufgefaßt wurde, begriffen werden.

1931 übernahm HORKHEIMER als Nachfolger von GRÜNBERG den Vorsitz des Instituts und den Lehrstuhl für Sozialphilosophie an der Universität. In seiner Antrittsvorlesung vom 24.1.1931 (Zur gegenwärtigen Lage der Sozialphilosophie und den Aufgaben eines Instituts für Sozialforschung) entwickelte er als Leitfaden für die weitere Arbeit des Instituts das Programm einer wechselseitigen Durchdringung und Vermittlung von philosophischer Sinnreflexion und materialer empirischer Forschung als notwendige Voraussetzung einer umfassenden Kritischen Theorie der Gesellschaft.

Horkheimer wurde Direktor des Instituts

Zu den Mitarbeitern HORKHEIMERs gehörten u. a. Friedrieh POLLOCK, Leo LÖWENTHAL, Theodor W. ADORNO, der zwar erst 1938 offizieller Mitarbeiter wurde, aber über eine Freundschaft mit HORKHEIMER schon seit 1923 an der Arbeit des Instituts teilnahm, ab 1931 ERICH FROMM, Mitglied der Deutschen Psychoanalytischen Gesellschaft, ab 1932 Herbert MARCUSE, Schüler von HEIDEGGER, und Walter BENJAMIN.

Waren in der Gründungszeit des Instituts die Diskussionen stark auf die im engeren Sinne ökonomischen Aussagen der MARXschen Theorie focussiert, verschob sich unter HORKHEIMERs Leitung der Schwerpunkt auf den sozialphilosophischen Gehalt der MARXschen Theorie. Man wollte im Anschluß an die Rezeption der MARXschen ‚Frühschriften' die MARXsche Theorie aus der „ökonomischen Borniertheit" herausheben. Das Bewußtsein des gesellschaftlichen Individuums als Produzent der Geschichte rückte in den Mittelpunkt. HORKHEIMER, MARCUSE und FROMM versuchten, das Verhältnis Individuum – Gesellschaft unter Einbezug der psychoanalytischen Theorie stärker auf die subjektiven Bedingungen zu konzentrieren: welches waren die gesellschaftlichen Gründe, die eine Emanzipation des Subjekts als ‚Motor der Geschichte' verhinderten?

Zeitschrift für Sozialforschung

Die „Zeitschrift für Sozialforschung", die von 1932 bis 1942 von HORKHEIMER im Auftrag des Instituts herausgegeben wurde, sollte in ihrer Eigenschaft als Publikationsorgan des Instituts der Verwirklichung des gesellschaftspolitischen Programms dienen: Denn das Institut verstand sich als marxistische Organisation, die mit ihren empirischen Analysen und theoretischen Reflexionen seinen* Beitrag zur Praxis der Arbeiterbewegung geben wollte.

Daß es sich hier um ein im Vergleich zu sonstigen gesellschaftspolitischen Vorstellungen sehr breit angelegtes Vorhaben handelte, sollen die folgenden Auszüge aus dem Inhaltsverzeichnis der „Zeitschrift für Sozialforschung" verdeutlichen: intellektuelles Interesse und der soziale Hintergrund der Wissenschaft waren unübersehbar.

---

* sic

Zur Geschichte der Kritischen Theorie 53

Inhalt
I Aufsätze

Seite

Inhalt des 1. Jahrgangs der Zeitschrift für Sozialforschung

Vorwort I

MAX HORKHEIMER
Bemerkungen über Wissenschaft und Krise 1

FRIEDRICH POLLOCK
Die gegenwärtige Lage des Kapitalismus und die Aussichten
einer planwirtschaftlichen Neuordnung 8

ERICH FROMM
Über Methode und Aufgabe einer analytischen Sozialpsychologie 28

HENRYK GROSSMANN
Die Wert-Preis-Transformation bei Marx und das Krisenproblem 55

LEO LÖWENTHAL
Zur gesellschaftlichen Lage der Literatur 85

THEODOR WIESENGRUND-ADORNO
Zur gesellschaftlichen Lage der Musik (Teil 1) 103

MAX HORKHEIMER
Geschichte und Psychologie 125

ERICH FROMM
Die psychoanalytische Charakterologie und ihre Bedeutung
für die Sozialpsychologie 253

JULIAN GUMPERZ
Zur Soziologie des amerikanischen Parteiensystems 278

FRANZ BORKENAU
Zur Soziologie des mechanistischen Weltbildes 311

ANDRIES STERNHEIM
Zum Problem der Freizeitgestaltung 336

THEODOR WIESENGRUND-ADORNO
Zur gesellschaftlichen Lage der Musik (Teil 2) 356

(Zeitschrift für Sozialforschung, Hrsg.: M. Horkheimer, 1. Jg. 1932, DTV Reprint 1980)

Emigration

Angesichts der sich zuspitzenden politischen Ereignisse in Deutschland bekamen auch die Institutsmitglieder hautnah die politische Situation zu spüren: Das Institut wurde 1933 nach der Machtergreifung der Nationalsozialisten wegen ‚staatsfeindlicher Tendenzen' geschlossen, einem Vorwurf, der für die Nationalsozialisten nicht weiter problematisch war, denn erstens waren hier ‚marxistische Intellektuelle' versammelt, zweitens waren sie größtenteils jüdischer Abstammung.

Der größte Teil der Institutsangehörigen emigrierte zunächst nach Genf und Paris, da die dortigen Universitäten dem Institut vorübergehend die Voraussetzungen zur Reorganisation schafften. 1934 wurde das Institut dann in enger Angliederung an die Columbia Universität neu in New York errichtet.

Allerdings blieben viele Mitarbeiter solange wie möglich in den verschiedenen europäischen Büros des Instituts, wie überhaupt Europa auch bis in die 40er Jahre hinein der intellektuelle Bezugsrahmen war. Noch bis 1940 wurde die Zeitschrift für Sozialforschung in **deutscher** Sprache herausgegeben, ein Ausdruck des Selbstverständnisses der Mitarbeiter, die sich die Formen des amerikanischen Wissenschaftsbetriebes nicht aufdrücken lassen wollten.

Arbeiten während der Emigration

Während der Emigration wurde zunächst in einer Pariser Ausgabe das Fragment der empirischen Untersuchung zu ‚Autorität und Familie' veröffentlicht. Diese Untersuchung war noch die Fortsetzung einer Untersuchung über das Bewußtsein der Arbeiter in der Weimarer Republik, die von HORKHEIMER schon 1930 initiiert wurde. Um die Begriffe ‚Autorität' und ‚Charakter', die in der Auseinandersetzung mit dem empirischen Material entstanden, entwickelte sich in den weiteren Jahren der gesellschaftsanalytische Schwerpunkt des Instituts (Vgl. auch die 2. Einheit).

In Amerika wurden die Studien zum ‚Autoritären Charakter' mit den ‚Studien über das Vorurteil' (Studies in Prejudice) fortgesetzt. In Zusammenhang mit dem American Jewish Commitee sollten mit einem breiten methodologischen Ansatz soziale Vorurteile, insbesondere Antisemitismus innerhalb der amerikanischen Arbeiterschaft, untersucht werden.

1950 wurde das Institut, wiederum unter der Leitung HORKHEIMERs, in Frankfurt neu eingerichtet.

2.3 Auseinandersetzung mit dem Faschismus

Die Geschichte des Instituts für Sozialforschung verdeutlicht, daß die Mitarbeiter selbst von der nationalsozialistischen Gewaltherrschaft betroffen waren. Ihre wissenschaftliche Arbeit – die Freiheit von Forschung und Lehre – wurde unterbunden, sie selbst mußten, wenn sie nicht wie viele andere Oppositionelle auch ihre Tätigkeit mit dem Leben ‚bezahlen' wollten, flüchten.

Im Mittelpunkt der intellektuellen Arbeit stand die Fragestellung, wie denn der Umschlag von einer demokratischen Staatsform in eine faschistische Diktatur aus der historisch gesellschaftlichen Entwicklung heraus zu begreifen sei.

Diese Fragestellung wurde von Mitarbeitern des Instituts je nach eigenen Schwerpunkten von unterschiedlichen gesellschaftsanalytischen Ebenen her verfolgt. Während HORKHEIMER, FROMM, ADORNO, MARCUSE eher an ihrem sozialphilosophischen Ansatz orientiert waren, den Typus von Sozialcharakter zu beschreiben, der autoritäre Verhaltensstrukturen hervorbrachte und damit Voraussetzungen für den totalitären Staat schuf, waren z. B. POLLOCK und NEUMANN mit staatsanalytischen und wirtschaftsorganisatorischen Fragestellungen befaßt.

Gemeinsam ist den Vertretern der ‚Kritischen Theorie', daß sie den Faschismus nicht als historische Entgleisung betrachten, die mit der Restauration bürgerlich-demokratischer Verhältnisse überwunden wäre, sondern als in der Struktur bürgerlich-kapitalistischer Gesellschaft latent angelegt.

> „Die Nationalsozialisten fallen aus der Entwicklung nicht heraus, wie die Rede, sie seien Gangster, es unterstellt. ... Nicht einbrechende Gangster haben in Deutschland die Herrschaft über die Gesellschaft sich angemaßt, sondern die gesellschaftliche Herrschaft geht aus ihrem eigenen ökonomischen Prinzip heraus in die Gangsterherrschaft über."
> (HORKHEIMER, Vernunft und Selbsterhaltung, Frankfurt/M. 1970, S. 27)

Der Faschismus als Konsequenz der bürgerlichen Gesellschaft

Die Ursachen für den Umschlag des liberalistischen in den faschistischen Staat sind also nach der Kritischen Theorie nicht in der öffentlichen Verletzung bürgerlich demokratischer Prinzipien, in rassistischen Ideologien und Führertum zu suchen, sondern in Entwicklungstendenzen, die in den liberalistischen Wirtschaftssystemen angelegt waren. In einer bestimmten historischen Situation konnte eine politische Integration der Gesellschaft nur noch in einer Verbindung von wirtschaftlicher Macht und autoritärer Staatsform gewährleistet werden.

Die ökonomischen Grundlagen für die Entwicklung des autoritären Staates

> „liegen im wesentlichen alle auf der Linie der Wandlung der kapitalistischen Gesellschaft von dem auf der freien Konkurrenz der selbständigen Einzelunternehmer aufgebauten Handels- und Industriekapitalismus zum modernen Monopolkapitalismus, in dem die veränderten Produktionsverhältnisse (und besonders die großen ‚Einheiten' der Kartelle, Trusts etc.) eine alle Machtmittel mobilisierende starke Staatsgewalt forderten ... Im Hinblick auf die Einheit der ökonomischen Basis läßt sich sagen: es ist der Liberalismus selbst, der den total-autoritären Staat aus sich heraus ‚erzeugt' hat: als seine eigene Vollendung auf einer höheren Stufe der Entwicklung. Der total-autoritäre

Staat bringt die dem monopolistischen Stadium des Kapitalismus entsprechende Organisation und Theorie der Gesellschaft."
(MARCUSE, Kultur und Gesellschaft, Bd. I*, S. 32)

MARCUSE spricht hier einmal die Veränderung der Organisationsform der kapitalistischen Gesellschaft an, ihre Entwicklung zum Monopolkapitalismus, die MARX mit den Begriffen ‚Konzentration und Zentralisation' bezeichnet (vgl. Kapitel 2.2).

Die Machtkonzentration auf wenige große Unternehmen bildet die ökonomische Grundlage der Herrschaft. Nach den Erfordernissen dieser Großunternehmen werden die marktpolitischen Entscheidungen getroffen. Weniger kapitalkräftige Gruppen können ihre Interessen kaum geltend machen. Diese Einflußnahme bedeutet auch eine Vereinnahmung der Prozesse, die die gesamtgesellschaftliche Verteilung der Produktion von Gütern und die gesellschaftlichen Bedürfnisse bestimmen. D. h. das partikulare Interesse der Großunternehmen steht einerseits im Widerspruch zu gesamtgesellschaftlichen Reproduktionserfordernissen, auf der anderen Seite ist die wirtschaftliche Existenz von Großunternehmen auch die Voraussetzung dafür, einen allgemeinen wirtschaftlichen Zusammenbruch zu verhindern.

*Zum anderen bringt dieser interessengebundene Machtfaktor als „Einheit" das Muster hervor, in dem Herrschaft politisch ausgeübt wird. Die gesellschaftlichen Prozesse an der ökonomischen Basis finden ihre Entsprechung in dem** Organisation des Staates, der selbst wiederum zentral und autoritär eingreifen muß, um alle gesellschaftlichen Widersprüche, Interessenkonflikte zwischen Kapitalfunktionen, politische und wirtschaftliche Entscheidungen, brüchige Legitimationsformen von Herrschaft, Interessengegensätze sozialer Gruppen und Klassen zu integrieren.*

Diese autoritäre Staatsform bedeutete das Ende von historisch entwickelten liberalen Vermittlungsinstanzen, innerhalb derer sich bislang die wirtschaftlichen und politischen Interessen bewegt hatten (ein parlamentarisch demokratisches System z. B. ist eine solche liberale Vermittlungsinstanz).

HORKHEIMER betonte in diesem Zusammenhang, daß diese liberalen Vermittlungsinstanzen bislang eine dem Kapitalismus immanente Herrschaft verhindert hätten. (Vgl. dazu: HORKHEIMER, M.: Gesellschaft im Übergang. Frankfurt/M. 1972).

Insgesamt können diese hier vorgestellten Probleme nur ein Hinweis dafür sein, wie vielschichtig die Auseinandersetzung mit dem Faschismus geführt wurde,

---

*   1965
** sic

wenn man bedenkt, daß jeder dieser oben aufgeführten Zusammenhänge wieder neue empirische und historische Forschungen beinhaltete.

Wie läßt sich zusammenfassend der gemeinsame Anspruch beschreiben? Er lag sicherlich in dem Versuch, gesellschaftliche Entwicklung als historische Totalität zu erfassen und nicht ein geschlossenes System von Erklärungen zu präsentieren: Die Dialektik zwischen Verhalten und Verhältnissen, zwischen Subjekt und Objekt im Hinblick auf die historischen Verhältnisse immer wieder neu zu formulieren und in ihrer historischen Kontinuität zu sehen. Zusammenfassung

Die Tatsache jedoch, das* ADORNO die Forderung, „daß Auschwitz nicht noch einmal sei" 1966 als Gegenwartsproblem formulierte, daß er sie als „allererste an Erziehung" ansah, verdeutlicht, daß auch nach der Zerschlagung der nationalsozialistischen Gewaltherrschaft die „Kritische Theorie" keinesfalls annahm, daß die strukturellen Bedingungen aufgehoben waren, die den Faschismus möglich machten. Auf dem Hintergrund der bisherigen Kenntnisse ist auch zu verstehen, daß er die Verhinderung eines zweiten Auschwitz keineswegs für ein bloßes Erziehungsproblem hielt (ADORNO, Erziehung zur Mündigkeit, a. a. O., S. 88 ff.), sondern daß er auch hier einen Vorgang meinte, der die Auseinandersetzung mit der gesellschaftlichen Totalität einschließlich der unmittelbaren Vergangenheit beinhaltete.

---

* sic

Traditionelle und Kritische Theorie 3

3.1 Vorbemerkung

Wir haben uns in den vorherigen Abschnitten mit der Geschichte des Instituts für Sozialforschung beschäftigt und versucht, die historischen Verhältnisse nachzuzeichnen, in denen die ‚Kritische Theorie' entstanden ist. Wir haben außerdem versucht darzustellen, aufgrund welcher Problemstellungen und geschichtlichen Erfahrungen theoretische Positionen und Denkansätze entwickelt wurden. Wir wollen nun die allgemeinere und historische Darstellungsweise aufgeben und uns näher mit einem Text beschäftigen: nämlich mit dem Aufsatz von MAX HORKHEIMER „Traditionelle und Kritische Theorie", der 1937 veröffentlicht wurde.

Die Auswahl dieses Aufsatzes erfolgt aus zwei Gründen: Einmal ist unter der Leitung von HORKHEIMER im wesentlichen das entstanden, was später zusammenfassend als ‚Kritische Theorie' bezeichnet wurde, zum anderen gibt dieser Aufsatz eine Selbstdeutung der Kritischen Theorie: Er formuliert eine Position.

Wesentliche Momente dieses Selbstverständnisses sind, daß

- Wissenschaft als gesellschaftliche Tätigkeit begriffen wird,
- diese gesellschaftliche Tätigkeit durch die Form ihrer Theorie, nämlich als traditionelle, von Wissenschaftlern nicht mehr als gesellschaftliche, sondern nur als individuelle Tätigkeit verstanden wird,
- deswegen eine ‚Kritische Theorie' gerade die Produktionsbedingungen von Theorie und Wissenschaft reflektieren muß.

Im folgenden zitieren wir nach der Taschenbuchausgabe im Fischer-Verlag M. HORKHEIMER: Traditionelle und kritische Theorie. Vier Aufsätze, Frankfurt/M. 1970.

3.2 Wissenschaft in der gesellschaftlichen Arbeitsteilung

In den Vorstellungen und Formulierungen von Theorie, sei es in den Naturwissenschaften, den einzelnen Fachwissenschaften oder der Philosophie, drückt sich – so HORKHEIMER – ein Selbstbewußtsein des bürgerlichen Gelehrten aus, das „total aus dem wissenschaftlichen Betrieb abstrahiert" ist.

Dem subjektiven Bewußtsein des Wissenschaftlers scheint es, daß seine Tätigkeit sich nur nach den Regeln und Verfahren der Wissenschaft richtet und mit gesellschaftlichen Strukturen nicht viel zu tun hat. Seine Tätigkeit der immanenten Weiterentwicklung von Theorien und des logischen Schließens entspricht – wie HORKHEIMER es nennt –

Tätigkeit des „traditionellen" Gelehrten

„der Tätigkeit des Gelehrten, wie sie neben allen übrigen Tätigkeiten in der Gesellschaft verrichtet wird, ohne daß ein Zusammenhang zwischen den einzelnen Tätigkeiten unmittelbar durchsichtig wird. In dieser Vorstellung erscheint daher nicht die reale gesellschaftliche Funktion der Wissenschaft, nicht was Theorie in der menschlichen Existenz, sondern nur, was sie in der abgelösten Sphäre bedeutet, worin sie unter historischen Bedingungen erzeugt wird. In Wahrheit resultiert jedoch das Leben der Gesellschaft aus der Gesamtheit der verschiedenen Produktionszweige, und wenn die Arbeitsteilung unter der kapitalistischen Produktionsweise auch nur schlecht funktioniert, so sind ihre Zweige, auch die Wissenschaft, doch nicht als selbständig und unabhängig anzusehen. Sie sind Besonderungen der Art und Weise, wie sich die Gesellschaft mit der Natur auseinandersetzt und in ihrer gegebenen Form erhält. Sie sind Momente des gesellschaftlichen Produktionsprozesses, mögen sie selbst auch wenig oder gar nicht produktiv sein."
(HORKHEIMER, M.: Traditionelle ..., a. a. O., S. 19)

Was ist damit gemeint?

Individualismus des „traditionellen" Gelehrten

Uns allen ist das Bild des Gelehrten geläufig, der allein in seiner Studierstube hockt, während sich draußen das Leben abspielt. Dieses Bild ist sicherlich karrikaturhaft und übertrieben, bringt aber vielleicht gerade deshalb die subjektive Seite des von HORKHEIMER angesprochenen Sachverhalts symbolisch zum Ausdruck: Die wissenschaftliche Tätigkeit erscheint als das Ergebnis der Denkanstrengung einer Person. In dieser Form trifft sie auf einen historischen Typus des Gelehrten zu, der z. B. ein klassisch-philosophisches Wissenschaftsverständnis repräsentiert: In der autonomen eigentätigen Reflexion des erkennenden Subjekts, durch Introspektion, versucht der Wissenschaftler, die Frage nach dem Sinn der Welt zu beantworten.

Wie dem auch sei, wir wollen uns zunächst mit dem gesellschaftlichen Zusammenhang von Wissenschaft befassen, der im zweiten Teil des Zitats angesprochen wird: Wissenschaft ist ein Moment des gesellschaftlichen Produktionsprozesses einer arbeitsteilig produzierenden Gesellschaft, sie ist eine der Arten und Weisen, wie sich die Gesellschaft mit der Natur auseinandersetzt. Die Grundlage für die historische Entwicklung der Wissenschaft als einer ‚abgelösten Sphäre' ist die gesellschaftliche Teilung der Arbeit in geistige und körperliche Arbeit.

Wissenschaft im Zusammenhang gesellschaftlicher Arbeitsteilung

In manchen ‚primitiven Kulturen', in der bäuerlichen Großfamilie z. B., wird das gesamte Kulturwissen innerhalb der Gruppe tradiert. Den Ältesten kommt dabei zwar eine besondere Rolle zu, aber sie sind von der Sphäre körperlicher Arbeit nicht völlig getrennt. Von der gesellschaftlichen Teilung der Arbeit spricht man erst dann, wenn eine gesellschaftliche Gruppe, z. b. die Sklaven in der Antike, für die materielle Reproduktion sorgen, während sich die Formen der geistigen Durchdringung des gesellschaftlichen Lebens wie die Philosophie oder die Künste auf gesellschaftliche Gruppen beschränken, die selbst nicht mehr durch eigene körperliche Arbeit für ihren Lebensunterhalt sorgen müssen. Insofern ist in dem Begriff der Arbeitsteilung auch immer der Hinweis auf eine veränderte Gesellschaftsstruktur enthalten. Die kapitalistische Gesellschaft ist durch einen hohen Grad an Differenzierung gekennzeichnet: Die Arbeitsteilung zwischen Kopf und Hand gibt nur eine allgemeine Form der Differenzierung an, genauso wie die Form der Arbeitsteilung zwischen Stadt und Land. Charakteristischer für die Reproduktion des Gesamtsystems sind z. B. die Formen der Arbeitsteilung zwischen den einzelnen Industriezweigen, zwischen den Betrieben und innerhalb der Betriebe. Die Wissenschaft als ein vom alltäglichen Wissen unterschiedenes System mit eigenen Organisationsregeln hat ihren Platz im Rahmen dieses Gesamtsystems.

Besonders für den Bereich der Naturwissenschaften und deren praktischem Anwendungsgebiet, der Technik, ist unmittelbar der industrielle Anwendungszusammenhang ersichtlich. Bei den Gesellschaftswissenschaften ist dieser Verwertungszusammenhang nicht unbedingt evident. Nun bedeutet aber HORKHEIMERs Aussage, daß Wissenschaft eine Besonderung der Art und Weise ist, in der sich die Gesellschaft mit der Natur auseinandersetzt, nicht allein, daß sie sich mit ihrer ‚äußeren Natur' auseinandersetzt, d. h. im weitesten Sinne die Natur dem Menschen als Lebensgrundlage verfügbar macht, sondern daß sie sich auch mit der ‚inneren Natur' auseinandersetzt, d. h. der Frage nachgeht, wie die Menschen ihre emotionalen und sozialen Bedürfnisse organisieren und realisieren können, der Frage nach ihrer Lebenspraxis also. Aber wie geschieht das? HORKHEIMER gibt eine knappe Skizze:

„In der gesellschaftlichen Arbeitsteilung hat der Gelehrte Tatsachen in begriffliche Ordnungen einzugliedern und diese so instand zu halten, daß er selbst und alle, die sich ihrer bedienen müssen, ein möglichst weites Tatsachengebiet beherrschen können. Das Experiment hat innerhalb der Wissenschaft den Sinn, die Tatsachen in einer Weise fest-

zustellen, die der jeweiligen Situation der Theorie besonders angemessen sind ... Für den Gelehrten ist das Aufnehmen, Umformen, Durchrationalisieren des Tatsachenwissens, gleichviel, ob es sich um ein möglichst eingehendes Darlegen des Stoffes wie in der Historie und den beschreibenden Zweigen anderer Einzelwissenschaften oder um Zusammenfassen von Datenmassen und das Gewinnen allgemeiner Regeln wie in der Physik handelt, seine besondere Art der Spontaneität die theoretische Betätigung."
(HORKHEIMER, M.: Traditionelle ..., a. a. O., S. 19)

An diesem Punkt setzt nun HORKHEIMERs Kritik ein. Gerade dieses Verfahren der theoretischen Produktion erscheint als ‚objektiv‘, bringt den Schein der ‚objektiven Sphäre‘ hervor und läßt den Zusammenhang mit Praxis ganz zurücktreten. Denn:

was „zur Änderung alter Klassifikationen oder zum Entstehen neuer den Anlaß bildet, läßt sich keineswegs nur aus der logischen Situation ableiten ... Ob und wie neue Definitionen zweckmäßig aufgestellt werden, hängt in Wahrheit nicht bloß von der Einfachheit und Folgerichtigkeit des Systems, sondern unter anderem auch von der Richtung und Zielen der Forschung ab, die aus ihr selbst weder zu erklären oder gar letztlich einsichtig zu machen sind."
(HORKHEIMER, M.: Traditionelle ..., a. a. O., S. 18)

Nicht nur die Instrumente, die z. B. für die „experimentelle Prozedur" verwendet werden, sind eng an die technischen Bedingungen geknüpft, sondern gerade die Art, wie das Beobachtbare geschieden und zusammengefaßt wird, „wie einzelnes nicht bemerkt, anderes hervorgehoben wird, ist ebensosehr Resultat der modernen Produktionsweise, wie die Wahrnehmung eines Mannes aus irgendeinem Stamm primitiver Jäger und Fischer Resultat seiner Existenzbedingungen und freilich auch des Gegenstandes ist."
(HORKHEIMER, M.: Traditionelle ..., a. a. O., S. 23)

Zusammenfassung

HORKHEIMERs Kritik an der „Traditionellen" Theorie bzw. Wissenschaft umfaßt also im wesentlichen die folgenden vier Thesen:

1. Genesis und Wirkung (Entstehungs- und Verwertungszusammenhang) wissenschaftlicher Erkenntnis werden vernachlässigt. Dagegen will die Kritische Theorie die sich durchsetzende wechselseitige Abhängigkeit von Theorieproduktion und gesellschaftlicher Entwicklung, von unerkannter Parteilichkeit der Theorie und theoretisch nicht reflektierter gesellschaftlicher Folgen der Anwendung ihrer Ergebnisse durchbrechen.
2. Die Forschungstätigkeit bleibt fachspezifisch beschränkt; damit werden die Untersuchungsgegenstände aus ihrem Realzusammenhang herausgelöst. Ohne

die Berechtigung fachwissenschaftlichen Vorgehens grundsätzlich zu bestreiten, will die Kritische Theorie die Partikularisierung der Erkenntnis und die Isolierung der Erkenntnisgegenstände in der Reflexion des beiden gemeinsamen geschichtlich-gesellschaftlichen Gesamtzusammenhangs aufheben.
3. Die wissenschaftlichen Methoden verselbständigen sich gegenüber ihrem Gegenstand und vereinheitlichen sich nach dem Muster naturwissenschaftlichen Vorgehens. Demgegenüber fordert die Kritische Theorie, daß die Methoden der Gesellschaftswissenschaften dem praktisch-geschichtlichen Charakter ihrer Erkenntnisgegenstände entsprechen.
4. Es wird von der Wissenschaft Wertfreiheit gefordert. Aus der Einsicht in die Interessengebundenheit von menschlicher Erkenntnis erhebt die Kritische Theorie demgegenüber die Begründung gesellschaftlicher Parteinahme und damit die Begründung von Wertentscheidungen zum Gegenstand ihrer theoretischen Reflexion.

3.3 Erkenntniskritischer Aspekt

Man kann die genannten vier Thesen so auffassen, als enthielten sie nichts weiter als eine wissenssoziologische Aufforderung. Die Grundannahme, die wissenssoziologische Fragestellungen leitet, läßt sich so formulieren:

Wissenssoziologische Fragestellung

Die Wissensbestände, über die eine Gesellschaft bzw. Kultur verfügt, sind keine „reine Wahrheit", Ergebnis einer nur auf Erkenntnis gerichteten Tätigkeit, sondern vom Gesamtzustand der Gesellschaft/Kultur abhängige Wissensbestände (was in der einen Kultur als „wahres" Wissen erscheint, kann in einer anderen als „falsch" gelten); wenn dies für die Wissensbestände gilt, kann es auch für die Formen gelten, in denen das Wissen gewonnen (Formen der Erfahrung, Denkmethoden) und aufbewahrt wird. Anders gesagt: **Was** die Menschen einer Gesellschaft/Kultur wissen, **wie** sie dieses Wissen erwerben und **in welcher Form** sie es für das Handeln bereitstellen, ist von der Praxis der Gesellschaft/Kultur abhängig.

Von dieser Annahme ausgehend läßt sich HORKHEIMERs Meinung so verstehen,

Erläuterung der wissenssoziologischen Fragestellung

1. *daß z. B. dem Erziehungswissenschaftler diese Abhängigkeit vom Gesamtzustand der Gesellschaft, in der er lebt und von dem sozialen Ort, an dem er arbeitet, bewußt sein sollte. – Für die Pädagogik könnte dies beispielsweise bedeuten, daß der Erziehungswissenschaftler, der einen Leistungstest konstruiert, wissen sollte, wie überhaupt geschichtlich das Interesse an so etwas wie „Leistungstests" entstanden ist (Genesis) und welche sowohl individuellen als auch gesellschaftlichen Folgeerscheinungen mit der Verwendung solcher Tests verbunden sind (Wirkung);*

2. daß er die wissenschaftliche Arbeitsteilung in eine Vielzahl von Fachwissenschaften als eine historisch erzeugte Sektionierung („Klassifikation") des Wissens zu begreifen sucht und sich klar macht, welche gesellschaftliche Bedeutung das hat; also z. B. die Frage, wie und warum überhaupt so etwas wie „Pädagogik" als eine Einzelwissenschaft entstanden ist und welche Bedeutung darin liegt, daß häufig „Pädagogik" nur noch eine lockere Addition von Erziehungssoziologie und pädagogischer Psychologie ist;
3. daß der Erziehungswissenschaftler sich fragt, inwiefern er mit der Wahl seiner Forschungsmethoden auch seinen Forschungsgegenstand „konstituiert" und inwiefern (mit welchen Gründen) eine solche „Konstitution" dem entspricht, was Erziehung als eine gesellschaftliche Praxis ist;
4. daß er sich zum Bewußtsein bringt, welche Art von Erziehungs- bzw. Unterrichtspraxis durch seine wissenschaftliche Tätigkeit gefördert, welche gesellschaftlichen Gruppen und Kräfte dadurch unterstützt werden und mit welchen Gründen er solche Parteinahme will.

HORKHEIMER will jedoch mehr, als eine derartige wissenssoziologische Aufklärung der Wissenschaftler erreichen. Es geht ihm nicht nur um einige – freilich wichtige – Rahmenbedingungen der gelehrten Tätigkeit; es geht ihm um diese Tätigkeit selbst. Diesen Unterschied wollen wir noch mit einigen Zitaten erläutern. Wir zitieren noch einmal:

„Die traditionelle Vorstellung der Theorie ist aus dem wissenschaftlichen Betrieb abstrahiert, wie er sich innerhalb der Arbeitsteilung auf einer gegebenen Stufe vollzieht ... In dieser Vorstellung erscheint daher nicht die reale gesellschaftliche Funktion der Wissenschaft, nicht was Theorie in der menschlichen Existenz, sondern nur, was sie in der abgelösten Sphäre bedeutet, worin sie unter den historischen Bedingungen erzeugt wird. In Wahrheit resultiert jedoch das Leben der Gesellschaft aus der Gesamtarbeit der verschiedenen Produktionszweige"; also sei „auch die Wissenschaft ... nicht als selbständig und unabhängig anzusehen"; auch sie gehört zu den „Besonderungen der Art und Weise, wie sich die Gesellschaft mit der Natur auseinandersetzt und in ihrer gegebenen Form erhält."
(HORKHEIMER, M.: Traditionelle ..., a. a. O., S. 19)

Der „affirmative" Charakter neuzeitlicher Wissenschaft

Dieses Zitat enthält drei Thesen, die sich auf „Wissenschaft" als institutionalisierte Form von Erkenntnis beziehen:

1. Die neuzeitliche Wissenschaft, insbesondere aber der naturwissenschaftliche Typus des Denkens, habe eine Neigung, sich als von der gesellschaftlichen Praxis (besonders der materiellen Produktion) „abgelöste Sphäre" zu betrachten.

2. Dieses Selbstverständnis führe dazu, daß über „die reale gesellschaftliche Funktion" der Wissenschaft, darüber „was Theorie in der menschlichen Existenz" bedeutet, nicht gründlich nachgedacht werde.
3. Das wiederum habe zur Folge, daß sie, ohne es zu merken, den historischen Stand „der Art und Weise, wie sich die Gesellschaft mit der Natur auseinandersetzt" (mit äußerer und innerer Natur), „in ihrer gegebenen Form erhält". D. h.: die Wissenschaft, versteht sie sich in dieser Weise, wirkt nicht als Kraft zur Veränderung der gesellschaftlichen Verhältnisse in Richtung auf immer bessere, gerechtere, sondern bekräftigt den Zustand, den sie vorfindet (ist „affirmativ").

Das sind empirische Behauptungen, die man in Zweifel ziehen mag. Aber unabhängig von der empirischen Geltung dieser Behauptungen kann man doch zunächst einmal die prinzipielle Forderung diskutieren, die darin an die wissenschaftliche Tätigkeit gestellt ist: selbst wenn sich zeigen ließe, daß beispielsweise die dritte These falsch ist, wäre es dennoch nicht abwegig, vom Wissenschaftler zu erwarten, er solle sich die Frage stellen, ob und wie weit nicht nur seine Tätigkeit mit anderen gesellschaftlichen Tätigkeiten und Institutionen zusammenhängt, sondern auch, ob und wieweit die **Art** seiner Tätigkeit mit dem historischen Stand (der „Stufe") der Gesellschaft, in der er tätig ist, sich ändert. Zur Bekräftigung, daß diese Forderung begründet sei, nimmt HORKHEIMER zunächst noch eine begriffliche Erläuterung vor:

Die praktische Funktion der Wissenschaft

> Es sei „der Begriff von Theorie weiterzuentwickeln", und zwar deshalb, weil die Welt, so wie jeder einzelne sie vorfindet, einerseits etwas von ihm unabhängig Gegebenes sei, andererseits aber eben auch etwas prinzipiell von Menschen Gemachtes, „Produkt der allgemeinen gesellschaftlichen Praxis". Wenn nun die wissenschaftliche Tätigkeit ein Teil dieser Praxis ist, dann beteiligt sich auch der Wissenschaftler am Machen dieser Welt, dann entscheidet auch er mit über deren Zukunft. Daraus folge, daß eine Theorie, die diesen Sachverhalt berücksichtige, besser sei (der Wahrheit näher komme) als eine, die solche Problemstellungen vernachlässige. „Die isolierende Betrachtung einzelner Tätigkeiten und Tätigkeitszweige mitsamt ihren Inhalten und Gegenständen bedarf, **um wahr zu sein** (Hervorhebung von den Autoren), des konkreten Bewußtseins ihrer eigenen Beschränktheit".
> (HORKHEIMER; M.: Traditionelle ..., a. a. O., S. 21)

Diese begriffliche Erläuterung enthält gewiß noch eine Reihe offener Fragen, z. B.: *Offene Fragen*

- Wieso erfordert das Bewußtsein von der Beschränktheit der eigenen wissenschaftlichen Tätigkeit eine andere Art von Theorie?

- Wie kann man wissen, daß ein Wissenschaftler, der das Verhältnis seiner wissenschaftlichen Tätigkeit zur gesellschaftlichen Praxis bedenkt, eher in der Lage ist, wahre Sätze zu formulieren als jener andere?
- Inwiefern hat solches Bedenken zur Folge, daß die Theorie, deren sich der Wissenschaftler bedient, nicht nur neue Gegenstände aufnimmt, sondern ihren „Begriff" weiterentwickelt, also doch wohl andersartig wird?

Wir stellen dieserart Fragen hier, wenngleich zögernd, beiseite und vernachlässigen die Güte-Urteile, die HORKHEIMER fällt; sie sind für den Grundgedanken vielleicht entbehrlich. Dieser Grundgedanke indessen besagt, in trivialer Rede formuliert, etwa folgendes: Der Mensch täte gut daran, wenn er die Art seines Denkens und Erkennens nicht als übergeschichtlich gültige Methode, die Produkte solcher Tätigkeit nicht als allgemein gültige Wahrheiten ansehen würde, sondern als durch und durch geschichtlichen Sachverhalt; und er täte überdies gut daran, dabei nicht nur an Geistes- oder Ideengeschichte zu denken, sondern sich auch zu fragen, ob und wie diese seine Tätigkeit von der Art der materiellen Produktion abhängig sei, die je gesellschaftlich vorherrscht.

Dafür, daß diese Empfehlung nicht nur sinnvoll, sondern sogar naheliegend sei – jedenfalls für den, der solche Gedanken nicht von vornherein abweist – führt HORKHEIMER auch ein empirisches Argument ins Feld:

Ein sozialpsychologisches Argument

Überlegungen dieser Art betreffen nicht nur die Wissenschaftler, „sondern die erkennenden Individuen überhaupt", d. h. der Möglichkeit nach jedermann. Denn: „Was wir in der Umgebung wahrnehmen, die Städte, Dörfer, Felder und Wälder, tragen den Stempel der Bearbeitung an sich. Die Menschen sind nicht nur in der Kleidung und im Auftreten, in ihrer Gestalt und Gefühlsweise ein Resultat der Geschichte, sondern auch die Art, wie sie sehen und hören, ist von dem gesellschaftlichen Lebensprozeß ... nicht abzulösen."
(HORKHEIMER, M.: Traditionelle ..., a. a. O., S. 21 f.)

Dieses Argument ist heute kaum mehr strittig; die sozialpsychologische, kulturanthropologische und vergleichende sprachwissenschaftliche Forschung hat im Laufe der letzten mindestens 50 Jahre eine große Materialfülle beigebracht, die es unterstützt.

HORKHEIMER faßt derartige Sachverhalte in einer empirischen These zusammen, die für den weiteren Argumentationsgang folgenreich ist:

„Die Tatsachen, welche die Sinne uns zuführen, sind in doppelter Weise gesellschaftlich präformiert: durch den geschichtlichen Charakter des wahrgenommenen Gegenstandes und den geschichtlichen Charakter des wahrnehmenden Organs" (S. 22); es ließe sich deshalb der Satz, „die Werkzeuge seien Verlängerungen der menschlichen Organe, so umdrehen, daß die Organe auch Verlängerungen der Instrumente sind." (HORKHEIMER, M.: Traditionelle ..., a. a. O., S. 23)

Aber was macht nun der wissenschaftlich tätige Gelehrte mit solchen Einsichten oder – wenn er skeptischer ist – mit derartigen Fragestellungen? Untersuchungen in dieser Richtung sind ja durchaus vorgenommen worden; auch „Ideologieforschung" oder „Wissenssoziologie" gab es und gibt es und zwar ohne daß deren Autoren weder sich selbst der Kritischen Theorie zurechneten noch von HORKHEIMER dazugerechnet wurden. Der springende Punkt nämlich ist **der Gebrauch, der von solchen Einsichten gemacht wird, die existentielle Bedeutung** – wenn wir im Zusammenhang mit der Kritischen Theorie so reden dürfen –, **die sie für das erkennende Subjekt haben:** Die Differenz (HORKHEIMER sagt „der Gegensatz") der Kritischen Theorie „**zum traditionellen Begriff von Theorie entspringt überhaupt nicht so sehr aus einer Verschiedenheit der Gegenstände als der Subjekte**" (S. 29). Und diese Verschiedenheit betrifft das Engagement, die eigene theoretische **und** praktische Betroffenheit durch die Ergebnisse der wissenschaftlichen Tätigkeit.

Es ist bedauerlich, daß HORKHEIMER sich hier nicht zur Eindeutigkeit entschlossen hat und nur unbestimmt „... nicht so sehr ..." sagt. Dadurch verliert die Behauptung an argumentativem Gehalt. Das ist besonders deshalb zu beklagen, weil hier eine Problemstellung berührt ist, die in der Geschichte des pädagogischen Denkens gelegentlich wichtig wurde. So wie HORKHEIMER für das „kritische Verhalten" fordert, daß „die Tatsachen, wie sie aus der Arbeit in der Gesellschaft hervorgehen" (S. 29), aber eben auch Problemstellungen, Gegenstände und Resultate der wissenschaftlichen Tätigkeit den Gelehrten nicht „äußerlich" bleiben sollten, so wurde beispielsweise vor allem von Vertretern der geisteswissenschaftlichen Pädagogik immer wieder behauptet, daß die wissenschaftlich-pädagogische Tätigkeit nicht nur den Gütekriterien wissenschaftlicher Forschung zu genügen habe, sondern „Engagement", interessierte Beteiligung an den Problemen der Praxis erforderlich mache (z. B. W. FLITNER, E. WENIGER, M. BUBER).

Ähnlich wie die Autoren der Kritischen Theorie, als Gesellschaftstheoretiker, die Impulse der Arbeiterbewegung aufnahmen und sie sich teils zu eigen machten, nahmen jene Pädagogen ausdrücklich und mit Gründen die Impulse der pädagogischen Reformbewegung des ersten Jahrhundertdrittels auf und verstanden sich teils ausdrücklich als Theoretiker dieser Bewegung (H. NOHL). – Mit diesen Hinweisen soll der ideologische Graben nicht verdeckt werden, der diese „bürgerliche" Pädagogik von der Kritischen Theorie trennt; es sollte nur deutlich sein, daß in beiden Fällen ein ähnlich geartetes Begründungsproblem aufgeworfen wird, nämlich: Welches Ver-

hältnis zur Praxis darf vom Theoretiker einer Handlungswissenschaft erwartet werden?

Was bedeutet „Verschiedenheit der Subjekte"?

Was aber bedeutet, über derartige allgemeine Hinweise hinaus, die Rede, es handele sich um eine „Verschiedenheit der Subjekte"? HORKHEIMER* erläutert das nach verschiedenen Seiten hin:

- Die Sachverhalte, denen der „kritische" Wissenschaftler sich zuwendet, verlieren für ihn den „Charakter bloßer Tatsächlichkeit" (S. 30); d. h. sie sind für ihn nicht nur Objekte seiner wissenschaftlichen Tätigkeit, sondern er fühlt sich **zugleich** für ihre Veränderung verantwortlich.
- Da die Sachverhalte, so wie sie durch die herrschende Form der materiellen Produktion hervorgebracht werden, „Objektivität" suggerieren, d. h. da in der Gesellschaft eine Neigung besteht, derartige Sachverhalte als nicht änderbar anzusehen, „ist das kritische Denken durch den Versuch motiviert, über (diese) Spannung real hinauszugelangen" (S. 30), und zwar nicht so, daß der Wissenschaftler sich einerseits als verantwortlicher „Staatsbürger" betätigt, andererseits als uninteressierter Wissenschaftler, sondern so, daß diese politische Verantwortlichkeit Teil auch seiner wissenschaftlichen Tätigkeit ist.
- Das Ziel des „kritischen" Denkens ist „vor allem die Idee einer vernünftigen, der Allgemeinheit entsprechenden gesellschaftlichen Organisation" (S. 32), d. h. vor allem der Überwindung von Klassengegensätzen und Ungerechtigkeit. Dieses Ziel aber könne der Gelehrte, dem die Gegenstände seiner Tätigkeit „äußerlich" bleiben, gar nicht recht ins Auge fassen, weil er ja immer nur mit isolierten Forschungsobjekten sich auseinandersetze, nicht aber mit dem widerspruchsvollen gesellschaftlichen Ganzen; es gehöre deshalb „ein bestimmtes Interesse dazu, diese Tendenzen zu erfahren und wahrzunehmen" (S. 32).
- Dieses Interesse wird nur dort „notwendig erzeugt", wo der Widerspruch zwischen den bürgerlichen Idealen und der materiellen Situation täglich erfahren wird. Das sei vor allem im Proletariat der Fall. Der Wissenschaftler muß zwar das dort täglich erzeugte Interesse in sein Denken aufnehmen; da er nur kraft der Teilung der Arbeit in Hand- und Kopfarbeit als Wissenschaftler existiert, ergibt sich für ihn dieses Interesse nicht mit Notwendigkeit; er muß es erst für sich bilden und zwar in der Auseinandersetzung mit dem widerspruchsvollen gesellschaftlichen Ganzen und seinem Ort darin.

---

* Bei den folgenden Zitaten handelt es sich erneut um: Horkheimer, M. (1970 [1937]). *Traditionelle und kritische Theorie*. Frankfurt a. M.: Fischer.

- Dieses Interesse kann nur in Auseinandersetzung mit dem zukünftig Möglichen gebildet werden; jedenfalls aber nicht dadurch, daß der „kritische" Gelehrte einfach Partei nimmt für diejenigen, bei denen in aktueller Gestalt das Interesse an gerechteren Zuständen „notwendig erzeugt wird": „Auch die Situation des Proletariats bildet in dieser Gesellschaft keine Garantie der richtigen Erkenntnis", und: der Gelehrte, der das in die gesellschaftliche Zukunft gerichtete Interesse, die „Idee einer vernünftigen ... gesellschaftlichen Organisation" also, nicht auch **gegen** aktuelle geschichtliche Bewegungen geltend machen würde, sondern seine „Richtschnur von Gedanken und Stimmungen der Masse bezöge, geriete selbst in sklavische Abhängigkeit vom Bestehenden" (S. 33).

Auch dieser Gedankengang HORKHEIMERs ist eher eine Skizze als eine befriedigende Argumentation. Aber: daß dieser Versuch, die wissenschaftliche Tätigkeit an gesellschaftlich-praktische Interessen zu binden, den Wissenschaftler aufzufordern, sich über die praktische und auf Zukünftiges bezogene Relevanz seiner Tätigkeit Rechenschaft zu geben und derart teilzunehmen an den aktuellen Problemen der Praxis – daß dieser Versuch für Erziehungswissenschaftler wichtig wurde, ist vielleicht leicht einzusehen. Denn mehr noch als die Gesellschaftstheorie muß die Erziehungswissenschaft sich um **Theorien des Handelns** bemühen, um Bedingungen also, die das Handeln „besser" machen und um Gründe dafür, was „besseres Erziehungshandeln" sein könne.

Die theoretischen Probleme, die in dieser Skizze HORKHEIMERs enthalten sind, hat 30 Jahre später Jürgen HABERMAS ausführlicher entfaltet in seinem Buch „Erkenntnis und Interesse" (Frankfurt/M. 1968).

Resümee: Fragen an die Pädagogik 4

In knappen Umrissen haben wir versucht, Grundthesen und -annahmen der Kritischen Theorie darzustellen, zunächst allerdings nur am Beispiel eines Aufsatzes von HORKHEIMER und unter Absehung von der weiteren Entwicklung, die diese Theorie genommen hat. Zum Abschluß dieser Studieneinheit aber soll doch schon die Frage aufgeworfen werden, welche Theoreme der Kritischen Theorie für eine pädagogische Theorie bzw. Erziehungswissenschaft von Bedeutung sein könnten. Wir wollen diese Frage in der Form von Interpretationshypothesen formulieren, d. h. in Form von Annahmen darüber, welche Theoreme in der Kritischen Theorie in welcher Hinsicht für die Pädagogik von grundsätzlicher Bedeutung sein könnten.

Mögliche Bedeutung einiger Theoreme der Kritischen Theorie für die Pädagogik: Vier Hypothesen

1. Kinder kommen mit einer biologisch beschreibbaren Ausstattung ihres Organismus zur Welt. Andererseits ist ihr Bildungsprozeß sowohl als eine Ausformung dieser Ausstattung wie auch als Lern- und Umlernprozeß bestimmbar. Die Pädagogik drückt diesen Sachverhalt mit dem Begriff „Bildsamkeit" aus. Der Kritischen Theorie können wir die Aufforderung entnehmen, den Sachverhalt der „Bildsamkeit" nicht nur als naturwüchsigen Zusammenhang zu betrachten, als Entfaltung eingeborener Anlagen zu begreifen, sondern als ein Produkt gesellschaftlich-menschlicher Tätigkeit, die den Bildungsprozeß des Einzelnen formt. Der Bildungsprozeß in seiner aktiven Dimension ist zugleich selbst wieder gesellschaftlich-menschliche Tätigkeit, und insofern enthält er die Aufforderung zur Selbstbestimmung.
2. Wo die bürgerliche Pädagogik das Erziehungs- und Bildungsziel in seiner allgemeinsten Form zu beschreiben versuchte, sprach sie von der Mündigkeit.
   Die Kritische Theorie verlangt hier eine Präzisierung. Einerseits muß ermittelt werden, was aus der Tatsache folgt, daß „Mündigkeit" eine normative Kategorie ist, die historisch der bürgerlichen Gesellschaft zugehört. Die Anfor-

derung an eine Kritische Theorie der Erziehung läge darin, dieses Bildungsziel in seiner Historizität ideologiekritisch zu bedenken, andererseits den Wunsch nach Selbstbestimmung als geschichtspraktische Antizipation eines zu erreichenden Zustands, der über die bürgerliche Gesellschaft hinausweist, aufzunehmen. Wie hätte aber die Pädagogik mit dieser Forderung umzugehen, da sie selbst auch immer nur einen Teilbereich gesellschaftlicher Praxis repräsentiert?

3. Die Kritische Theorie verlangt vom Wissenschaftler wie vom Bürger überhaupt, daß sie sich zu dem gegebenen historischen Bestand an Institutionen, Werten, Vorstellungen, Gewohnheiten in eine kritische Distanz setzen, d. h. diese nicht als unveränderbare Fakten akzeptieren, sondern sie unter dem Gesichtspunkt ihrer Änderbarkeit betrachten. Für den Erziehungsvorgang nun ist wesentlich, daß das Kind, um sich bilden zu können, mit dem historisch gegebenen kulturellen Bestand vertraut gemacht wird. Wie der Künstler auf das historisch produzierte Material der von ihm verwendeten Medien angewiesen ist, um Neues zu „montieren", so ist das Kind auf die Aneignung jener Kompetenzen angewiesen, die die Beteiligung als Gesellschaftsmitglied überhaupt erst möglich machen. Zugleich aber müßte es – nach den Postulaten der Kritischen Theorie – lernen, sich jenem kulturellen Material gegenüber distanziert zu verhalten, um sich produktiv, auf das zukünftig Neue hin, mit seiner Gegenwart auseinandersetzen zu können. Ist dieses Problem innerhalb einer pädagogischen Theorie lösbar?

4. Und schließlich: Folgt man den Grundannahmen der Kritischen Theorie, dann muß jede Lebensäußerung als Moment des ganzen gesellschaftlichen Zusammenhanges in einer besonderen geschichtlichen Situation betrachtet werden, im Falle der gegenwärtigen Form der bürgerlichen Gesellschaft besonders als Moment der kapitalistischen Ökonomie. Für die Erziehungswissenschaft sind damit mindestens zwei Fragen aufgeworfen, die sich aus der erkenntnistheoretischen Position der Kritischen Theorie ergeben: Was folgt aus der Annahme, daß auch der, der über Erziehung (wissenschaftlich) nachdenkt, durch die Begriffe, Verfahren und „wahrnehmenden Organe" an den geschichtlichen Zusammenhang gebunden ist, den er erkennen will; und was folgt aus der Annahme, daß auch der Gegenstand des Erkennens – die Erziehung nämlich in allen ihren Ausprägungen – Moment des gleichen Zusammenhanges ist? Was folgt daraus für die Wahl, die der Erziehungswissenschaftler für seine Themen und die Wahl, die er hinsichtlich seiner Methoden zu treffen hätte?

Glossar zum Gesamtkurs

affirmativ Vorhandene Einstellungen, Vorstellungen, Handlungsmuster u. a. verstärkend, bekräftigend.

Antizipation (antizipatorisch) Die Vorwegnahme von für die Zukunft erwarteten oder gewünschten Ereignissen und Vorstellungen.

Bildungsprozeß Das Insgesamt von Erfahrungen und Lernschritten, durch welche das Subjekt eine für es selbst und andere verstehbare Gestalt erwirbt.

Chancen-Struktur Das ist der Zusammenhang von gesellschaftlich vorgeformten Lebensmöglichkeiten, der einem Individuum aufgrund seiner sozialen Situation, seines Bildungsstandes, seiner Lernfähigkeit offensteht. Dem korrespondiert eine subjektive Komponente: das, was das Individuum, seine Chancen einschätzend, für sich selbst tatsächlich erwartet oder aus seiner Erwartung ausschließt.

Deduktion (deduziert) Die Ableitung von Begriffen, Sätzen, Hypothesen aus einer vorgegebenen Theorie.

Desymbolisierung Der Vorgang, durch den ein Symbol (z. B. ein Wort) seine allgemein geteilte Bedeutung verliert, sei es, daß es zum Bestandteil einer (z. B. neurotisch verformten) „Privatsprache" wird, sei es, weil der Benutzer des Symbols (der Sprecher) die Bedeutung nicht mehr durch seine Erfahrung auffüllen kann (Klischee).

Devianz In den Sozialwissenschaften gebrauchter Terminus, der alle Formen sozialer Abweichung zusammenfaßt. Darunter fallen auch biologisch, psychiatrisch und psychologisch definierte Abweichungen (Anormalitäten) insofern, als ihre Definition und Behandlung auf gesellschaftlich vermittelte, historisch veränderliche Klassifikationen und Weltbilder zurückgehen.

Dimension Gegenstände empirischer Forschung sind in der Regel (in der Sozialwissenschaft) derart komplex, daß sie, um genau erforscht werden zu können, zergliedert werden müssen, auch wenn sie der alltäglichen Erfahrung als ein unteilbares Ganzes erscheinen. Solche Dimensionen müssen so konstruiert sein, daß sie getrennt voneinander beobachtbar (oder in einem Fragebogen durch verschiedene Fragen abfragbar) sind. Beispiel: Das Verhalten eines Kindes beim Spiel – obwohl ein ganzheitlicher Handlungsverlauf – läßt sich gliedern in die Dimension Spielabsicht, Motorik, sprachliche Äußerungen, nichtsprachliche Signale usw.

Disposition (psychische) Ein Zusammenhang von erworbenen und/oder angeborenen Merkmalen des Organismus und seiner psychischen Ausstattung, die eine Vorhersage des Verhaltens in bestimmten Wahrscheinlichkeitsgrenzen gestatten (dazu kann z. B. das Intelligenzniveau, die affektive Grundstimmung, die Folgebereitschaft für Autoritäten, die Kenntnis verhaltensrelevanter Sachverhalte, Art und Ausmaß sprachlicher Fähigkeiten gehören).

Diskurs Die Form der Verständigung, in der die im kommunikativen Handeln naiv unterstellte Legitimität von Geltungsansprüchen, vor allem die des Anspruchs auf Wahrheit von Aussagen und die der Richtigkeit von Handlungsnormen problematisiert, begründet und argumentativ überprüft werden. Das Ziel eines Diskurses ist die Herbeiführung eines Einverständnisses.

dogmatisch Ein Standpunkt, der davon ausgeht, daß für wesentlich gehaltene Behauptungen (Theorien) nicht in Frage gestellt werden können oder dürfen, d. h. der den grundsätzlich hypothetischen Status theoretischer Sätze leugnet.

Ego/Alter Ego = Ich, Alter = der Andere. Diese Bezeichnungen für die Partner einer Interaktion werden gewählt, um deutlich zu machen, daß es sich in interpersonellen Situationen immer um die Verschränkung von Perspektiven handelt: jeder sieht gleichsam „die anderen" (Alter) von seinem „Ich" (Ego) her und sieht auch sein „Ich" von diesem „anderen" her.

Emanzipation (emanzipiert) Befreiung von Zwängen (Herrschaftsverhältnissen, Vorurteilen, Ideologien), die geschichtlich entstanden sind und infolgedessen auch durch weitere geschichtliche Prozesse wiederum abgeschafft werden können.

Erkenntnisinteresse Die Richtung, die die theoretische Aufmerksamkeit nimmt (auf bestimmte Gegenstände, Probleme, praktische Fragen), die die Bevorzugung bestimmter Modelle und wissenschaftlicher Verfahren der Erkenntnisgewinnung zur Folge hat.

Geisteswissenschaftliche Pädagogik Eine Richtung der Erziehungswissenschaft, die im Anschluß an Wilhelm DILTHEY das Verstehen der historischen Zusammenhänge, innerhalb deren Erziehung geschieht, und der Ausdrucksformen, deren sich die pädagogische Praxis bedient, zur Aufgabe macht; das wesentliche Erkenntnisinstrument war dabei das Interpretieren von Texten (Hermeneutik). Wichtigste Vertreter: W. DILTHEY, H. NOHL, W. FLITNER, E. WENIGER*.

Generative Grammatik Wer eine natürliche Sprache spricht, ist in der Lage, beliebige neue Sätze zu erzeugen (generieren) und nie zuvor gehörte Äußerungen zu verstehen. Wie ist dies möglich? Die Antwort auf diese Frage versucht die generative Grammatik. Nach CHOMSKY, der sie entwickelt hat, verdankt sich der produktive Sprachgebrauch am Ende einer allgemeinen, universalen Sprachkompetenz, über die jeder verfügt. Sie ist nicht erworben, sondern angeboren. Die universale angeborene Kompetenz enthält das Reservoir möglicher grammatischer Regelsysteme und zugleich die Prinzipien, nach denen jeder einzelne daraus im Verlauf des Spracherwerbs auf der Basis defekter und beschränkter Daten seine spezielle Grammatik erwählt. Die angeborene Kompetenz sichert und bestimmt unter den Sprachspielbedingungen des jeweiligen Sozialisationsprozesses den sukzessiven Aufbau einer empirisch geeigneten Grammatik, die dann ihrerseits als festes System generativer Regeln (Erzeugungsregeln) Produktion und Verständnis einer potentiell unendlichen Anzahl nie gehörter und gleichwohl wohlgeformter Sätze ermöglicht.

Hermeneutik Im Gegensatz zum Erklären gesetzmäßiger Zusammenhänge, wie sie den Naturwissenschaften zugrundeliegen, ist Hermeneutik das nachvollziehende Erfassen fremder Sinnformen durch Auslegung von Texten, Dokumenten, Äußerungen etc. Erfahrungsgrundlage der Hermeneutik sind also sprachlich vermittelte Interaktionen zwischen handelnden Subjekten und die darin zur Anwendung und zum Ausdruck kommenden Sinnorientierungen. Die klassische Her-

---

* Zur Geisteswissenschaftlichen Pädagogik findet sich in dieser Reihe auch ein von Wolfgang Klafki verfasster Band, der ebenso auf Studienbriefen für die FernUniversität Hagen basiert: Klafki, Wolfgang (2020): Geisteswissenschaftliche Pädagogik: Fünf Studienbriefe für die FernUniversität Hagen. Hrsg. von Cathleen Grunert und Katja Ludwig. Wiesbaden: Springer VS.

meneutik strebte an, durch das Hineinversetzen in die historische Situation des Sprechers, Autors etc. diesen besser zu verstehen als er sich selbst verstehen kann.

heteronom   Einer Sache, um die es geht, fremder Bestimmung bzw. fremdem Gesetz folgend.

Historisches Bewußtsein   Eine Form des Bewußtseins, zu der es gehört, daß die eigene Erfahrung, das eigene Handeln und Denken als etwas begriffen wird, das in der geschichtlich besonderen Lage wurzelt, in der das Subjekt dieses Bewußtseins sich befindet. Dazu gehört die Fähigkeit, diese Lage als das Ergebnis eines geschichtlichen Prozesses zu begreifen.

Historizität   Die Geschichtlichkeit eines Gegenstandes, d.h. daß er sowohl geschichtlich entstanden ist, wie auch in der weiteren Geschichte verändert werden kann.

Ich-Identität   Die besondere Art und Weise, in der es einem Individuum gelingt, eine Balance herzustellen zwischen den verschiedenen und bisweilen sogar widersprüchlichen Erwartungen, denen es sich gegenübersieht auf der einen Seite und seinen eigenen Wünschen und Plänen auf der anderen Seite. Das Besondere an dieser Balance ist ihr reflexiver Charakter. Auf dem Niveau der Ich-Identität ist das Subjekt in der Lage, die Erwartungen der anderen genauso wie seine eigenen Pläne und Wünsche zu reflektieren und im Akt der Reflexion ihre Berechtigung argumentativ zu überprüfen.

Ideologie   Von MARX wird dieser Begriff gebraucht, um die Abhängigkeit des Denkens von der Lebenssituation zu beschreiben. Das Bewußtsein kann im Hinblick auf das analytische Durchdringen der gesellschaftlichen Situation ‚falsch' sein, wobei sich das spezifisch ‚Falsche' als Folge historisch-gesellschaftlicher Vorgänge oder Zustände erweist und das Problem der Wahrnehmung gesellschaftlicher Komplexität betrifft. Im übrigen wird der Begriff auf unterschiedliche Weise von den verschiedenen Autoren benutzt.

Bisweilen auch wird I. ein Zusammenhang von Behauptungen genannt, deren Überprüfung zwar prinzipiell kein Widerstand entgegengesetzt wird, deren Gültigkeit jedoch zum Zeitpunkt der Äußerung keiner Prüfung unterworfen werden kann, ihre mögliche Wahrheit offen bleiben muß (z. B. „Gott wird uns dermaleinst für unsere Sünden strafen", oder „Wenn alle Menschen dem Postulat der Selbstbestimmung folgen werden, wird sich das Leiden der Menschen verringern").

Identität Die vom Individuum für die Beteiligung an gemeinsamem Handeln und Kommunikation zu erbringende Leistung der Selbstinterpretation und Selbstdarstellung. Identität ist kein starres Selbstbild, sondern eine Interpretation, in der unter Berücksichtigung der eigenen Biographie und der gegenwärtigen Handlungssituation ein sinnhafter Zusammenhang zwischen den Ereignissen und Erfahrungen im Leben eines Individuums hergestellt wird. In seiner Identität stellt sich das Individuum durch allen Wandel hindurch als „identisch" mit sich selbst dar.

Implementation Alle Maßnahmen, die zur Einführung eines ausgearbeiteten Curriculums in das bestehende Schul- und Unterrichtssystem dienen.

Interaktionskompetenz Die Fähigkeit des Subjekts, an Interaktionen teilzunehmen. Weil diese Fähigkeit bei keinem Individuum von Anfang an in vollem Umfang schon vorhanden ist, kann man von einer Entwicklung der Interaktionskompetenz sprechen. Auf der fortgeschrittensten Stufe in der Entwicklung der Interaktionskompetenz sind die Interaktionsregeln, denen das Subjekt folgt, das Ergebnis einer rationalen und gewaltfreien Übereinkunft mit seinen Interaktionspartnern. Die Interaktionskompetenz besteht dann in der Beherrschung von gemeinsamen Regeln, die in einer gleichberechtigten Diskussion mit anderen gefunden und begründet worden sind.

intersubjektiv Verschiedenen Subjekten gemeinsam (z. B. Zeichen, deren Bedeutung von verschiedenen an einer Interaktion beteiligten Personen geteilt wird; Behauptungen, deren Geltung von verschiedenen Personen akzeptiert wird, usw.).

Jugendhilfe So wird der Zusammenhang pädagogischer Einrichtungen und Maßnahmen genannt, der sich auf Bildungsprozesse und Erziehungsprobleme außerhalb der Institutionen des Bildungswesens bezieht, also vor allem: Jugendarbeit, Familienbildung, Heimerziehung, die Tätigkeit von Jugendämtern usw. Die gesetzliche Grundlage für diesen Bereich des Erziehungssystems ist das Jugendhilferecht (gegenwärtig geltend das „Jugendwohlfahrtsgesetz").

Kognitive Psychologie Gegenstand der kognitiven Psychologie sind die Erkenntnistätigkeiten (kognitive Operationen) des Subjekts und ihre Entwicklung. PIAGET, der bedeutendste Vertreter der kognitiven Psychologie, beschreibt die Erkenntnistätigkeit als einen Vorgang der Assimilation und Akkomodation. Assimilation heißt die Anpassung der Wirklichkeit an die eigenen Operationspläne (kognitive Schemata) und Akkomodation die Anpassung der Pläne an die Wirklichkeit. Die kognitiven Schemata sind genauso Bedingung der Erkenntnis, wie der Gegenstand, auf den sie sich richten. In sehr detaillierten Untersuchungen versucht Piaget zu zeigen, wie im Verlauf der Entwicklung aus den einfachsten kognitiven Schemata der sensomotorischen Phase (z. B. dem Greifschema des Säuglings) über eine irreversible Stufenfolge immer umfassendere Systemstrukturen entstehen (z. B. der Begriff der Perspektive). Je umfassender generalisierter eine kognitive Struktur ist, desto stabiler ist sie auch. Mit jeder Entwicklungsstufe wird für das Subjekt die Bewältigung kognitiver Konflikte wahrscheinlicher. Die Untersuchungen der Genfer Gruppe um PIAGET galten u. a. der Entwicklung der Raumvorstellung, des Zeit-, Zahl- und Mengenbegriffs und der Entstehung der Symbolfunktion. Diese Untersuchungen sind in Amerika vor allem von Bruner aufgegriffen und weitergeführt worden.

Kontext Der Zusammenhang von Ereignissen oder Erfahrungsinhalten, der zum Verständnis der Bedeutung eines Einzelereignisses herangezogen werden muß: der Satz ist der Kontext des einzelnen Wortes; die ganze Äußerung der Kontext des einzelnen Satzes; die pädagogische Situation (Mutter – Kind) der Kontext dieser Äußerung; die Familienstruktur der Kontext dieser Situation usw.

Konstrukt Eine in theoretischer Arbeit entwickelte Vorstellung von einem Wirklichkeitsausschnitt (z. B. „Interaktion", „Intelligenz"), das Ergebnis also der konstituierenden Tätigkeit des Verstandes, mit deren Hilfe wir versuchen, uns die „Wirklichkeit" verständlich zu machen. Der Ausdruck „Konstrukt" soll deutlich machen, daß wissenschaftliche Begriffe die Wirklichkeit nicht abbilden, sondern nur Versuche darstellen, auf kontrollierte Weise überhaupt etwas über sie aussagen zu können.

Liberalismus Eine im 19. Jahrhundert im Zusammenhang mit der Entstehung des kapitalistischen Wirtschaftssystems entwickelte sozialtheoretische Position, deren wesentlichste Annahme darin bestand, daß der Gesellschaftsprozeß dann am vernünftigsten verlaufen werde, wenn die Bürger in ihrem Handeln (vor allem im Wirtschaftshandeln) unbeschränkt bleiben, der Staat auf Eingriffe verzichte und lediglich Schutzfunktionen gegen äußere (z. B. Krieg) und innere (z. B. Kriminalität) Bedrohungen ausübe.

materialistisch Ein theoretischer Standpunkt, in dem davon ausgegangen wird, daß alle sozialen Ereignisse nur zureichend erklärt werden können, wenn sie letzten Endes auf die der menschlichen Gattung eigentümliche Notwendigkeit zurückgeführt werden, daß der Mensch darauf angewiesen ist, seine materielle Existenz durch Arbeit zu sichern (historischer Materialismus).

Objektivationen Die vom Menschen produzierten, aber dann relativ unabhängig vom einzelnen bestehenden Gestalten, Institutionen, kulturellen Erscheinungen (z. B. Formen der Arbeit und Arbeitsteilung, soziale Einrichtungen, Texte, usw.).

objektivistisch Eine Betrachtungsweise sozialer Phänomene, nach der die Spontaneität des einzelnen Individuums keine wesentliche Rolle spielt und statt dessen menschliches Verhalten nur aus den sogenannten objektiv gegebenen Verhältnissen erklärt werden soll.

Offene Curricula Im Unterschied zu den „geschlossenen Curricula" ist in den „offenen" weder der individuelle Lernverlauf samt seinem Ergebnis, noch die Tätigkeit des Lehrers durch Vorgabe detaillierter Lernsequenzen determiniert. Das Interesse der offenen Curricula ist die Entfaltung von Kreativität. Dieses Interesse verbietet eine rigide Vorausplanung und damit Normierung und Kanalisierung des Unterrichtsprozesses. Dennoch wird auf Planung nicht verzichtet. Aber Planung und Durchführung sind nicht mehr institutionell scharf voneinander geschieden. Beim offenen Curriculum sind Lehrer wie Schüler an der Planung des Unterrichts genauso beteiligt wie an seiner Durchführung.

Operationalisierung Die Angabe von Verfahren, mit dem theoretische Begriffe (Konzepte) eines empirisch zu untersuchenden Gegenstandes mit den zu beobachtenden Merkmalen dieses Gegenstandes verknüpft werden.

Paradigma Der charakteristische Zusammenhang von Begriffen/Theorie und Methoden, in dem zugleich festgesetzt wird, was als sinnvoller Gegenstand der Erkenntnis gelten soll und auf welche Weise Behauptungen über denselben überprüft werden können (z. B. das Paradigma einer mythologischen Erklärung des Kosmos, das Paradigma einer erfahrungswissenschaftlichen Erklärung des Kosmos).

Praxis Das zielorientierte Handeln des Menschen (im Unterschied zu Akten des Erkennens) einschließlich der Verständigung über diejenigen Ziele (Normen, Werte), die für das Handeln Geltung beanspruchen sollen.

Prognose Ein Typus theoretischer Sätze, in denen Behauptungen über die Zukunft formuliert werden, auf der Grundlage gemachter Erfahrungen.

PSYCHOANALYTISCHE BEGRIFFE
(Die folgenden Erläuterungen lehnen sich an das „Vokabular der Psychoanalyse" von J. LAPLANCHE und J. P. PONTALIS, Frankfurt/M. 1973 an).

Es – Ich – Über-Ich Zentrale Termini der sogenannten „Strukturhypothese" Freuds über die Organisation des seelischen Apparates. In diesen drei Instanzen sind Gruppen von psychischen Inhalten und Prozessen zusammengefaßt, die jeweils unterschiedliche Funktionen der Persönlichkeit wahrnehmen.

Es Psychische Repräsentanz von (organisch fundierten) Primärbetrieben, Bereich des Unbewußten. Es ist frei von Formen und Prinzipien, die das bewußte soziale Individuum ausmachen, vor allem frei von Wertungen und Moral, der Unterscheidung von Gut und Böse. Es hat nur das Bestreben, den Triebbedürfnissen lustvolle Befriedigung zu verschaffen. Man muß annehmen, daß zum Zeitpunkt der Geburt das Es den gesamten psychischen Apparat umfaßt, aus dem sich erst im Verlauf der Entwicklung das Ich und das Über-Ich ausdifferenzieren.

Ich „Vermittler" zwischen Es, Über-Ich und Außenwelt, das sich allmählich im Konflikt mit der Umwelt herausbildet. Seine Hauptfunktion besteht in der Koordinierung, Abwandlung, Organisierung und Steuerung der Triebimpulse des Es, um Konflikte mit der Realität zu mildern. Damit übernimmt es zugleich die Funktion der Selbsterhaltung gegenüber dem Es, das in seinem blinden Streben nach Triebbefriedigung zur Daseinsvernichtung führen würde.

Über-Ich Psychische Repräsentanz der geltenden Moralgesetze, sozialen Normen und Ideale. Seine Rolle ist vergleichbar mit der eines Richters oder Zensors. Seine Funktionen liegen in der Selbstkontrolle, dem Gewissen und der Idealbildung. Der Ursprung des Über-Ichs liegt in der langen Abhängigkeit des Kindes von seinen Eltern. Die Einschränkungen, Gebote und Verbote, die dem Kind anfänglich von den Eltern und weiterhin von anderen Vertretern der Gesellschaft von „außen" auferlegt werden, werden vom Kind verinnerlicht und zum eigenen „Gewissen".

Abwehr/Abwehrmechanismen Funktionen des Ich, mittels derer die Integrität und die Konstanz der psychischen Organisation gegen Bedrohungen von innen und außen geschützt wird. Die Abwehr kann sich gegen unerwünschte (tabuisierte und/oder mit Realitätsforderungen unvereinbare) Triebregungen, gegen das Über-Ich, sofern von ihm unerträgliche Schuldgefühle oder Bestrafungsängste ausgehen, schließlich auch gegen identitätsbedrohende Aspekte der Außenwelt richten. Die Psychoanalyse unterscheidet zwischen verschiedenen psychischen

Operationen, die der Abwehr dienen, z. B. Verdrängung, Projektion, Identifikation mit dem Angreifer, Rationalisierung usw.

Identifikation/Identifizierung Psychischer Vorgang, bei dem das Individuum sich Eigenschaften, Qualitäten, Erwartungen (auch Gebote und Verbote) eines anderen zu eigen macht und dadurch unbewußt dessen Stelle einnimmt, „wird wie der andere". In der Identifikation mit dem gleichgeschlechtlichen Elternteil sieht die Psychoanalyse die „normale" Auflösung des Ödipuskomplexes.

Libido Psychische Energie, die mit dem Sexualtrieb verbunden ist.

Masochismus a) Sexuelle Perversion, bei der die sexuelle Befriedigung an das Leiden oder die Demütigung, die das Subjekt erduldet, geknüpft ist. b) allgemeiner: eine – nicht manifest sexuelle – Befriedigungsform, die auf dem Beherrschtwerden durch Stärkere basiert. Dazu gehört auch der „moralische Masochismus", in dem das Subjekt aufgrund unbewußter Schuldgefühle sich in die Position des Opfers begibt. (In unserem Text wird der Begriff in diesem allgemeineren Sinn verwendet).

Narzißmus Die Liebe, die man dem Bild von sich selbst entgegenbringt. a) primärer Narzißmus: ein früher Zustand, in dem das Kleinkind sich selbst mit seiner ganzen Libido besetzt. b) sekundärer Narzißmus: in späteren Entwicklungsstadien ein psychischer Vorgang, in dem die inzwischen auf fremde Objekte gerichtete Libido auf das Selbst zurückgewandt wird.

Projektion Psychische Abwehroperation, durch die das Subjekt Qualitäten, Gefühle, Wünsche usw., die es verkennt oder in sich ablehnt, aus sich ausschließt und in dem anderen (Person oder Sache) lokalisiert.

Sadismus Befriedigungsform, die an das dem anderen zugefügte Leiden, an dessen Demütigung oder Unterwerfung gebunden ist.

Reflexion Eine Art des Denkens, in der das Denken sich selbst und seine Bedingungen zum Gegenstand macht (Nachdenken über die Regeln des eigenen Denkens).

Relativismus, relativistisch Eine geschichtsphilosophische Position, die von der prinzipiellen Gleichwertigkeit aller gesellschaftlichen Erscheinungen ausgeht. Die Wissenssoziologie untersucht in dieser Einstellung die gesellschaftlich vorfindlichen Wissensformen und Ideologien; wobei die Wissenschaft selber als eine Form gesellschaftlichen Wissens unter anderen behandelt wird.

Sprechakte Sprechakte sind sprachliche Äußerungen in Redesituationen. Als sprachliche Äußerungen haben sie die Form von Sätzen und bringen als solche etwas zum Ausdruck. Durch ihre Verwendung in Redesituationen aber werden diese Sätze zugleich Handlungen und stellen als solche etwas her. Indem ich in einer aktuellen Gesprächssituation einem Kommunikationspartner gegenüber den Satz äußere: „Ich verspreche dir morgen zu kommen", bringe ich nicht nur ein Versprechen zum Ausdruck, sondern ich gebe ein Versprechen. Die Äußerung ist das Versprechen, das sie auch darstellt. Durch ein solches Versprechen wird die Redesituation und mit ihr die Beziehung zwischen den Kommunikationspartnern verändert. Man kann sagen, das Versprechen hat für die Gesprächspartner eine neue Situation geschaffen. Was für das Versprechen gilt, gilt auch für alle anderen Sprechakte wie z. B. Behauptungen, Fragen, Befehle, Warnungen, Enthüllungen usw.: Sie erzeugen die Redesituation mit, in der sie geäußert werden.

Telos Das Ziel eines Denk- oder Handlungsvorganges; eine teleologische Betrachtung ist eine solche, die ein Ereignis von seinem Ziel her zu erklären versucht (Beispiel: „Warum hat X so gehandelt?" „Er hat so gehandelt, um das Ziel Z zu erreichen.").

Typus Ein theoretisches Konstrukt, das in reiner und eindeutiger Form nicht in der „Wirklichkeit" beobachtet werden kann. Es existiert nur in unseren Deutungen und Handlungen; mit seiner Hilfe suchen wir uns die Vielfalt der Erscheinungen verständlich und zugänglich zu machen. Interpretieren wir verschiedene Wahrnehmungen als ähnlich und finden wir, daß solche Ähnlichkeiten für unser Handeln bedeutungsvoller sind als andere, dann fassen wir sie zu einem Typus zusammen. Das geschieht im Alltagshandeln ununterbrochen (ein „typischer Italiener", ein „typisches Landkind" usw.); der Unterschied zum wissenschaftlichen Gebrauch dieser Kategorie besteht darin, daß der Wissenschaftler bei der Konstruktion eines Typus methodisch nach kontrollierbaren Regeln verfährt und dem Anspruch zu genügen sucht, den objektiven Sinn der Wirklichkeit zu treffen.

universal Unter allen der Erfahrung prinzipiell zugänglichen Bedingungen geltend.

Verabsolutierung Eine Operation des Denkens, in der eine Behauptung, die nur relative bzw. beschränkte Geltung beanspruchen kann, so vorgetragen wird, als gelte für sie jene Einschränkung des Geltungsanspruchs nicht.

Verdinglichung Alles was wir wissen ist präformiert durch unser wahrnehmendes Organ. Die Wirklichkeit, der wir uns gegenübersehen, ist Produkt unserer Erkenntnis und als solches historisch und revidierbar. Dort, wo der historische Charakter unserer Erkenntnis geleugnet und die Begriffe und Vorstellungen einer möglichen Korrektur entzogen werden, sprechen wir von ihrer Verdinglichung.

Weltanschauungspädagogik Ein Typus pädagogischen Denkens, in dem die Sätze über Erziehung (z. B. Sätze über das „richtige" pädagogische Verhalten) aus Werten und Normen abgeleitet werden, die sich selbst wissenschaftlicher Kontrolle entziehen, durch eine weltanschauliche Entscheidung gesetzt sind.

Wissenschaftstheorie Der Zusammenhang von theoretischen Aussagen und wissenschaftlichen Verfahren, in denen die (methodologischen, geschichtlichen, gesellschaftlichen) Grundlagen der Wissenschaften einer kritischen Analyse unterzogen werden.

Kurseinheit 2:
Zur pädagogischen Relevanz der Kritischen Theorie

Inhaltsverzeichnis

Literaturverzeichnis 88

Lernziele 90

0   Einleitung 91
1   Zur Thematik der Kritischen Theorie 95
   1.1   Die sozialisationstheoretische Fragestellung 95
   1.2   Autorität und Familie 100
   1.3   Der autoritäre Charakter 105
   1.4   Der narzißtisch gestörte Sozialisationstyp 113
   1.5   Zwischenresümee 117
2   Zur Methode der Kritischen Theorie
   und ihrer erziehungswissenschaftlichen Bedeutsamkeit 119
   2.1   Die Komponenten des wissenschaftlichen Verfahrens 119
   2.2   Die geschichtliche Deutung 120
   2.3   Reflexion der leitenden Kategorien 123
   2.4   Empirische Kontrolle 125
3   Utopie und Ideologie: Zur Normativitätsproblematik 129
   3.1   Fragestellung 129
   3.2   Der normative Bezugspunkt 129
   3.3   Die Begründung 131

Literaturverzeichnis*

Einführende Literatur

ADORNO, Th. W.: Aufsätze zur Gesellschaftstheorie und Methodologie. Frankfurt/M. 1970
Ders.: Erziehung nach Auschwitz. In: ADORNO, Th. W.: Erziehung zur Mündigkeit (4. Aufl.), S. 88–104, Frankfurt/M. 1975
BOKELMANN, H.: Erziehungsnormen. In: Wörterbuch der Erziehung, (hrsg. von Christoph WULF), S. 192–196, München 1974
HORKHEIMER, M.: Autorität und Familie in der Gegenwart. In: Kritik der instrumentellen Vernunft, S. 269–287, Frankfurt/M. 1974
INSTITUT FÜR SOZIALFORSCHUNG: Soziologische Exkurse. Insbes. Kap. IX (Familie) und Kap. XI (Vorurteil), S. 116–132 und 151–161, Frankfurt/M.
REICHELT, H.: Kritische Theorie. In: Wörterbuch der Erziehung (hrsg. von Christoph WULF), S. 353–360, München 1974

Grundlegende Literatur (im Text besprochen)

ADORNO, Th. W.: Studien zum autoritären Charakter. Frankfurt/M. 1973
FROMM, E.: Sozialpsychologischer Teil. In: Studien über Autorität und Familie, S. 77–135, Paris 1936
HABERMAS, J./FRIEDEBURG/OEHLER/WELTZ: Student und Politik. Neuwied 1961
HABERMAS, J.: Vorbereitende Bemerkungen zu einer Theorie der kommunikativen Kompetenz. In: HABERMAS/LUHMANN, Theorie der Gesellschaft und Sozialtechnologie, S. 101–141, Frankfurt/M. 1974
HABERMAS, J.: Was ist Universalpragmatik? In: Karl-Otto APEL (Hrsg.), Sprachpragmatik und Philosophie, S. 174 ff., Frankfurt/M. 1976
HORKHEIMER, M.: Traditionelle und Kritische Theorie. Frankfurt/M. 1975
Ders.: Geschichte und Psychologie. In: Kritische Theorie. Bd. I, S. 9–30, Frankfurt/M. 1968
ZIEHE, Th.: Pubertät und Narzißmus. Sind Jugendliche entpolitisiert? Frankfurt/M. 1975

---

* Die Literaturangaben folgen stellenweise keinem einheitlichen Muster, entsprechen jedoch den Angaben im Original-Studienbrief. Wir haben deswegen auch keine systematischen Anpassungen vorgenommen. Wenn es jedoch der leichteren Nachvollziehbarkeit dient, finden sich an vereinzelten Stellen vollständige Literaturverweise in einer editorischen Fußnote (*).

Weiterführende Literatur

ADORNO, Th. W.: Ästhetische Theorie. Frankfurt/M. 1973
Ders.: Negative Dialektik. Frankfurt/M. 1966
Ders.: Noten zur Literatur. Bd. I und II, Frankfurt/M. 1958 und 1961
ADORNO/FRENKEL-BRUNSWIK/LEVINSON/SANDFORD: The Authoritarian Personality (Studies in Prejudice, Vol. I) New York 1950
BENJAMIN, W.: Das Kunstwerk im Zeitalter seiner technischen Reproduzierbarkeit. Frankfurt/M. 1963
BERNFELD/REICH/JURINETZ/SAPIR/STALJAROV: Psychoanalyse und Marxismus. Frankfurt/M. 1970
BRENNER, Ch.: Grundzuge der Psychoanalyse. Frankfurt/M. 1967
DERMITZEL, R.: Thesen zur antiautoritären Erziehung. In Kursbuch 17, S. 179–187, 1969
FREUD, S.: Vorlesungen zur Einführung in die Psychoanalyse. Frankfurt/M. 1977
FROMM, E.: Analytische Sozialpsychologie und Gesellschaftstheorie. Frankfurt/M. 1970
HABERMAS, J.: Legitimationsprobleme im Spätkapitalismus. Frankfurt/M. 1975
Ders.: Strukturwandel der Öffentlichkeit. Neuwied 1961

Lernziele

Wenn Sie diese zweite Kurseinheit durchgearbeitet haben, sollten Sie folgendes gelernt haben bzw. zu folgendem in der Lage sein:

- die Abhängigkeit pädagogischer Erscheinungen von Erscheinungen der gesellschaftlichen Entwicklung sehen lernen,
- Fragestellungen der pädagogischen Theorie auf Fragestellungen der Gesellschaftstheorie beziehen können,
- die Bedeutsamkeit (Relevanz, Wichtigkeit) einer erziehungswissenschaftlichen Problemstellung erörtern können,
- am Beispiel von Problemen des Sozialisationsprozesses den Zusammenhang von gesellschaftlicher und individueller Entwicklung verstehen,
- eine Vorstellung von der Methode der Kritischen Theorie erworben haben und
- den Geltungsgrund pädagogischer Normen (Erziehungsziele) kritisch erörtern können.

Einleitung

In der ersten Kurseinheit haben wir erörtert,

- wie es dazu kam, daß die Kritische Theorie von der Erziehungswissenschaft zur Kenntnis genommen wurde,
- von welchen Grundannahmen die Kritische Theorie ausgeht,
- welche Gesichtspunkte in die Analyse des Gegenstandes einbezogen werden,
- inwiefern sich das erkennende Subjekt der gesellschaftlich-geschichtlichen Situation, in der es erkennt, vergewissern solle.

Bevor wir uns der Frage zuwenden, auf welche Weise diese Problemstellungen von der neueren Erziehungswissenschaft aufgegriffen und bearbeitet werden, wollen wir in dieser Kurseinheit erörtern, inwiefern von der Kritischen Theorie selbst solche Probleme behandelt wurden, die für die wissenschaftliche Untersuchung der Erziehung bedeutsam sein könnten.

*Aber was ist „bedeutsam" (relevant)? Wer bestimmt, und auf welche Weise, was für die Erziehung relevant ist? Gibt es zuverlässige Kriterien für die Beantwortung der Frage, welche Problemstellungen der Wissenschaft als pädagogisch relevant gelten können, also auch für die Frage, ob es vielleicht **innerhalb** der Erziehungswissenschaft einerseits **weniger** wichtige, anderseits **besonders** wichtige Problemstellungen gibt?* Begründungen für Relevanzbehauptungen

Eine verbindliche und zuverlässige allgemein gültige Antwort auf die Frage kann es nicht geben, und zwar aus dem einfachen Grunde: Was für einen Menschen, eine Gruppe von Menschen, eine Institution (wie die Wissenschaft) bedeutsam, wichtig ist, das verändert sich mit der Geschichte und der sozialen Situation, mit den Grundüberzeugungen, Interessen und Handlungszusammenhängen. Dennoch aber streiten Wissenschaftler häufig darüber, inwieweit Themen, mit denen sie sich beschäftigen, wirklich „relevant" sind oder nur am Rande liegen und also eher vernachlässigt werden könnten. Dieser Streit ist selbst ein wichtiger Teil der Wissenschaft. Das kann man z. B. daraus sehen, welche Forschungsprojekte durch Vergabe von Förderungsmitteln (Finanzierung) unterstützt werden und welche nicht. So werden z. B. von den Gutachtern der „Deutschen Forschungsgemeinschaft" (das ist die wichtigste Institution der Forschungsförderung aus öffentlichen Finanzmitteln der Bundesrepublik Deutschland) beständig Urteile über die Relevanz eines Forschungsvorhabens gefällt; was der Antragsteller für relevant hält, mag gelegentlich in den Augen des Gutachters irrelevant sein; die Gutachter können auch untereinander in Streit geraten. Dieser Streit ist sinnvoll, weil so das Bewußtsein von der Schwierigkeit wachgehalten wird, die die Begründung der Relevanz eines Forschungsthemas macht. Das führt uns allerdings nicht zum Verzicht auf Begründungen, sondern zu verschiedenen Weisen der Begründung.

Bei der Relevanz-Begründung einer Problemstellung lassen sich beispielsweise folgende Kriterien ins Spiel bringen:

1. Die methodisch zuverlässige Bearbeitung, die ein Thema gestattet bzw. die Zuverlässigkeit, mit der es bearbeitet wurde.
2. Der Beitrag, den die Bearbeitung einer Problemstellung für die Prüfung und Weiterentwicklung einer der in der Erziehungswissenschaft diskutierten Theorien leistet.
3. Das Ausmaß, in dem ein wissenschaftlicher Beitrag auf Problemstellungen pädagogischer Praktiker antworten kann.
4. Die Brauchbarkeit eines wissenschaftlichen Beitrags für die Steuerung institutionalisierter Bildungs- bzw. Lernprozesse.
5. Das Ausmaß, in dem ein wissenschaftlicher Beitrag Veränderungen im Erziehungssystem und in den Erziehungspraktiken unterstützen kann.

Wenn nun ermittelt werden soll, inwiefern Problemstellungen der Kritischen Theorie pädagogisch relevant sind, dann müssen solcherart Kriterien geltend gemacht werden. Aber es kommt noch ein Problem hinzu.

Bei den gerade beispielhaft aufgezählten Kriterien sind drei verschiedene Formen der Begründung erkennbar.

1. Eine Begründung, bei der innerwissenschaftliche Rechtfertigung angestrebt wird (1 und 2).
2. Eine Begründung, bei der die Relevanz-Bestimmung an außerwissenschaftliche Instanzen (Praktiker, Institutionen) abgegeben wird (3 und 4).

3. Eine Begründung, die die Kriterien 1–4 zwar nicht mißachtet, sie aber auf den geschichtlichen Prozeß bezieht und eigene Entscheidungen, wertende Urteile nötig macht (5).

Dieser dritte Begründungsmodus wird von der Kritischen Theorie angestrebt. Danach genügt es also nicht, bei der Bestimmung der Relevanz eines Themas oder Beitrages auf innerwissenschaftliche Traditionen oder auf außerwissenschaftliche praktische Erwartungen zu verweisen. Vielmehr sollen zur Begründung Überlegungen herangezogen werden, die die gesellschaftlichen Ursachen und Folgen der Wahl eines Forschungsthemas zum Gegenstand haben und also der Beurteilung zugänglich machen.

Rufen Sie sich in diesem Zusammenhang noch einmal ins Gedächtnis, was in der ersten Kurseinheit über „traditionelle" und „kritische" Theorie dargestellt wurde.

Da wir in diesem Kurs versuchen, nicht nur die Kritische Theorie zu referieren, sondern die mögliche Position einer „Pädagogik der Kritischen Theorie" zu umreißen, machen wir uns diese Form der Relevanz-Bestimmung zu eigen. Wir fragen also:
Welche Problemstellungen der Kritischen Theorie können für Pädagogen als bedeutsam akzeptiert werden, wenn sie bereit sind, den Gegenstand „Erziehung" und die Weisen seiner Erforschung als Moment eines größeren Zusammenhanges gesellschaftlicher Praxis zu sehen und über deren geschichtliche Funktion nachzudenken?

Zur Thematik der Kritischen Theorie

1.1 Die sozialisationstheoretische Fragestellung

Die Kritische Theorie hat in ihrer Geschichte eine Vielfalt von Themen behandelt, die wir nach herkömmlicher Klassifikation der Soziologie, Ökonomie, Psychologie, Geschichte, Ästhetik und Politik zurechnen konnten. Entsprechend ihrem Erkenntnisinteresse und ihrem Wirklichkeitsverständnis – die wir im ersten Studienbrief dargestellt haben – hat sie sich der fachwissenschaftlichen Beschränkung jedoch durchweg dadurch entzogen, daß sie die Untersuchung auch der speziellsten und scheinbar abgelegensten Gegenstände als konkrete Gesellschaftskritik durchführte.

Fachwissenschaftlich-pädagogische Untersuchungen sind aus dem engeren Kreis der Kritischen Theorie kaum hervorgegangen. Daß diese gleichwohl höchst Bedeutsames für die Pädagogik – d. h. für das Verständnis und die Kritik von Erziehung und Bildung in unserer Gesellschaft – hervorgebracht hat, soll im folgenden **exemplarisch** gezeigt werden. Wir wählen dafür die Untersuchungen, die den Zusammenhang von Persönlichkeitsbildern und gesellschaftlicher Struktur und Entwicklung zum Gegenstand haben – also das, was in neuerer Terminologie **Sozialisation** genannt wird. Die Nähe dieser Fragestellung zu solchen der Pädagogik liegt auf der Hand, geht es doch um Bedingungen (und Barrieren) von Bildungsprozessen.

Nun gibt es unter den Veröffentlichungen von Vertretern der Kritischen Theorie nahezu überall Hinweise auf die Probleme der Sozialisation. Das ist nicht überraschend, denn eben diese Probleme sind es, an denen gezeigt werden kann, auf welche Weise der Bildungsprozeß eines einzelnen mit dem gesellschaftlichen Ganzen verknüpft ist. Da das „gesellschaftliche Ganze" alle Kulturäußerungen einschließt, taucht die Sozialisationsproblematik in der Kritischen Theorie allenthalben auf, z. B.

- bei der Frage, wie eine typische Form des Charakters (Sozialcharakter) entsteht (ADORNO 1950 und 1973, FROMM 1936, HORKHEIMER 1974);
- bei der Frage, wie Vorlieben für den Konsum bestimmter kultureller Äußerungen (beispielsweise in der Kunst) gesellschaftlich erzeugt werden und welche Funktion sie haben (MARCUSE 1965, ADORNO 1973, BENJAMIN 1963);
- bei der Frage, welches Gesellschaftsbild sich Menschen im Verlauf ihres Bildungsganges aneignen und womit dies zusammenhängt (ADORNO 1973, HABERMAS u. a. 1961);
- bei der Frage, welche Rolle die Kunst für die Bildung des Menschen spielt und wie sie als gesellschaftliches Produkt und als schöpferische Produktion zwischen Individuum und Gesellschaft zu beurteilen ist (ADORNO 1958, 1961 und 1973, BENJAMIN 1963);
- bei der Frage, welche Folgen bei der Ausübung von Macht in der Erziehung zu erwarten sind und welche Alternativen dazu möglich wären (ADORNO 1973, HORKHEIMER 1974, FROMM 1936 und 1970, DERMITZEL 1969).

Wir stützen uns im folgenden vor allem auf die Studien des Instituts für Sozialforschung über **Autorität und Familie** (1936), daneben auf die Untersuchung zum **Autoritären Charakter** (1950) und schließlich auf eine neue Studie (ZIEHE 1975), die die Fragestellungen der älteren Arbeiten aufgreift und auf die gegenwärtige Situation bezieht. Wir beschränken uns auf diese Arbeiten, weil es sich dabei nicht nur um theoretische Entwürfe, sondern um gründlichere wissenschaftliche Untersuchungen handelt.

In dem Aufsatz „Autorität und Familie" schreibt HORKHEIMER, die Mitarbeiter des Instituts für Sozialforschung hatten erklären wollen, daß

Die Ausgangsfrage

„... die beherrschten Klassen auch in den Zeiten des Niedergangs einer Kultur, in denen die Eigentumsverhältnisse wie die bestehenden Lebensformen überhaupt offenkundig zur Fessel der gesellschaftlichen Kräfte geworden waren, und trotz der Reife des ökonomischen Apparats für eine bessere Produktionsweise das Joch so lange ertragen haben".
(HORKHEIMER, M.: a. a. O., S. 171)*

In der Tat eine wichtige Frage:

- wenn man der Meinung ist, daß die „Eigentumsverhältnisse" und „die bestehenden Lebensformen überhaupt" die Entwicklung der Gesellschaft zu bes-

---

* Horkheimer, M. (1970). Autorität und Familie. In: Ders.: *Traditionelle und kritische Theorie. Vier Aufsätze* (S. 162–231). Frankfurt a. M.: Fischer.

seren, d.h. **allen** Menschen mehr Freiheitsspielräume, mehr Gerechtigkeit, mehr Gleichheit gewährenden Verhältnissen **verhindern;**
- wenn man ferner der Meinung ist, daß solche Entwicklung nach dem Stand des „ökonomischen Apparats", d.h. nach dem Stand der Produktivkräfte, Produktionsmittel und also des gesellschaftlichen Reichtums **durchaus möglich** wäre;
- und wenn man schließlich der Meinung ist, daß **jedermann** beim genauen Bedenken der Lage dann auch eine solche Entwicklung **wollen** müßte;

dann entsteht jene von HORKEIMER aufgeworfene Frage.

Diese Frage richtet sich zunächst auf die Arbeiterschaft. Es waren ja vor allem die **Arbeiter,** die am wenigsten von der industriellen Entwicklung profitierten und die am stärksten von ökonomischen Krisenerscheinungen betroffen waren (heute ist es nicht anders). Aber angesichts des Faschismus weitete sich die Frage aus: da war es die ganz deutliche Mehrheit des deutschen Volkes, gerade auch aus dem Bürgertum, die den „Niedergang einer Kultur" duldete, billigend in Kauf nahm oder gar selbst mit betrieb und „das Joch so lange" ertrug. Wie das möglich war, ist auch heute noch eine beunruhigende Frage nach unserer Geschichte. Eine Teilfrage davon ist diese:

Wie sind die Menschen beschaffen, die offensichtliche Ungerechtigkeit gelten lassen, solange nur sie selbst von solcher Ungerechtigkeit nicht direkt betroffen sind, und welche Faktoren ihrer nähesten Lebensumstände (z. B. ihrer Familien) könnten solche Beschaffenheit bewirkt haben?

Das ist eine „sozialisationstheoretische" Frage. Allerdings hat diese Frage hier eine Form, die die eigentümliche Art, in der die Kritische Theorie ihre Frage stellt, deutlich erkennen läßt. Sie fragt nämlich nicht nur theoretisch danach, wie es verständlich (erklärbar) zu machen ist, daß Menschen gemeinsame soziale Einstellungen, Vorstellungen, Verhaltensmuster, Handlungsziele usw. haben und welche das jeweils (in Abhängigkeit von ihrer Gruppenzugehörigkeit und sozialen Lage) sind. Sie fragt auch **praktisch,** ob solche Einstellungen und Vorstellungen usw. politisch und sittlich zu billigen sind.

Eine sozialisationstheoretische Frage

Diese Art zu fragen ist der der Pädagogik mindestens verwandt, da ja auch in ihr es nicht nur um die genaue Beschreibung und Erklärung dessen geht, was in der Erziehung geschieht; es geht in ihr auch um die Frage, ob wir bereit sind, es gutzuheißen, was geschieht und wie unser Erziehungshandeln einzurichten sei, damit die „Sozialisation" des Kindes einen Verlauf nehme, den wir billigen können.

Um nun zu untersuchen, wie es möglich war, daß große Teile der Bevölkerung nicht erkannten, welche Gefahr der Faschismus bedeutete, welche Bedrohung er für die fundamentalen Interessen an Gerechtigkeit, Brüderlichkeit und Freiheit darstellte und wie es überdies möglich war, daß Menschen in großer Zahl die „Barbarei" nicht nur billigend in Kauf nahmen, sondern gar begrüßten und unterstützten, waren die Fragestellungen und begrifflichen Instrumente der Marxschen Kritik der politischen Ökonomie nicht mehr ausreichend. **Es mußte nun ja nicht nur eine gesellschaftliche Entwicklung,** sondern es mußten die **Handlungen und Handlungsmotive der einzelnen Menschen** erklärt werden. Da im Falle des Faschismus der größte Teil der Bevölkerung, aber auch im Falle der kapitalistischen Produktionsverhältnisse ein hinreichend großer Teil der Lohnabhängigen, offenbar die Abhängigkeiten hinnahm oder bejahte, die auf sie zukamen oder in denen sie lebten, lag folgende Vermutung nahe:

Diese Bereitschaft der Menschen hat wesentlich etwas zu tun mit ihrem Verhältnis zu dem, was wir „Autorität" nennen.

Autorität

Das Wort „Autorität" stammt von lateinisch auctoritas = Gültigkeit, Ansehen, fordernder Einfluß, maßgebendes Beispiel (und zwar in Hinsicht sowohl auf Personen als auch auf Verhältnisse, Einrichtungen usw.). In diesem Sinne kann Autorität auch heute noch definiert werden. Sie ist diejenige Eigenschaft von Personen oder sachlichen Verhältnissen, die bewirkt, daß den Verhaltens- bzw. Handlungserwartungen der Träger von Autorität Folge geleistet wird, sie kann verschiedenartig begründet werden, beispielsweise durch Berufung auf Traditionen („Es war schon immer so, daß Kinder ihren Eltern Folge leisten."), auf sachliche Kompetenz („Wer mehr weiß und kann als andere, darf erwarten, daß andere seine Entscheidungen akzeptieren."), auf persönliche Glaubwürdigkeit („Die Lebensführung von X ist derart vorbildlich, daß man ihm nacheifern muß.").

Wir können nun die Frage, die im Zentrum des sozialisationstheoretischen Interesses der Kritischen Theorie steht, auch so formulieren:

Wie entsteht eine Persönlichkeit, die bereit ist, Autoritätsträgern zu folgen, **ohne** nach der Legitimität der Autorität zu fragen, also beispielsweise ohne zu fragen, ob die Traditionen noch Geltung beanspruchen können, die sachliche Kompetenz wirklich gegeben ist, das „vorbildliche" Beispiel wirklich verbindlich sein kann, auf die sich die Autoritätserwartungen stützen?

Diese Frage erscheint relativ leicht beantwortbar für solche Fälle, in denen jede Abweichung von Autoritätserwartungen äußeren Zwang, physische Gewalt zur Folge hat; aber auch für solche Gesellschaften bzw. Kulturen, in denen der Zweifel an der Legitimität von Autoritäten in der Regel gar nicht gedacht werden kann, weil er zu den Grundwerten solcher Kulturen im Widerspruch stünde. Trifft indessen beides nicht zu, gehört also der Legitimitätszweifel an Autoritäten zu den kulturellen Grundwerten (wie in der bürgerlichen Demokratie) und wird überdies seine Äußerung nicht umstandslos mit physischer Gewalt beantwortet, dann muß erklärt werden, was mit der „inneren Natur" der Menschen geschieht, warum in ihnen immer wieder eine Bereitschaft zur Folgsamkeit entsteht, die doch so gar nicht zur Geschichte und zu den Grundüberzeugungen der bürgerlichen Gesellschaft zu passen scheint.

Trifft diese Beobachtung zu und nimmt man sie ernst, dann gerät auch Fortschrittsgläubigkeit in Zweifel. Denn: Der Sozialisationsprozeß des Menschen kann offenbar so verlaufen, daß geschichtlich errungene Werte wieder preisgegeben werden. Adorno drückt das so aus.

> „Die Behauptung eines in der Geschichte sich manifestierenden und sie zusammenfassenden Weltplans zum Besseren wäre nach den Katastrophen und im Angesicht der künftigen zynisch. Nicht aber ist darum die Einheit zu verleugnen, welche die diskontinuierlichen, chaotisch zersplitterten Momente und Phasen der Geschichte zusammenschweißt, die von Naturbeherrschung, fortschreitend in die Herrschaft über Menschen **und schließlich über die inwendige Natur** (Hervorhebung nicht vom Verf.). Keine Universalgeschichte führt vom Wilden zur Humanität, sehr wohl eine von der Steinschleuder zur Megabombe."
> (Th. W. ADORNO.: Negative Dialektik. Frankfurt/M. 1966, S. 312)

Wie die Herrschaft „über inwendige Natur" ausgeübt wird, also auf fast zwanglose Weise die Bereitschaft entsteht, Autoritäten unbefragt Folge zu leisten: dies müsse man wissen, wenn man an der praktischen Frage interessiert ist, ob Erziehung etwas zur Verhinderung der „Megabombe" beizutragen vermag. Dies war nun – zwar nicht genau in dieser Form – auch **eine der Problemstellungen der psychoana-** Psychoanalyse **lytischen Theorie Siegmund Freuds.** Bei den Versuchen, seelisches Leiden zu verstehen und zu erklären, wurde auch ihm die Frage wichtig, wie es dazu kommt, daß Menschen in ihrem Handeln offenbar inneren Zwängen folgen, ohne zugleich vor irgendeiner äußeren Instanz Furcht haben zu müssen. Die Autoren der Kritischen Theorie suchten deshalb bei der Psychoanalyse jene nichtökonomische Ergänzung des begrifflichen Instrumentariums, das sie zur Beantwortung ihrer Fragen brauchten.

Im folgenden stellen wir nun die sozialisationstheoretischen Hauptthesen der Kritischen Theorie vor, und zwar zunächst im Hinblick auf den Zusammenhang von Autorität und Familie und dann im Hinblick auf den Begriff des autoritären Charakters.

1.2 Autorität und Familie

Thesen

Die Resultate der Studien über den Zusammenhang von „Autorität und Familie" (E. Fromm 1936*) fassen wir in folgenden Thesen zusammen:

1. In der bürgerlichen Gesellschaft ist der soziale Ort der Bildung des Charakters – und damit die psychische Vermittlungsagentur zwischen Gesellschaft und Individuum – vor allem die Familie in den Jahren der Kindheit.
2. Medium dieser Charakterbildung sind die durch die Struktur der Familie vorgezeichneten Interaktionen innerhalb der Familie und die psychischen Verarbeitungsweisen der damit einhergehenden Erfahrungen.
3. Resultat dieser „Vergesellschaftung" des Menschen ist eine spezifische Formung des Charakters, die die Individuen zur abstrakten Unterwerfung unter Autoritäten disponiert.
4. Diese Formung des Charakters wird „autoritärer Charakter" genannt. Er hat sein Fundament in einer besonderen, dem Bewußtsein nur schwer zugänglichen Zurichtung der seelischen bzw. Triebstruktur.
5. Die erzeugte Autoritätsbindung der heranwachsenden Menschen bindet sie an die herrschenden Verhältnisse ungeachtet dessen, daß diese als ökonomische und politische Organisationsform objektiv überholt sein mögen. Sie legt die Menschen auf einen bestimmten Verhaltenstypus fest und hindert sie zudem an der Einsicht, daß diese gesellschaftliche Organisationsform nicht allein die Entfaltung ihrer produktiven Möglichkeiten hemmt, sondern zunehmend die Lebensbedingungen selbst gefährdet und zerstört.

*Eine wesentliche geschichtliche Voraussetzung dafür, daß die Familie hier derart hervorgehoben wird, ist **einerseits** der Umstand, daß der Sozialisationsprozeß in der bürgerlichen Gesellschaft sich zunehmend in dem scheinbar außergesellschaftlichen Raum der familialen Privatsphäre institutionell verselbständigte. Dadurch entzieht sie sich auf Grund ihres privaten und zum Teil intimen Charakters der totalen Vergesellschaftung. Denn sie gehorcht nicht allein den gesellschaftlich herrschenden Gesetzen von Warenproduktion und Warenaustausch, Über- und Unterordnung, Verausgabung der Arbeitskraft und deren Regeneration. Die mütterliche Zuwendung und Sorge, die väterlichen Funktionen des Schutzes und der Lebensvorsorge, die Bindung an das biologische Generationsverhältnis, die Emotionalität der Beziehungen zwischen den Familienmitgliedern sind Elemente solcher Privatisierung.*

---

* Fromm, E. (1936). Sozialpsychologischer Teil. In M. Horkheimer, E. Fromm & H. Marcuse u. a. (Hrsg.), *Studien über Autorität und Familie* (S. 77–135). Paris: Alcan.

schaftlichen Formation angehören, der Sozialisationsprozeß im Prinzip nach den gleichen Mustern abläuft und zu gleichartigen Resultaten führt. Deshalb kann man sagen, daß die so erzeugte sozialtypische Charakterstruktur die individuelle Verschiedenheit überwiegt, und dies, obwohl es seit der Renaissance zum Grundbestand bürgerlicher Überzeugungen gehört, gerade die Individualität der sozialen Typik entgegenzusetzen.

Wie kann man sich nun vorstellen, daß und auf welche Weise das „gesellschaftliche Leben" sich „bis in die innerste Struktur" der Familie hinein Geltung verschafft?

Das ist Gegenstand der **zweiten These:** Es sind die Interaktionen und die psychischen Verarbeitungsweisen. Was heißt das? Familiale Interaktion

E. FROMM erläutert das im Hinblick auf die Beziehung zwischen Vater und Sohn am Beispiel einer Kleinbauernfamilie, und zwar „idealtypisch vereinfacht":

> „Für den Bauern ist, durch seine ökonomische und soziale Situation bedingt, jedes Familienmitglied in allererster Linie eine Arbeitskraft, die er bis zum möglichen Maximum ausnutzt. Jedes neuankommende Kind ist eine potentielle Arbeitskraft, deren Nutzen allerdings erst dann in Erscheinung tritt, wenn das Kind alt genug ist, um mitzuarbeiten. Bis dahin ist es nur ein Esser, mit dem im Hinblick auf seine spätere Verwertung vorlieb genommen wird. Hierzu kommt, daß dieser Bauer auf Grund seiner Klassensituation einen Charakter entwickelt hat, in dem der vorherrschende Zug die maximale Ausnutzung aller ihm zur Verfügung stehenden Menschen und Güter ist und in dem Liebe, das Streben nach dem Glück der geliebten Person um ihrer selbst willen, ein kaum entwickelter Zug ist. Der Vater steht dem Sohn von vornherein in einem Verhältnis gegenüber, das kaum durch Liebe und wesentlich durch Feindseligkeit und durch die Tendenz der Ausbeutung charakterisiert wird. Aber die gleiche Feindseligkeit wird sich, wenn er älter ist, auch beim Sohn entwickeln. Alter und Tod des Vaters können den Sonn davon befreien, Objekt der Ausbeutung zu sein, und ihm einmal eine Entschädigung für alles Erlittene dadurch gewähren, daß er selbst zum Herrn wird. Das Verhältnis beider wird einen Zug der Todfeindschaft tragen, und das wirft seine Schatten auf die Einstellung des Vaters voraus, wenn ein neuer Sohn auf die Welt kommt. Diese Atmosphäre bestimmt wesentlich auch die Reaktion und die psychologische Gesamtentwicklung des heranwachsenden Sohnes."
> (FROMM, E.: Sozialpsychologischer Teil. In: Ders./HORKHEIMER, M./MARCUSE, H.: Studien über Autorität und Familie. Paris 1936, S. 89)

Für die Bauernfamilie der Gegenwart trifft diese Behauptung wohl nicht mehr zu; auch im 19. Jahrhundert mag es nicht in jedem Fall so gewesen sein. Aber auf die Frage, ob die Beschreibung empirisch zutrifft, kommt es uns hier weniger an, als darauf, auf welche Weise die Kritische Theorie argumentiert, welche Art von Daten sie in ihren Hypothesen zu verknüpfen sucht, und das wird in dem zitierten Text recht deutlich:

- Die „ökonomische und soziale Lage" bedingt, als was die Familienmitglieder sich wechselseitig sehen, vor allem: in welcher Hinsicht dem Bauern sein Sohn etwas wert ist.
- Diese Sichtweise des Bauern-Vaters betrifft nicht nur die Gegenwart des Sohnes, sondern auch seine Zukunft.
- Zwar „liebt" auch der Bauer seinen Sohn; die damit gegebene Art der Beziehung aber tritt zurück, wird von der ökonomischen Sichtweise dominiert.
- Da der Sohn weiß, daß auch er einmal zum „Herrn" wird, schickt er sich in die Gehorsamsforderungen des Vaters und die Ausbeutung seiner Arbeitskraft.
- Dies alles formt die Arten des Umganges zwischen Vater und Sohn (Interaktion) bis in die alltäglichsten Situationen hinein.
- „Diese Atmosphäre", d. h. die Dauerhaftigkeit und Unausweichlichkeit dieses Typs von Interaktionen greift in den seelischen und Triebhaushalt, in die „psychologische Gesamtentwicklung" des Sohnes ein; sie formt seinen Charakter derart, daß er – sofern die ökonomischen Bedingungen gleich bleiben – so wird wie sein Vater, einen dieser Lage entsprechenden „Sozialcharakter" annimmt.

E. FROMM vergleicht diese Familiensituation mit der des Proletariers im 19. Jahrhundert, mit der einer Arztfamilie und eines Postbeamten (a. a. O., S. 89 ff.). Er will damit zeigen, daß es sinnvoll und notwendig ist, nicht von „der" Familie allgemein zu sprechen, sondern Familien je im Kontext typischer gesellschaftlicher Situationen zu beschreiben, weil nur so deutlich werde, was die einzelnen Interaktionen für das Leben der Familienmitglieder bedeuten. Die entscheidenden Komponenten der Familiensituation sind dabei (um es noch einmal zusammenzufassen):

- die ökonomische Lage,
- die wechselseitige Definition der Familienmitglieder (das, als was sie sich sehen),
- das Verhältnis der verschiedenen Sichtweisen zueinander,
- die damit korrespondierenden Interaktionen,
- die auf diese Weise hervorgebrachte Struktur des Charakters.

Aufgabe 1

Versuchen Sie, in der Beschreibung einer Ihnen bekannten Familie (z. B. auch Ihrer eigenen) zu prüfen, ob die Verwendung der genannten Gesichtspunkte zum Verständnis dessen verhilft, was es heißt, daß „das gesellschaftliche Leben" sich „bis in die innerste Struktur" der Familie hinein Geltung verschafft.

Innerhalb der bürgerlichen Gesellschaft gibt es also, nach Meinung der Kritischen Theorie, durchaus verschiedene Typen von Familien (Bauernfamilie, Arbeiterfamilie, Angestelltenfamilie, Akademikerfamilie usw.). Aber dennoch haben sie alle etwas Gemeinsames, das mit der historischen Formation „Bürgerliche Gesellschaft" von ihren Anfängen bis in ihre hoch- und spätkapitalistischen Phasen zusammenhängt: die eigentümliche Form, die das Problem der Autorität angenommen hat, sowohl nach seiner gesellschaftlichen als auch nach seiner psychischen Seite hin. Das ist in unseren Thesen 3–5 angesprochen. Sie sollen nun erläutert werden.

1.3 Der autoritäre Charakter

In der **dritten These** hieß es, daß die gerade skizzierten Interaktionen in der Familie samt ihren Bedingungen dazu führen, daß die heranwachsenden Individuen zur **Unterwerfung unter Autoritäten** disponiert werden. In den „Studien über Autorität und Familie" werden zur Erläuterung dieser Behauptung drei Argumentationen zur Diskussion gestellt:

Mit Hilfe von **ideengeschichtlichen Argumenten** wird gezeigt, wie durch einige frühbürgerliche Lehren, besonders LUTHERs und CALVINs, eine Bereitschaft der Menschen erzeugt oder doch mindestens bestärkt wurde, gegen gesellschaftliche Autoritäten nicht zu opponieren, sondern sie anzuerkennen, und zwar auch dann, wenn ihre Legitimität nicht einsichtig ist.

Mit Hilfe von **ökonomiegeschichtlichen Argumenten** wird gezeigt, wie diese Art der Anerkennung von Autoritäten (die als religiöse Gebote in Erscheinung treten können, aber auch abstrakter als „Naturnotwendigkeiten" oder „Sachzwänge") die Arbeitsamkeit des Menschen steigert, ihn aber zugleich stärker an die so geschaffenen Formen der Arbeit bindet.

Mit Hilfe von **sozialpsychologischen Argumenten** wird gezeigt, wie man es erklären könnte, daß jener oben zitierte Bauernsohn nun nicht nur seinem Vater gehorsam ist (das wäre noch relativ leicht verständlich, erhält er doch als Gegenleistung gegen den aufgebotenen Gehorsam das Erbe), sondern bereit ist, **gesellschaftliche Autorität überhaupt** fraglos zu akzeptieren. Denn eben dies glauben die Autoren der „Studien" in allen Schichten der bürgerlichen Gesellschaft zu erkennen.

Im klassisch-bürgerlichen ‚Idealfall' verbindet sich also der familiale Machtanspruch des Vaters mit seiner lebenserhaltenden ökonomischen Funktion für die ‚Seinen' und Die Funktion des Vaters einer durch Religion oder „natürliche Weltordnung" gestützten Weltanschauung. Dadurch „wird die Kindheit in der Klein-Familie zur Gewöhnung an eine Autorität, welche die Ausübung einer qualifizierten gesellschaftlichen Funktion mit der Macht über Menschen in undurchsichtiger Weise vereinigt." (HORKHEIMER, M.: Allgemeiner Teil. In: FROMM, E./HORKHEIMER, M./MARCUSE, H.: Studien über Autorität und Familie. Paris 1936, S. 58)

Freilich entbehrt dieses Autoritätsverhältnis nicht einer partiellen Rationalität. Zwar zwingt die fraglose, sittlich überhöhte väterliche Autorität dem Kinde ein äußerstes Maß an Triebunterdrückung und Pflichterfüllung ab, zugleich aber bietet der Vater auf Grund seiner tatsächlichen Stellung dem Kinde (dem Sohn) die Chance, den durch diese Unterdrückung bedingten Konflikt ‚realistisch' zu lösen. Durch die identifikatorische Unterwerfung unter die väterlichen Forderungen, durch deren Übernahme ins eigene Selbst (als Forderung des Über-Ichs) kann das Kind hoffen zu werden wie der (idealisierte!) Vater selbst, an dem es zugleich ein Vorbild erfolgreicher Realitätsbewältigung hat.

Wir lassen dazu hier noch einmal ein Zitat folgen, allerdings nicht aus den „Studien", sondern aus den zwanzig Jahre später erschienenen „Soziologischen Exkursen":

Unterordnung und Anpassung

„Gerade die Sphäre der Intimität, die an der Familie entscheidend dünkt, ist gesellschaftlichen Wesens und nicht zu trennen von dem Prinzip der Lohnarbeit, das während der Entfaltung der bürgerlichen Gesellschaft sich durchsetzte. Der Antike war diese Intimität ganz fremd; Platons Phaidon zufolge schickt Sokrates, der sonst gerade für Innerlichkeit spricht, vor seinem Tod die nächsten Angehörigen hinaus, um ungestört sich mit seinen Freunden unterhalten zu können. Erst in der neueren Zeit transponierte die Familie die Anforderungen der Gesellschaft ins Innere der ihr Anvertrauten, machte sie zu deren eigener Sache und „verinnerlichte" die Menschen dadurch. Damit sie in der harten Welt der Lohnarbeit und ihrer Zucht nicht verzweifelten, sondern ihren Mann stellten, genügte es nicht, dem pater familias bloß gehorsam zu sein, sondern man mußte ihm gehorsam sein wollen: „Fürchten und Lieben" gebietet Luther in einem Atem. Schonungslosigkeit gegen sich und andere mußte den Individuen zur zweiten Natur werden. Die Unterordnung unter den kategorischen Imperativ der Pflicht wurde zwar erst von Kant prinzipiell formuliert, aber die bürgerliche Gesellschaft hatte es von Anbeginn darauf abgesehen. Sie folgte aus dem Gebrauch der Vernunft. Wer nur nüchtern genug und ohne Ablenkung die Welt betrachtet, muß erkennen, daß er sich fügen, sich unterzuordnen hat; wer es nach bürgerlichem Ideal zu etwas bringen, ja wer nicht untergehen will, muß es anderen recht machen lernen." (INSTITUT FÜR SOZIALFORSCHUNG: Soziologische Exkurse. Frankfurt/M. 1956, S. 121)

Aber immer noch bleibt bei solchen Behauptungen offen, wie nun die „Verinnerlichung" geschieht, wie diese „Zurichtung" des Menschen zu denken ist.
Wir formulierten ja in der **vierten These**, daß es sich bei dieser Formung des Charakters um eine Zurichtung der **Triebstruktur** handele.

Vor allem ERICH FROMM hat die Triebtendenzen und seelischen Mechanismen untersucht, die der charakterbedingten Autoritätsbindung zugrundeliegen. (FROMM, E.: Sozialpsychologischer Teil. In: Ders./HORKHEIMER, M./MARCUSE, H.: Studien über Autorität und Familie. Paris 1936)

Für den Fortbestand jeder Gesellschaftsform stellt sich das Problem, die Mitglieder zur Anerkennung oder wenigstens zur Hinnahme der Produktions- und Herrschaftsverhältnisse und der daraus hervorgehenden gruppen- und klassenspezifischen Privilegien und Beschränkungen zu veranlassen.

Psychologisch betrachtet lautet die Frage: Wie muß der Prozeß der Persönlichkeitsbildung verlaufen, damit die Individuen die mehr oder weniger große Diskrepanz zwischen den beschränkten Befriedigungsmöglichkeiten einerseits, den ‚überschießenden' Triebansprüchen und Bedürfnissen andererseits in sozial angepaßter Weise bewältigen? – oder: Wie kann die potentielle Bedrohung der herrschenden Ordnung durch die an der Befriedigung gehinderten Bedürfnisse psychisch neutralisiert werden – auch und gerade dann, wenn der geforderte Verzicht entgegen den eigenen Interessen geleistet werden soll? FROMM beantwortet diese Frage mit Hilfe des psychoanalytischen Modells, das die verschiedenen psychischen Funktionen der Persönlichkeit unter drei angenommenen seelischen Instanzen – Es, Ich und Über-Ich – strukturiert (vgl. Glossar und die einführende Literatur). Der in der bürgerlichen Gesellschaft herrschende Charaktertypus scheint ihm nun ein solcher zu sein, in dem ein mächtiges Über-Ich ein nur schwach ausgebildetes Ich beherrscht und in dem die Triebe (Es) vorwiegend auf masochistische (aber auch sadistische) Befriedigungsformen hin orientiert werden.

_{Es, Ich und Über-Ich}

Das Über-Ich bildet sich durch den Wunsch des Sohnes, wie der Vater zu sein. Die Art, in der der Vater sich dem Sohn gegenüber gibt, seine Autorität, bildet gleichsam in dem Sohn die wesentlichen Züge dieses „Vater-Seins" ab und wird damit zu einem Teil der Seele, dem „Über-Ich". Dieses Über-Ich übernimmt zunehmend mehr, was zunächst der Vater besorgte: Über die Einhaltung der moralischen Gebote zu wachsen. Für die Problemstellung der Kritischen Theorie ist nun bedeutsam, daß die internalisierte familiale Autorität (das Über-Ich) in beständiger Wechselwirkung mit den gesellschaftlichen Autoritäten steht, sich dadurch festigt und zugleich gesellschaftlichen Bewegungen anpaßt:

> „Das Verhältnis Über-Ich : Autorität ist dialektisch. Das Über-Ich ist eine Verinnerlichung der Autorität, die Autorität wird durch Projizierung der Über-Ich-Eigenschaften auf sie verklärt und in dieser verklärten Gestalt wiederum verinnerlicht. Autorität und Über-Ich ist die verinnerlichte äußere Gewalt, die äußere Gewalt wird so wirksam, weil sie Über-Ich-Qualitäten enthält."
> (FROMM, E.: a. a. O., S. 85)

> „Das Kind soll glauben, die Eltern lögen nie und erfüllten tatsächlich alle die moralischen Forderungen, die sie dem Kinde auferlegen ... Gerade in diesem Stück der Familienerziehung zu den moralischen Qualitäten, die das Kind von Anfang an als mit der Autorität verknüpft sehen lernt, liegt eine ihrer wichtigsten Funktionen bei der Erzeugung des autoritären Charakters. Es gehört gewiß zu den schwersten Erschütterungen im kindlichen Leben, wenn es allmählich sieht, daß die Eltern in Wirklichkeit den eigenen Anforderungen nur wenig entsprechen. Aber indem es durch die Schule und später durch die Presse usw. neue Autoritäten an die Stelle der alten setzt, und zwar solche, die es nicht durchschaut, bleibt die ursprünglich erzeugte Illusion von Moralität der Autorität bestehen. Dieser Glaube an die moralische Qualität der Macht wird wirkungsvoll durch die ständige Erziehung zum Gefühl der eigenen Sündhaftigkeit und moralischen Unwürdigkeit ergänzt. Je stärker das Schuldgefühl und die Überzeugung eigener Nichtigkeit ist, desto heller strahlt die Tugend der Oberen. Der Religion und strengen Sexualmoral kommt die Hauptrolle bei der Erzeugung der für das Autoritätsverhältnis wichtigen Schuldgefühle zu."
> (FROMM, E.: a. a. O., S. 130)

Masochismus FROMM bezeichnet diesen Charaktertypus als masochistisch und bringt damit zum Ausdruck, daß der Charakterzug der Unterwerfungsbereitschaft auch Befriedigung verschaffe. Worauf aber beruht die (behauptete) Lust an der Unterwerfung, die doch immer auch Selbstaufgabe ist?

Wenn es infolge der Familienstruktur und der in der Erziehung wirksamen Zwangsmoral zu einer starken Ich-Entwicklung nicht kommen kann und das Erheben eigener Ansprüche zugunsten der Identifikation mit den sozialen Autoritäten aufgegeben wird, bietet der Masochismus eine adäquate Lösung

> „Die im Masochismus liegende Befriedigung ist von negativer und positiver Art: negativ als Befreiung von Angst, beziehungsweise Gewährung von Schutz durch Anlehnung an eine gewaltige Macht, positiv als Befriedigung der eigenen Wünsche nach Größe und Stärke durch das Aufgehen in der Macht."
> (FROMM, E.: a. a. O., S. 123)

Außerdem hat das „Autoritäre Individuum" schon in der familialen Sozialisation gelernt,

> „... jeden Mißerfolg nicht bis zu seinen gesellschaftlichen Ursachen zurückzuführen, sondern bei den individuellen stehenzubleiben und diese entweder religiös als Schuld oder naturalistisch als mangelnde Begabung zu hypostasieren." (HORKHEIMER, M.: a. a. O., S. 59)

Das alles sind freilich nur grobe Skizzierungen der Problemstellung. Eine wirklich befriedigende Darstellung müßte viel genauer auf die psychoanalytische Theorie Bezug nehmen und auch sich präziser auf die historischen Details einlassen. Das ginge jedoch entschieden über die Absicht dieser Studieneinheit hinaus, in der es uns ausschließlich darauf ankommt, die **Art der Problemstellungen** der Kritischen Theorie deutlich zu machen. Die **empirischen Antworten** dürfen demgegenüber zurücktreten, zumal ungewiß ist, ob sie bei genauer Prüfung derart zuverlässig und eindeutig sind, wie die Verfasser der „Studien" 1936 annahmen.

Mindestens eine Schwierigkeit war schon konstatierbar, als die Kritische Theorie ihre ersten Konzepte entwickelte. Wir haben sie in der **fünften These** formuliert. Jene Autoritätsbindung, die für Familien- und Erbverhältnisse der Bourgeoisie im 19. Jahrhundert charakteristisch war und auch noch für die zitierte Bauernfamilie galt, konnte in den zwanziger und dreißiger Jahren des 20. Jahrhunderts nicht mehr als typisch gelten.

_{Krise der Autorität und „Faschistischer Charakter"}

- Wenn es kein väterliches Erbe mehr gibt,
- wenn kein Glaube mehr eine Autorität verlangt, die über die Ökonomie hinausweist,
- wenn zudem das demokratisch verfaßte Gemeinwesen die Sicherheit nicht zu geben vermag, die einst durch den Stand und die Religion vermittelt wurde,

dann geraten nicht nur die Vater-Sohn-Beziehungen, sondern die gesellschaftlichen Autoritäten in die Krise. Die Ansprüche auf Gehorsam werden tendenziell sinnlos und können nur noch „repressiv" aufrechterhalten werden. Die Angst vor dem Zerbrechen der sozialen Ordnungen verleitet dazu, nach „Autoritäten überhaupt" zu suchen, um die Sicherheiten wieder zu gewinnen.

Der „autoritäre" Charakter wird „faschistisch".

Diese Linie haben wir vielleicht zu rasch gezogen. Sie soll auch hier den möglichen Zusammenhang nur andeuten.

Das **Strukturproblem familialer Autorität**, das die Kritische Theorie dahinter sieht, ist indessen in den „Soziologischen Exkursen" gut formuliert worden.

„Gesellschaftlichen Ursprungs, läßt die Krise der Familie sich weder verleugnen noch als bloßes Symptom von Verfall und Dekadenz abtun. Wo die Familie den Angehörigen Schutz und Wärme gewährte, konnte ihre Autorität sich rechtfertigen. Zumal das tradierbare Eigentum bildete ein kräftiges Motiv für den Gehorsam des Erben. Heute, in einer Welt, in der technisches Geschick und Wendigkeit über das Schicksal der Menschen zu entscheiden beginnen und obendrein in den meisten Ländern das bürgerliche Eigentum für eine stets wachsende Zahl von Familien ausgehöhlt, wenn nicht gar vernichtet wurde, verliert der Begriff des Erben seinen Sinn. Nicht viel anders ergeht es der Autorität über die Töchter, die als gelernte und ungelernte Arbeiterinnen und Angestellte sich außerhalb des Hauses ihr Brot verdienen können und darum nicht länger mehr an die archaisch-hauswirtschaftlichen Verhältnisse sich gebunden wissen, auf denen ihr traditionelles Verhältnis zur Familie beruht. In der Krise der Familie wird dieser die Rechnung präsentiert nicht bloß für die rohe Unterdrückung, die der schwächeren Frau und vollends den Kindern bis an die Schwelle des neuen Zeitalters vom Familienoberhaupt vielfach widerfuhr, sondern auch für ökonomisches Unrecht, die Ausbeutung hauswirtschaftlicher Arbeit in einer sonst den Marktgesetzen gehorchenden Gesellschaft. Eingeklagt werden auch alle Triebverzichte, welche die Familiendisziplin den Mitgliedern auferlegt, ohne daß im Bewußtsein der Familienmitglieder diese Disziplin stets sich rechtfertigte; ohne daß die meisten recht an die Aussicht glaubten, für dergleichen Verzichte etwa durch gesichertes und tradierbares Eigentum entschädigt zu werden wie die Begünstigten auf der Höhe des liberalen Zeitalters. Die Familienautorität, zumal als eine der Sexualtabus hat sich gelockert, weil die Familie den Lebensunterhalt nicht mehr zuverlässig garantiert und weil sie das Individuum gegen die immer übermächtiger andrängende Umwelt nicht mehr zureichend schützt. Die Äquivalenz von dem, was die Familie erheischt, und dem, was sie gewährt, wankt. Jeder Appell an die positiven Kräfte der Familie als solcher hat deshalb etwas Hohles." (INSTITUT FÜR SOZIALFOSCHUNG: Soziologische Exkurse. Frankfurt/M. 1956, S. 123)

Diese Situationsskizze war schon in der Tendenz und für das sogenannte Kleinbürgertum zutreffend, als jene Menschen Kinder waren, die in den „Studien zum autoritären Charakter" (Th. W. ADORNO, Frankfurt/M. 1973*) befragt wurden. Diese von ADORNO und anderen in der Emigration in den USA durchgeführte Untersuchung befaßte sich mit der Frage, wieweit auch Bürger der USA bereit sein würden, faschistischer Propaganda zu folgen und wie Charakterstruktur und soziale Lage derer beschaffen waren, die solche Bereitschaft aufwiesen. In der „Vor-

---

* Die Studien zum autoritären Charakter sind zuerst 1950 in den USA erschienen: Adorno, T. W., Frenkel-Brunswik, E., Levinson, D. J. & Sanford, R. N. (1950). *The Authoritarian Personality*. New York: Harper & Brothers.

rede" zur deutschen Übersetzung der „Studien" schreibt L. von FRIEDEBURG, Schüler von ADORNO und HORKHEIMER und derzeit* Direktor des Instituts für Sozialforschung:

„Die Untersuchungen ließen sich von der Hypothese leiten, daß die Anfälligkeit für faschistische Propaganda weniger mit politischen, wirtschaftlichen und sozialen Vorstellungen per se zusammenhänge, sondern daß solche Meinungen als Reaktionen auf psychische Bedürfnisse zu verstehen, Ausdruck einer bestimmten, der autoritätsgebundenen Charakterstruktur seien. Die psychologischen Bedingungen, unter denen es zur Bildung des autoritätsgebundenen Charakters komme, wurden vor allem in den Sozialisationspraktiken der mittelständischen patriarchalischen Familie der zwanziger Jahre gesehen, in der die väterliche Autorität durch keine unabhängige bürgerliche Existenz mehr gestützt wurde. Diesen Hypothesen entsprechend bezogen sich die empirischen Erhebungen der vierziger Jahre auf eine relativ homogene Gruppe, die weiße, in den USA geborene und in den Großstädten der Westküste lebende Mittelschicht; innerhalb dieser Probandengruppe überwogen die zwischen 1910 und 1925 Geborenen. Für diese Schicht dürften die Ergebnisse der Studie repräsentativ gewesen sein."
(a. a. O., S. XI).

Die soziale, vor allem familiale Lage derjenigen, bei denen die autoritär-faschistische Disposition ermittelt wurde, entsprach der oben zitierten Situationsskizze. Obwohl also die politischen und ökonomischen Umstände, unter denen sich der von HORKHEIMER und FROMM beschriebene Typus bürgerlich-familialer Autorität herausgebildet hatte, nicht mehr existierten, blieb er dennoch als Verhaltenstypus bestehen und zwar sowohl in den bürgerlichen Mittelschichten als auch in der Arbeiterschaft.

Das „Abstraktwerden" des autoritären Charakters

ADORNO kommentiert:

„Das wird nur den überraschen, der alle wichtigen Unterschiede in den sozialen Verhaltensweisen aus der sozioökonomischen Gruppenzugehörigkeit zu erklären gewöhnt ist".
(a. a. O., S. 98**).

Diejenigen sozialen Verhaltensweisen bzw. Charakterdispositionen, die hier „autoritär" genannt werden, sind also nicht mehr aus der besonderen sozialen Lage

---

*   Das Institut für Sozialforschung an der Johann Wolfgang Goethe-Universität Frankfurt am Main wurde nach Ludwig von Friedeburg bis 2018 von Axel Honneth geleitet. Aktuell ist Stephan Lessenich Leiter des Instituts.
** Adorno 1973, S. 98.

einer Teilgruppe der Gesellschaft zureichend zu erklären. Damit hängt auch der empirische Befund zusammen, daß die ermittelten Einstellungen des „autoritären Charakters" die Form generalisierender Vorurteile haben. Es hat sich im 20. Jahrhundert offenbar beides verändert:

- Die Lebensverhältnisse der Menschen sind „abstrakter" geworden, und zwar in dem Sinne, daß für die Bildung ihres Bewußtseins und ihrer Motive weniger die **besondere** soziale Lage (Bauer, Handwerker, Bourgeois) ausschlaggebend ist, sondern eher die **allgemeine** Form des Waren- und Arbeitsmarktes.
- Mit den Einstellungen ist Ähnliches geschehen: auch sie tendieren dazu, „abstrakt" zu werden, d. h. sich von den konkreten Erfahrungen zu lösen und – von diesen unabhängig – sich als generalisierende Vorurteile zu verfestigen.

▸ Hinweis:
Die genaue Beschreibung der in den „Studien" gemessenen Einstellungen würde hier zu weit führen. Sie können sie nachlesen in Th. W. ADORNO: Studien zum autoritären Charakter. Frankfurt/M. 1973, besonders Seite 81–84.

Aufgabe 2

Beantworten Sie anhand der bisherigen Ausführungen die folgenden Fragen in Stichworten:

a) Welches ist die historisch-politische Ausgangsfrage der „Studien über Autorität und Familie"?
b) Welche Gründe sprechen für die Verbindung von Kritischer (Gesellschafts-)Theorie und psychoanalytischer Theorie?
c) Worin sehen FROMM und HORKHEIMER die grundlegenden Bedingungen für die Ausbildung des autoritären Charakters?

Aufgabe 3

(VORBEMERKUNG: Diese Aufgabe ist ebenso wie die Aufgabe 4 dieser Kurseinheit mit der Lektüre eines längeren Textes verbunden. Wir gehen davon aus, daß Sie in der vorgesehenen Zeit nur eine dieser beiden Aufgaben bearbeiten können und bitten Sie, sich bei der Wahl der Aufgabe von Ihrem sachlichen Interesse bestimmen zu lassen.)

Es ist Ihnen vielleicht aufgefallen, daß die bisherige Darstellung der Autoritätsproblematik zwei ‚Einseitigkeiten' aufweist, denn

1. ist fast nur von der männlichen Seite der Sozialisation – von Vätern und Söhnen also – die Rede gewesen;
2. wurden fast ausschließlich die gesellschaftlich funktionalen – d. h. die bestehenden Verhältnisse stützenden – Leistungen der Familie und der Charakterbildung gezeigt.

Auch wenn auf diesen beiden Aspekten der Hauptakzent der „Studien über Autorität und Familie" liegt, bedarf dieses Bild der Korrektur.
Lesen Sie deshalb im folgenden Text: M. HORKHEIMER: Autorität und Familie. In: HORKHEIMER: Traditionelle und kritische Theorie. 1970 (Taschenbuchausgabe), S. 218 (unten) – 230!
Beantworten Sie dann die folgenden Fragen:

- Wie wird die Situation der Frau in der Kleinfamilie beschrieben?
- Welche Rolle spielt die Mutter für die Sozialisation der Kinder?
- Welche Unterschiede lassen sich im Verlauf des Erziehungsprozesses für Jungen und Mädchen vermuten?
- Welche gegen-gesellschaftlichen Kräfte erwachsen nach HORKHEIMERS Auffassung (unter bestimmten Bedingungen) aus der Familie?
- Welche fördernde oder hemmende Rolle spielt dabei die Frau?

1.4 Der narzißtisch gestörte Sozialisationstyp

In der oben zitierten Passage aus den „Soziologischen Exkursen" („Gesellschaftlichen Ursprungs, läßt sich die Krise der Familie ...") ist die Meinung deutlich zu erkennen, daß in der jüngeren geschichtlichen Entwicklung Tendenzen wirksam seien, die der weiteren Bildung autoritärer Charaktere in der „klassischen" Form den gesellschaftlichen Boden entziehen. Die sozialen Einrichtungen, welche die Sozialisation des Kindes vor allem betreiben (das familiale Hauswesen, die Schule, der Handwerksmeister, der industrielle Großbetrieb usw.) können die Wechsel auf sichere soziale Zukunft, die – im Bilde gesprochen – mit der Gehorsamsforderung versprochen werden, nicht mehr einlösen. Halten dennoch die Träger von Autorität unverändert an den früheren Formen der Autoritätsausübung fest, spricht die Kritische Theorie von „repressiven" Verhältnissen: die Autoritätsforderung verliert an Plausibilität, an Überzeugungskraft, an einsichtigen Gründen und muß mehr und mehr durch Gewalt aufrechterhalten werden.

Repressive Autorität

Dieser Prozeß – wir wiesen schon darauf hin – begann schon gegen Ende des 19. Jahrhunderts. Ehe die Kritische Theorie sich mit dieser Frage beschäftigte, wurde sie von Dichtern seismographisch registriert: beispielsweise von Flaubert in „Madame Bovary", von Fontane, Heinrich Mann („Professor Unrat"), Wedekind, am konzentriertesten vielleicht von Kafka. (ADORNOs Interpretationen von moderner Musik und Literatur haben darin gewiß einen ihrer Gründe). Daß in dieser Literatur die Autorität und ihre Träger teils groteske (Heinrich Mann), teils anonym-bedrohliche (Franz Kafka) Züge annehmen, illustriert zwei Seiten der pädagogisch-historischen Problematik: den Verlust an Legitimation für die traditionellen Formen der Autoritätserwartungen und die psychisch bedrohlichen Folgen des nur noch durch Gewalt aufrechterhaltenen Autoritätsanspruchs.

Unter derartigen historischen Bedingungen darf man vermuten – wenn es sich nicht um totalitäre Gesellschaften handelt – daß auch die Träger von Autorität in eine solche Bewegung des Zweifelns allmählich einbezogen werden oder daß sie doch wenigstens ihr Verhalten unter dem Eindruck veränderter gesellschaftlicher Lage langsam ändern.

Und eben dies scheint in den letzten Jahrzehnten geschehen zu sein. Was in den „Soziologischen Exkursen" 1956 angedeutet wurde, erscheint uns heute als kräftiger gesellschaftlicher Trend:

<small>Veränderungen in der Situation der Erwachsenen</small>

- Für immer größer werdende Teile der Bevölkerung spielt das „Erbe", materieller Besitz und damit auch durch solchen Besitz gestützte Kontinuität der Generationenfolge eine immer geringer werdende Rolle.
- Immer größer werdende Teile der Bevölkerung arbeiten, um ihre Konsumchancen zu erhöhen und erwarten von ihrem Beruf nicht mehr, sich mit dessen Inhalten identifizieren zu können.
- Die Familie ist – der Tendenz nach und für die meisten – nicht mehr die soziale Basis der beruflichen Tätigkeit, sondern eine Art „Gegenwelt", in der man sich von den Strapazen der Arbeitswelt erholt.
- Immer mehr Frauen sind berufstätig und machen deshalb innerhalb der Familie dem Manne die Rolle des Autoritätsträgers streitig.
- Immer mehr Familien bringen (deshalb?) ihren Kindern gegenüber Gehorsamserwartungen nur noch gebremst und mit Selbstzweifeln ins Spiel.

Derartige Beobachtungen beziehen sich auf die gesellschaftliche Situation der **Erwachsenen**. Indessen wird gleichzeitig am **Jugendalter** eine bemerkenswerte Veränderung wahrgenommen: statt der aktiven, kritischen Auseinandersetzung mit der älteren Generation, ihren Werten, Institutionen und Autoritätsansprüchen (wie beispielsweise in der Jugendbewegung zwischen 1900 und 1928 oder in der Studentenbewegung 1968) ziehen sich immer mehr Jugendliche aus einer auch rational profilierten Auseinandersetzung zurück. Die in der gegenwärtigen Literatur zur Jugendforschung und in der Öffentlichkeit am häufigsten zur Sprache gebrachten Beobachtungen sind:

- ein relativ großes Desinteresse an politischer Bildung und politischer Beteiligung; Veränderungen im Verhalten Jugendlicher
- ein Rückgang an Motivationen im Hinblick auf schulische Leistung;
- ein Rückzug auch von gesellschaftlich-beruflichen Leistungserwartungen;
- eine Flucht in „einfache" Überlebensstrategien, die neben der dominanten Kultur einherlaufen;
- eine Flucht in Jugendreligionen und den Drogen-Konsum;
- eine Verweigerung rationaler Formen der Auseinandersetzung und Kritik zugunsten von Ausdruckshandlungen;
- ein Rückzug in Gleichaltrigen-Gruppe und Subkultur, in denen Übereinstimmung herrscht und keine autoritativen Erwartungen zu befürchten sind.

Derartige Beobachtungen sind leider gegenwärtig (1982) statistisch nicht gesichert. Wir wissen nicht mit Sicherheit, wie groß der Teil der jungen Generation ist, auf den solche Behauptungen zutreffen. Es wäre wohl auch wichtig zu wissen, wie sich quantitativ diese Jugendlichen zu denen verhalten, die eher rechts-radikalen Einstellungen zuneigen und deshalb auch eher dem „klassischen" Typ des autoritären Charakters zuzurechnen wären. Unabhängig von solchen Fragen der quantitativen Proportionen ist aber die Überlegung sinnvoll, welche praktischen Problemstellungen für künftiges Handeln sich in solchen geschichtlichen Erscheinungen andeuten. Auch der „Sturm und Drang" gegen Ende des 18. oder die „Jugendbewegung" zu Beginn des 20. Jahrhunderts wurden nur von Minderheiten getragen; dennoch aber wurden sie stilbildend und pädagogisch folgenreich, weil sie je eine besonders sensible Reaktion auf gesellschaftliche Entwicklungen darstellten und deshalb als wesentliche Zeichen für neuartige pädagogische Probleme genommen werden konnten.

ADORNO, FROMM, HORKHEIMER und MARCUSE fragten in den dreißiger Jahren, ob nicht die bürgerliche Gesellschaft Verhältnisse hervorbringe, die die Menschen daran hindern, die begonnene geschichtliche Bewegung in Richtung auf mehr politisch-gesellschaftliche Aufklärung fortzusetzen, ja die sie gar in den Faschismus trieben. Sie glaubten im „autoritären Charakter" eines der sozial-psychologischen Bindeglieder zwischen gesellschaftlicher Struktur und politischem Handeln gefunden zu haben.

Wir können heute, bei empirisch anderen Ausgangsdaten, ähnlich fragen: Legt nicht der Zustand unseres Gemeinwesens *(die Parteienlandschaft, die ökonomischen Verhältnisse, die Arbeitsplatzsituationen, die gesellschaftlichen Zukunftsaussichten, das System der sozialen Sicherung, die aus all dem sich ergebenden Schwie-*

rigkeiten bei der Begründung von überlieferten Werten der Lebensführung) es nahe, daß die Erwachsenen in den Primargruppen – also vor allem die Eltern in den Familien – die emotionale Sicherheit und kognitive Zuverlässigkeit (Lebenssinn) suchen, die ihnen im ökonomischen und öffentlich-gesellschaftlichen System versagt bleibt?

Läge es dann nicht auch nahe, daß in einer solchen Situation die Interaktionsformen in der Familie und im Umgang mit Kindern sich ändern, und zwar so, daß nicht mehr traditionelle Autorität ins Spiel gebracht wird, sondern – besonders zwischen Eltern und Kindern – „symbiotische" Nähe, Übereinstimmung, positive Selbstgefühle wichtig werden und diese Qualitäten der intimen Kleingruppe auch weit über das Kleinkindalter hinaus noch festgehalten und überbetont werden?

Und wenn das so sein sollte, könnte dann nicht die Problematik des „autoritären Charakters" in der jungen Generation sich geradezu umkehren? Es würde nicht mehr ein gestrenges Über-Ich die Triebwünsche verdrängen, sondern die Triebwünsche würden die Über-Ich-Anforderungen verdrängen. Der Jugendliche würde versuchen, die Struktur der Mutter-Kind-Symbiose auf andere Verhältnisse zu übertragen, die gleichgestimmte Gruppe von Gleichaltrigen zu suchen, anspruchsvolle konflikthafte Auseinandersetzungen zu meiden, sich – und sei es an die als neue Geborgenheit erlebte Subkultur – anzupassen.

Diese hier nur sehr grob skizzierte Vermutung wird in einer Studie ausgeführt, die – obwohl 1975 erschienen – als eine geschichtlich-aktuelle Fortführung der sozialisationstheoretischen Studien der Kritischen Theorie gelten darf: THOMAS ZIEHE: Pubertät und Narzißmus. Sind Jugendliche entpolitisiert? Frankfurt/M. 1975.

Die Verhaltensform, die sich aus derartigen Sozialisationsbedingungen ergeben kann und die wir oben als Katalog von Beobachtungen an Jugendlichen der Gegenwart angedeutet haben, wird (u.a. von ZIEHE) in psychoanalytischer Terminologie **„narzißtisch gestörter Sozialisationstyp"** genannt. In den letzten Jahren hat es dazu eine ausführliche und kontroverse Diskussion gegeben, besonders auch zu den psychoanalytischen Erklärungsversuchen.

Wir können diesen ganzen Zusammenhang hier nicht mehr zur Darstellung bringen, weil das einen eigenen Studienbrief gut füllen wurde. Der Zweck unserer Skizze wäre indessen schon erreicht, wenn als Ergänzung zum „autoritären Charakter" deutlich geworden ist, mit welchen Problemstellungen die „Kritische Theorie" an Phänomene der Sozialisation herangeht.

1.5 Zwischenresümee

Kehren wir nach der exemplarischen Darstellung und Erörterung von Untersuchungen der Kritischen Theorie zu der eingangs aufgestellten These zurück, daß von der Kritischen Theorie selbst Problemstellungen untersucht wurden, die als relevant für Erziehungs- und Bildungsprozesse gelten können! Wir können nunmehr folgendes festhalten:

1. Die Vertreter der „Frankfurter Schule" haben die Theorie eines wichtigen Erziehungsfeldes – der Familie – formuliert. Sie haben die Struktur dieses Erziehungsfeldes und die sich darin realisierenden zwischenmenschlichen Prozesse in ihrer gesellschaftlich-geschichtlichen Funktion und Abhängigkeit aufgezeigt.
2. Sie haben die Theorie einer relevanten Dimension von Erziehung – der Persönlichkeitsbildung – formuliert. Dabei wurde sowohl den allgemeinen gesellschaftlichen Bedingungen, den vermittelnden Instanzen wie der gesellschaftlichen Funktion dieser Sozialisationsleistungen Rechnung getragen.

In unserer Darstellung ist jedoch weitgehend offen geblieben, welche handlungsleitende Relevanz diesen Erkenntnissen zukommt. Die Kritische Theorie hat zwar einerseits immer hervorgehoben, daß die objektiven gesellschaftlichen Bedingungen – zunächst die ökonomischen, dann aber auch die Bedingungen sozialer Strukturen wie der Familienstruktur – dem individuellen Erziehungshandeln enge Grenzen ziehen. So schreibt HORKHEIMER:

„Ob in der Erziehung Zwang oder Milde waltet, ist hierbei nicht entscheidend; denn der kindliche Charakter wird durch die Struktur der Familie selbst weit mehr als durch die bewußten Absichten und Methoden des Vaters gebildet."
(HORKHEIMER, M.: Autorität und Familie, a. a. O., S. 216**)

Aus diesem Grunde auch liegt der Akzent der Untersuchungen immer bei dem Versuch, solche Grenzen nicht nur zu behaupten, sondern sie in konkreter Analyse zu zeigen.

Andererseits aber werden derartige Analysen ja von dem Interesse geleitet, die Spielräume der Menschen für selbstbestimmtes und vernünftig begründetes Handeln zu erweitern. Und obwohl es gelegentlich so scheint, als wäre nach Meinung der Autoren der Kritischen Theorie eine Verbesserung der gesellschaftlichen Ver-

---

*   Die Angabe bezieht sich auf den Artikel in Horkheimer, M. (1970). *Traditionelle und kritische Theorie*. Frankfurt a. M.: Fischer.

hältnisse ausschließlich über eine Veränderung der ökonomischen zu erreichen, klingt doch in den Sozialisationsuntersuchungen auch eine andere Annahme an: nämlich, daß die Veränderung der Menschen durch Erziehung nicht minder nötig und möglich sei:

In seinem Vortrag „Erziehung nach Auschwitz" formuliert ADORNO diese zwei Seiten des Problems so:

> „Wenn im Zivilisationsprozeß selbst die Barbarei angelegt ist, dann hat es etwas Desparates, dagegen aufzubegehren."
> (ADORNO, Th. W.: Erziehung zur Mündigkeit. Frankfurt/M. 1975, S. 88)

Und

> „Ich gehe soweit, die Entbarbarisierung für eines der wichtigsten Erziehungsziele zu halten."
> (ADORNO, Th. W., a. a. O., S. 94)

Verantwortliche Erziehung ist zwar **schwierig** und scheint häufig aussichtslos, eine Sisyphos-Arbeit, aber sie ist doch möglich und das, was wir wollen müssen.

Aufgabe 4

Mit dem Begriff des autoritären Charakters wird ein bestimmter Sozialisationstyp der Kritik unterzogen.

a) Versuchen Sie zunächst noch einmal, sich ein möglichst anschauliches Bild des autoritären Charaktertyps zu machen! Ziehen Sie erforderlichenfalls die entsprechenden Passagen des Studientextes hinzu!
b) Versuchen Sie, in wenigen Sätzen die Elemente des impliziten ‚Bildungsideals' zu benennen, die Ihres Erachtens für die Kritik am autoritären Charakter besonders bedeutsam sind; überlegen Sie also, was – nach Meinung jener Autoren – für den ‚reifen', weder autoritären noch narzißtisch gestörten Charakter wesentlich wäre.
c) Diese Kritik wurde von der Studenten- und Schülerbewegung am Ende der sechziger Jahre aufgegriffen. Lesen Sie dazu die programmatischen „Thesen zur antiautoritären Erziehung" von Regine DERMITZEL (in: Kursbuch 17, 1969, Suhrkamp Verlag, S. 179–187)!
d) Prüfen Sie, inwieweit die dort formulierten Erziehungsziele mit dem unausgesprochenen ‚Bildungsideal' der frühen ‚Kritischen Theorie – bzw. Ihrer Antwort auf Frage b) – übereinstimmen.

2 Zur Methode der Kritischen Theorie und ihrer erziehungswissenschaftlichen Bedeutsamkeit

2.1 Die Komponenten des wissenschaftlichen Verfahrens

Schaut man sich die größeren Untersuchungen an, die aus der „Frankfurter Schule" hervorgegangen sind, dann fällt eine Eigentümlichkeit ins Auge, die diese Arbeiten von denen anderer theoretischer Traditionen oder Disziplinen unterscheidet: Es verbinden sich dort drei Formen der erkennenden Bearbeitung des wissenschaftlichen Gegenstandes, die sonst häufig (oder sogar im Regelfall) voneinander getrennt bleiben:

- die **geschichtliche** Deutung des Objekts,
- die **philosophische Reflexion** der Kategorien, die zur Deutung des Objekts verwendet werden,
- die **erfahrungswissenschaftliche Kontrolle** der Aussagen, die aus solchen Deutungen und Reflexionen gewonnen werden.

Freilich fügt sich nicht jeder beliebige Gegenstand demjenigen Begriff von Erfahrungskontrolle, wie er z. B. in den Regeln der empirischen Sozialforschung oder gar in der methodologischen Theorie des psychologischen Experiments enthalten ist; das zeigt sich beispielsweise in literaturtheoretischen Arbeiten ADORNOs über Balzac, Proust oder Beckett (Th. W. ADORNO: Noten zur Literatur I und II. Frankfurt/M. 1958 und 1961) oder auch in Studien Walter BENJAMINS (z. B. W. BENJAMIN: Das Kunstwerk im Zeitalter seiner technischen Reproduzierbarkeit. Frankfurt/M. 1963). Dennoch gelten für die Methode der Kritischen Theorie jene drei Bearbeitungsformen als integrale, unverzichtbare Bestandteile. Sie sind die methodische Einlösung dessen, was „kritisch" genannt wird.

Zusammenhang der Formen wissenschaftlicher Arbeit

Das bedeutet jedoch nicht, daß jeder der drei Komponenten des wissenschaftlichen Verfahrens auch gleiche Bedeutsamkeit zugesprochen wird: geschichtliche

Vorrang der philosophischen und historischen Reflexion

Deutung und Reflexion der erkenntnisleitenden Kategorien sind der empirisch operationalisierten Erfahrungskontrolle vorgeordnet.

Häufig nun konzentrieren sich – ohne dabei das Programm der Integration jener drei Bearbeitungsformen aufzugeben – die aus der Kritischen Theorie hervorgegangenen Untersuchungen vorwiegend auf jeweils einen dieser drei Zugänge. Ein Beispiel für die Konzentration auf die **Reflexion der Kategorien** ist ADORNOs Ästhetik (Th. W. ADORNO: Ästhetische Theorie. Frankfurt/M. 1973); ein Beispiel für die Konzentration auf die **geschichtliche Deutung** ist HABERMAS' historische Darstellung der „bürgerlichen Öffentlichkeit" (J. HABERMAS: Strukturwandel der Öffentlichkeit. Neuwied 1962). Beispiele für eher **empirisch verfahrende Untersuchungen** sind die „Studien zum autoritären Charakter" oder „Student und Politik". Allerdings gibt es keine Beispiele für empirische Untersuchungen, in denen die Komponenten der geschichtlichen Deutung und der philosophischen Reflexion gänzlich fehlen, weil das den Postulaten (vgl. das vorangegangene Kapitel) der Kritischen Theorie entschieden widersprechen würde.

Wir wollen nun das Verfahren der Kritischen Theorie am Beispiel einer Untersuchung demonstrieren und im Anschluß daran fragen, ob und welche Konsequenzen sich daraus für die erziehungswissenschaftliche Forschung ergeben können. Wir wählen dafür die – immer noch aktuelle – Untersuchung von HABERMAS/FRIEDEBURG/OEHLER/WELTZ mit dem Titel „Student und Politik" (Neuwied 1961).

2.2 Die geschichtliche Deutung

Ausgangsfrage der Untersuchung „Student und Politik"

Das besondere Interesse, das die Autoren verfolgen, besteht in der „Frage nach der Anteilnahme der Studierenden an der Politik" (S. 13). Wie ist eine solche Frage zu entfalten, und zwar so, daß die Antwort zuverlässig überprüfbar, also (auch) mit Hilfe empirischer Verfahren (in diesem Fall mit den Mitteln des Interviews) gegeben werden kann? Gleich zu Beginn des Buches heißt es:

> „Die Untersuchung über ‚Student und Politik', deren Ergebnisse wir vorlegen und deren Implikationen wir nachgehen, bedarf eines theoretischen Rahmens. Nicht bloß darum, weil sie im beschränkten Umkreis einer einzelnen Universität, der in Frankfurt, durchgeführt wurde und weil ihre Befunde allzu unverbindlich blieben, wenn sie nicht in weitere Perspektiven gerückt würden, sondern vor allem wegen ihres Gegenstandes. Die Studie war subjektiv gerichtet will sagen, sie hat Ansichten, Verhaltensweisen und durchgehende Haltungen der befragten Studenten zu ermitteln, zu ordnen und zu deuten gesucht. Diese subjektiven Vorfindlichkeiten jedoch sind keineswegs letzte Daten, bei denen sich beruhigen könnte, wer über das Verhältnis von Student und Politik wis-

senschaftlich etwas ausmachen möchte; sie sind weitgehend von objektiven Verhältnissen produziert. Diese wirken auf die Studierenden, sei es in Gestalt der akademischen Institutionen, sei es gesamtgesellschaftlich ein, und darüber hinaus sind die Studenten selbst, samt ihren Überzeugungen, Neigungen und Attitüden, wie man so sagt, Kinder ihrer Zeit. Nur wer sich des Wechselspiels zwischen der gesellschaftlichen Objektivität und den Subjekten versichert, erwehrt sich der Illusion, institutionelle Probleme heute wären unmittelbar durch die Kenntnis derer zu lösen, welche zu den Institutionen in Beziehung stehen."
(HABERMAS, J./FRIEDEBURG, L. v./OEHLER, C./WELTZ, F.: Student und Politik. Neuwied 1961, S. 13)

Ein bestimmtes empirisches Datum also – der Befund beispielsweise, daß 22 % der befragten Studenten eine „autoritäre" Einstellung im Sinne der in der Studie verwendeten Definition haben – ist nach zwei Seiten hin zu erweitern.

- Einerseits muß der ermittelte Sachverhalt **erklärt** werden, und zwar nicht aus den subjektiven Merkmalen der befragten Individuen, sondern auch und besonders aus den sozialen Bedingungen („akademische Institutionen", aus „gesamtgesellschaftlichen" Faktoren, wohl auch aus sozialer Herkunft, Familiensituation usw.), den „objektiven Verhältnissen" also, weil erst dann das Datum bei der Lösung „institutioneller Probleme" verwendet werden kann. Dies ist die Position jedes Erfahrungswissenschaftlers (Empirikers), der nicht nur beschreiben, sondern auch erklären will. *Erklärung des Sachverhalts*
- Andererseits steht auch die **Bedeutung** eines ermittelten Sachverhalts zur Diskussion. Handelt es sich – wie im vorliegenden Fall – um soziale Vorgänge und Zustände, dann hängt deren Bedeutung an der sozialen Situation, in der sie auftreten. Diese also muß ermittelt werden, will man den Sinn irgendeiner Einzelheit verstehen. Andernfalls geschieht, was in der empirischen Forschung häufig der Fall ist: Wo eine Problemstellung „abstrakt, ohne Rückfrage nach der Situation und ihrem möglichen Sinn in dieser untersucht wird, gerinnt sie zu einer Art Selbstzweck" (S. 13). Solche Rückfragen nach der gesellschaftlichen Situation können nur dadurch zureichend beantwortet werden, daß auch **deren** Gewordensein ermittelt wird. Da eine soziale Situation nicht nur ein Bündel von Ursachen und Folgen ist, das in erklärenden Sätzen zureichend abgebildet werden kann, sondern einen **Sinnzusammenhang** darstellt, ist die Rekonstruktion ihres Gewordenseins eine Entfaltung der sinnkonstituierenden Momente in ihrem geschichtlichen Kontext und Ablauf. Interessieren sich also die Autoren der Untersuchung für die Frage, von welchem Umfang und von welcher Art das Potential „politischer Beteiligung" der jungen Generation ist, dann ist zunächst nach dem geschichtlichen Zusammenhang zu fragen, inner- *Bedeutsamkeit des Sachverhalts* *Der geschichtliche Bedingungszusammenhang*

halb dessen „politische Beteiligung" ihre bestimmende und aktuelle Bedeutung gewinnt. Ein Verzicht auf diesen Untersuchungsschritt – so meinen die Autoren – verriete eine „unhistorische Denkungsart", eine selbst politisch gefährliche, aber „dem Liberalismus eigentümliche Abwehr historischen Bewußtseins". (S. 17)

> „Politische Beteiligung" als leitende Kategorie

„Freilich hatte die unhistorische Denkungsart einmal eine andere Funktion: Waffe des ‚aufsteigenden Bürgertums' im Kampf gegen die überlieferten Privilegien der beiden ersten Stände; deren historische Legitimation zerbrach vor der sich geschichtslos dünkenden Vernunft. Heute hingegen wird mit dem historischen Bewußtsein zugleich die Angst vor der Einsicht verdrängt, daß sich in solchen Erscheinungen eine geschichtliche Alternative anmelden könne: daß der bürgerliche Rechtsstaat entweder den liberalen zu einem sozialen Rechtsstaat entfaltet und Demokratie als eine soziale verwirklicht – oder am Ende wiederum in die Formen eines autoritären Regimes zurückfällt. Politische Beteiligung jedenfalls gewinnt erst Funktion, wo Demokratie derart als geschichtlicher Prozeß begriffen wird."
(HABERMAS, J. u. a., a. a. O., S. 17)

> Die Neutralisierung der politischen Beteiligung der Bürger

Unter einer Überschrift, die zugleich die historische These ausspricht, die entfaltet werden soll, folgt die Darstellung der Entwicklung unseres politischen Systems vom 19. ins 20. Jahrhundert: Entwicklung des liberalen Rechtsstaates zum Träger kollektiver ‚Daseinsvorsorge'. Im Rahmen dieser Entwicklung wird von den Verfassern ein Merkmal besonders hervorgehoben: die tendenzielle Neutralisierung der politischen Beteiligung der Staatsbürger. Als Ursache für diese Tendenz wird die Tatsache angenommen, daß

- einerseits die **Form Demokratie** die politische Beteiligung der Bürger fordert und Chancen für solche Beteiligung auch verspricht,
- andererseits aber die **gesellschaftlichen Bedingungen** der Verwirklichung der Beteiligungsforderung im Wege stehen: die geltende Eigentumsordnung und die durch sie ermöglichte Konzentration privater Macht ohne öffentliche Kontrolle.

In diesem Vorgang wird indessen noch eine dritte Komponente für wichtig gehalten, die mit der Entwicklung des Sozialstaates („Kollektive Daseinsvorsorge") zusammenhängt:

- die „Verselbständigung" der staatlichen Institutionen der politischen Willensbildung gegenüber den Wählern (die Macht der Administration, die Verselbständigung der politischen Parteien).

So kommt die Analyse zu der historisch-prognostischen Hypothese, daß das po- Geschichtliche Prognose
litische Beteiligungspotential der Bürger mit darüber entscheiden wird, ob die
weitere politische Entwicklung eher in Richtung auf eine „autoritäre" oder in
Richtung auf eine „soziale" Demokratie verlaufen wird. Damit ist methodisch die
Stelle im wissenschaftlichen Verfahren bezeichnet, an der eine sozialpsychologische, mit sozialwissenschaftlich-empirischen Methoden zu beantwortende Frage
mit dem geschichtlichen Sinnzusammenhang verknüpft werden kann.

2.3 Reflexion der leitenden Kategorien

„Die Kategorie der politischen Beteiligung ist eine der bürgerlichen Gesellschaft
spezifisch zugehörige" (S. 51). Damit ist gesagt, daß es eine historische Kategorie
ist, deren Problematik ja auch in einer historischen Analyse entfaltet wurde. Historische Kategorien können aber überlebt sein. Warum also lassen die Autoren trotz
ihrer für die Chancen von Beteiligung nicht gerade optimistischen Analyse den
Begriff und seine **praktische Bedeutsamkeit** nicht fallen? Die Antwort ergibt sich, Politische Beteiligung und Selbstbestimmung
wenn man darüber nachdenkt, ob „politische Beteiligung" nicht noch einen anderen, von historischen Schwankungen relativ unabhängigen, allgemeinen Sinn hat,
ob in ihr und im Begriff „Demokratie" etwas ausgedrückt ist, das für den Menschen als Vernunftwesen von Bedeutung ist und deshalb nicht beliebig – z. B.
wenn die Verhältnisse die Verwirklichung des Beteiligungspostulats erschweren –
aufgegeben werden sollte. So heißt es beispielsweise in unserem Text:

> „Demokratie arbeitet an der Selbstbestimmung der Menschheit, und erst wenn diese
> wirklich ist, ist jene wahr."
> (HABERMAS, J. u. a., a. a. O., S. 15)

Das heißt: Im Begriff „Demokratie" ist ein Zustand des menschlichen Gemeinwesens skizziert, in dem durch die Beteiligung der Bürger deren Fremdbestimmung
(die Tatsache, daß andere über sie herrschen) auf ein Minimum herabgedrückt ist;
die Sätze, in denen dieser Zustand beschrieben werden kann, sind zwar gegenwärtig nicht „wahr", da diese Sätze das, was heute „wirklich" ist, nicht zutreffend beschreiben; sie werden aber wahr sein dann, wenn das Gemeinwesen einmal jenen
skizzierten Zustand erreicht haben sollte. Da aber dieser Zustand wesentlich mit
der „Selbstbestimmung" des Menschen zu tun hat, müssen wir an der möglichen
Wahrheit jener Sätze festhalten.

Dies ist zwar eine Art Entscheidung; wir treffen sie aber nicht ganz ohne Grün- Begründung für das Postulat der Selbstbestimmung
de. Diese Gründe können wir dadurch ermitteln, daß wir uns überlegen, was
wir – vielleicht ohne es uns einzugestehen – **wollen**, wenn wir „Selbstbestimmung"

als unwesentlich für die Menschheit behaupten wuüden. Wir würden dann beispielsweise die „Manipulation" von Menschen gut heißen, eine Art von Beeinflussung also, die durch deren Vernunft nicht mehr kontrollierbar wäre; das müßte natürlich auch für uns selbst gelten: wir müßten **billigen,** daß wir, ohne unsere eigene Vernunft ins Spiel bringen zu können, zu einem Handeln veranlaßt würden, das nicht wir selbst, sondern andere wollen.

Indessen: Können wir sicher sein, daß das Bild von „Demokratie", das wir uns machen und das die Verwirklichung von Selbstbestimmung sichern soll, diese Verwirklichung in der Zukunft auch wirklich sichert, daß es zweifelsfrei „wahr" ist? Wir können dessen nicht sicher sein, und zwar deshalb nicht, weil unsere Vorstellungskraft im Hinblick auf die Verwirklichung der Zwecke unseres Handelns – auch wenn sie uns vernünftig scheinen – durch unsere eigene historische Lage begrenzt ist; und auch wenn wir diese Begrenzungen,

> „wenn wir die psychologischen Determinanten der Ideologien (denen wir folgen) kennen, wissen wir immer noch nicht, welches die wahre Ideologie (diejenige Vorstellung, in der zweifelsfrei die richtigen Bedingungen für ein vernunftgemäßes Handeln formuliert sind) ist; wir können nur ein paar Hindernisse aus dem Weg räumen, auf dem wir sie suchen."
>
> (ADORNO, Th. W.: Studien zum autoritären Charakter. Frankfurt 1973, S. 16).

Daraus folgt für die Untersuchung, deren Methodologie wir hier zu beschreiben versuchen:

Begründung für die Definition des Erkenntnisgegenstandes – Beschränkung und Möglichkeit von Selbstbestimmung

- Die Orientierungsmarke „Selbstbestimmung" bedeutet für die Autoren nicht, daß sie wußten, wie der Zustand aussehen mußte, in dem sie realisiert wäre. Aber sie bedeutet, daß **Verfahren** bestimmt werden können, in denen eine minimale Bedingung dafür enthalten ist, daß „Selbstbestimmung" gegenwärtig schon, wenngleich nur auf dem Niveau von Vorläufigkeit, realisierbar ist: die Stärkung der rationalen Kräfte im „reifen Charakter" (ADORNO, Th. W., a.a.O., S. 15), d.h. die Fähigkeit, den Manipulationen der Fremdbestimmung möglichst keine Chance zu lassen, das Geschehen zu begreifen, dessen Teil jener Charakter ist, kurz: rationale Diskurse führen zu können (zu diesem Problem vgl. das dritte Kapitel dieser Studieneinheit).
- Die empirische Aufgabe bestünde dann darin, jene Barrieren in den Individuen und den Verhältnissen, unter denen sie leben, ausfindig zu machen, die politische Selbstbestimmung und mithin auch politische Beteiligung blockieren. Die Kenntnis solcher Sachverhalte ist zwar keine hinreichende, aber offenbar doch eine notwendige Bedingung dafür, die Spielräume für eine „soziale Demokratie", also einen Zuwachs an Selbstbestimmung, zu vergrößern.

2.4 Empirische Kontrolle

Nun erst hat das oben zitierte statistische Datum historischen Sinn: Eine „autoritäre Einstellung" kann einerseits als Produkt von gesellschaftlichen Verhältnissen verstanden werden (Neutralisierung der Beteiligungsmöglichkeiten der Bürger); andererseits blockiert sie die Chancen einer Entwicklung auf mehr Selbstbestimmung hin, und zwar sowohl für das Individuum selbst als auch vermutlich für die, auf die das Individuum seine Einstellung erweitern möchte. Womit also – so können wir die Ausgangsfrage des **empirischen Teils** der Studie formulieren – müssen wir im Hinblick auf künftige politische Entwicklungen rechnen? Genauer: wie ist das politische Bewußtsein eines Teils der heranwachsenden Generation, mithin deren Disposition zu politischen Wertungen, Entscheidungen und Handlungen in Richtung auf Vermehrung der Selbstbestimmung strukturiert? [Ausgangsfrage für die empirische Studie]

Die Fragestellung legt es nahe, mit dem methodischen Instrument der **Befragung** zu arbeiten. Um dieses Instrument konstruieren zu können – d. h. um zu sichern, daß die Fragen des Interviews wirklich auch die für das Problem entscheidenden Merkmale des Bewußtseins der Befragten treffen – sind wiederum theoretische Überlegungen nötig. [Dimensionen des politischen Bewußtseins]

Die wichtigste davon betrifft die Frage, in welchen Begriffen das „politische Bewußtsein" beschrieben werden soll, damit die Beschreibung (die Auswertung der Interviews) für eine geschichtlich bedeutsame Prognose verwendet werden kann. Die Autoren formulieren diese Frage so:

Wie müßte das politische Bewußtsein beschaffen sein, damit wir berechtigt wären, „den heute erkennbaren, das politische Verhalten bestimmenden Dispositionen eine gewisse Kraft auch noch in Situationen der Krise zuzutrauen"; wie müßte es beschaffen sein, wenn es „einen drohenden Übergang der parteienstaatlichen Massendemokratie in eine wie immer geartete Form des Obrigkeitsstaates" verhindern soll (S. 58)?

Um der Beantwortung dieser Frage mit Hilfe der empirischen Untersuchung näher zu kommen, wird nur „politisches Bewußtsein" näher bestimmt: Es werden diejenigen Merkmalsgruppen (Dimensionen) zusammengefaßt, die einerseits dem theoretischen und geschichtspraktischen Interesse der Autoren entsprechen, andererseits aber auch zur Konstruktion eines Fragebogens oder Interview-Leitfadens tauglich sind. In diesem Sinne bestimmen (definieren) die Autoren den Begriff „politisches Bewußtsein" in drei Dimensionen (hier als Fragen formuliert):

- Welche Bereitschaft zu politischem Engagement (**politischer Habitus**) zeigen die Befragten?
- Wie ist ihre Einstellung zum demokratischen System (**politische Tendenz**)?

- Über welchen Fundus zugrundeliegender weltanschaulicher Motive, den gesellschaftlichen Zusammenhang betreffend, verfügen sie (**Gesellschaftsbild**)?

Der politische Habitus

Mit Hilfe einer Reihe von Fragen zu jeder der drei Dimensionen sollte nun ermittelt werden, ob sich typische Grundmuster politischen Bewußtseins finden lassen.

Beispielsweise lautete eine der Fragen, die auf den **politischen Habitus** zielten:

„Kann man eigentlich die Welt verbessern; glauben Sie, daß alle Menschen glücklich und ohne Not leben könnten, oder wird es, wie die Menschen nun mal beschaffen sind, im Grunde immer bleiben wie jetzt? Liegt das in erster Linie an der Natur der Menschen oder mehr an den gesellschaftlichen Verhältnissen, in denen sie leben?"

Je nachdem wie die Antwort auf diese und ähnliche Fragen ausfiel, wurde die Antwort einem Typus auf einer Skala zwischen den Extrempunkten „Die Unpolitischen" und „Die Politisch Engagierten" zugeordnet.

Die politische Tendenz

Analog wurde mit der Dimension „**politische Tendenz**" verfahren: Auch hier haben die Autoren mit dem Konstrukt einer Skala politischer Einstellungen operiert, die sich von den „genuinen Demokraten" über die „formalen Demokraten" bis zu den „Autoritären" erstreckt. So wurde mit Hilfe der Interviewfragen ermittelt, wie weit die Befragten elitäre oder obrigkeitliche Lösungen bevorzugten (die Autoritären) bzw. eine Lösung gesellschaftlicher Probleme eher durch fortschreitende Demokratisierung sozialer Institutionen erwarteten (genuine Demokraten).

Das Gesellschaftsbild

Die je besondere Intensität des politischen Engagements (Habitus) und die politisch-inhaltliche Richtung auf ein Mehr oder Weniger an Demokratie hin, die dieses Engagement nimmt (Tendenz), wird nun – nach der Annahme der Autoren – gestützt oder korrigiert durch die Vorstellungen, die die Befragten vom Funktionieren des gesellschaftlichen Zusammenhanges haben (**Gesellschaftsbild**). Sind die „Gesellschaftsbilder" der Befragten ermittelt, dann läßt sich nach dem **Grad der Übereinstimmung zwischen Habitus, Tendenz und Gesellschaftsbild** fragen. Ist die Übereinstimmung hoch, dann kann man die Prognose riskieren, daß das sich darin ausdrückende „politische Potential" auch bei sich ändernden gesellschaftlichen Zuständen handlungsrelevant bleiben wird, d. h. man hat denjenigen Anteil an der befragten Stichprobe ermittelt, der – beispielsweise – aus den relativ „verläßlichen" Demokraten einerseits und den relativ „verläßlichen" Autoritären andererseits besteht, den „harten Kern" gleichsam des politischen Handelns. (In der vorliegenden Studie wurden so ca. 9 % Demokraten und 16 % Autoritäre ermittelt). In der historischen Deutung wurde herausgestellt, daß das Bewußtsein eines Subjektes nicht als gleichsam letztes Datum genommen werden dürfte, daß vielmehr solches Bewußtsein unter dem Eindruck von Verhältnissen sich bildet, in denen das Individuum heranwächst und agiert. In die empirische

Sozialdaten als Bedingungen des politischen Bewußtseins

Studie geht diese Komponente des Untersuchungsinteresses dadurch mit ein, daß nicht nur Bewußtseinsdaten abgefragt werden, sondern ebenso Informationen zur sozialen Lage der Befragten, zu ihrer Biographie, ihrer zu erwartenden beruflichen Stellung. Hat man also bei der Analyse der Bewußtseinsdaten herausbekommen, wie groß beispielsweise die Gruppe der „genuinen Demokraten" ist, die gleichzeitig politisch engagiert sind und über ein an sozialer Gleichheit orientiertes Gesellschaftsbild verfügen, dann läßt sich jetzt auch noch die Frage beantworten, unter welchen besonderen sozialen Bedingungen gerade dieser Typus vermutlich sich bildet.

Es scheint einleuchtend, daß eine solche Anlage wissenschaftlicher Forschungen, in der historische Analyse, kategoriale Reflexion und empirische Kontrolle sich verbinden, auch für die pädagogische Forschung mindestens nützlich ist:

<small>Bedeutung kritischer Methode für die Pädagogik</small>

- Der Bildungsprozeß im Ganzen und jedes einzelne Ereignis in seinem Zusammenhang ist ein möglicher Gegenstand empirisch kontrollierter Erfahrung (das „Bewußtsein" des Kindes oder Jugendlichen; deren Einstellung und Handlungsweisen; ihre Beziehungen zu den erziehenden Erwachsenen; die Erwartungen, die an sie gerichtet werden; die sozialen Bedingungen, denen sie ausgesetzt sind usw.);
- die Momente dieses Bildungszusammenhanges haben allesamt eine Vergangenheit, haben Bedeutung in einem weiteren Kontext geschichtlich gewordener Verhältnisse und also auch eine in ihren Möglichkeiten zu kalkulierende geschichtliche Zukunft;
- sie sind schließlich allenthalben durchsetzt mit normativen Orientierungen und Entscheidungen, die zwar einerseits geschichtliche Besonderheiten sind, immer aber auch eine prinzipielle Komponente haben, schon deshalb, weil der Umgang mit Kindern nicht nur „opportune", sondern „wahre" Entscheidungen verlangt.

Aufgabe 5

Stellen Sie sich – möglichst mit Ihren Kommilitonen und Ihrem Mentor im Studienzentrum* – eine alltägliche pädagogisch relevante Situation vor (z. B.: Ein sechzehnjähriges Mädchen beklagt sich bei einer Freundin darüber, daß ihre Eltern von ihr erwarten, daß sie nach dem Besuch einer Diskothek spätestens um 23 Uhr zu Hause sein solle; oder andere Situationen).

---

* Die FernUniversität Hagen verfügt über mehrere regionale Studienzentren, in denen zusätzliche Betreuungsangebote vorgehalten werden.

Prüfen Sie dann, ob für das Verständnis und die Beurteilung dieser Alltagssituation – auch ohne daß daraus gleich ein Problem für die erziehungswissenschaftliche Forschung gemacht wird – die drei Komponenten der wissenschaftlichen Methode in Anspruch genommen werden können (oder gar ohnehin schon immer in Anspruch genommen werden):

1) „War das schon immer so?" oder: Wie ist es zu Situationen dieser Art gekommen?
2) Ist in der Situation – in den Erwartungen des „Educandus", in den Erwartungen der Erwachsenen/Erzieher – etwas enthalten, das einen Anspruch auf unbedingte Geltung erheben kann und, wie ist diese Geltung vor dem „Educandus" (der Jugendlichen) zu vertreten?
3) Welche empirischen Hypothesen (oder Prognosen über die Folgen eines Verhaltens) hat der „Educandus" (die Jugendliche) und haben die Erwachsenen/Erzieher; welche Tatsachen machen sie für ihre jeweilige Meinung geltend?

Utopie und Ideologie: Zur Normativitätsproblematik

3.1 Fragestellung

Jedes Erziehungshandeln ist ein zielgerichtetes Handeln und enthält somit einen Vorgriff auf die Zukunft. Ohne einen solchen Vorgriff, ohne Antizipation wenigstens des nächsten Lernschrittes, ohne eine normative Gerichtetheit kommt so etwas wie ein Erziehungsvorgang **nicht zustande.** Die konkreten Ziele, an denen sich das Erziehungshandeln orientiert, können sich freilich wandeln. Im Laufe der Geschichte und von Kultur zu Kultur, ja von einer sozialen Gruppe zur anderen haben sich immer wieder und noch dazu auf wechselnden Stufen der Konkretion andere Erziehungsziele bewußt oder unbewußt Geltung verschafft. Solange die Entscheidung für das eine oder das andere der möglichen Erziehungsziele noch wie von selbst und ungebrochen von statten geht, durch Tradition, Sitte, Religion als hinreichend legitimiert erscheint, gibt es kein Normativitätsproblem. Das Normativitätsproblem entsteht erst in dem Augenblick, in dem solche Legitimationsbestände zerbröckeln, in Zweifel gezogen werden und nach anderen Begründungen gesucht wird. Das Normativitätsproblem in der Erziehung ist so gesehen das Problem der Legitimation von Erziehungszielen. Es läßt sich in die Frage kleiden: „Wie kann ich das Ziel meines erzieherischen Handelns und mithin dieses selbst rational rechtfertigen?"

3.2 Der normative Bezugspunkt

Das Erziehungshandeln verlangt nicht nur einen Vorgriff auf den nächsten Lernschritt, sondern darüber hinaus einen Vorgriff auf alle weiteren Lernschritte und schließlich sogar einen Vorgriff auf die gesellschaftliche Wirklichkeit, in der das heranwachsende Subjekt einmal leben soll. Das Ziel der Erziehung, wie es auch

Vorgriff auf einen zukünftigen gesellschaftlichen Zustand

definiert sein mag, enthält immer eine Vorstellung von dem zukünftigen gesellschaftlichen Zustand. Dieser zukünftige gesellschaftliche Zustand kann als eine Art Fortsetzung der Gegenwart, als Verlängerung all dessen, was man schon kennt, begriffen werden. Der Nachweis der Legitimität eines Erziehungsziels wäre dann zugleich auch der Nachweis der Legitimität der bestehenden Verhältnisse. Wenn die bestehenden Verhältnisse als legitim nachgewiesen sind, dann braucht eine vernünftige Erziehung das heranwachsende Subjekt nur zu veranlassen zu tun, was ihm von diesen Verhältnissen vorgeschrieben und auferlegt wird. Das ist der Fall beim Typus der sogenannten ‚traditionsgeleiteten Gesellschaften'.

Von dem dort dominierenden Begründungstyp für Erziehungsziele unterscheidet sich der Begründungstyp, den man in der Pädagogik der Kritischen Theorie wiederfindet. Der zukünftige Zustand, an dem sich das Erziehungshandeln orientiert, wird hier nicht als eine bloße Verlängerung der Gegenwart begriffen, sondern als etwas ganz anderes, als etwas, das noch nie da war, als Utopie. Mit welchen Argumenten aber kann man dem Verdacht beggnen, der anvisierte bessere Zustand sei nur ein Phantasiegebilde und als solches selber nur eine ins positive Gegenteil gewendete und in die Zukunft verlängerte gegenwärtige Erfahrung?

Die Orientierung des Erziehungshandelns an einer Utopie

Die Theorie von KARL MARX liefert ein frühes Beispiel für die Orientierung des Handelns an einem zukünftigen besseren Dasein. Dieses zukünftige bessere Dasein haben sich MARX und ENGELS vorgestellt als

> „Assoziation, worin die freie Entwicklung eines jeden die Bedingung für die freie Entwicklung aller ist."
> (MARX, K./ENGELS, F.: Manifest der Kommunistischen Partei. In: MARX, K./ENGELS, F.: Werke. Bd. 4, Berlin 1972, S. 482)

MARX und ENGELS glaubten noch, dieses Ziel als ein notwendiges Resultat der Geschichte nachweisen zu können. Nach ihrer Analyse sollten die Bewegungsgesetze des Kapitals, der „ökonomische Mechanismus" die bestehende Gesellschaft gleichsam automatisch in den vernünftigen Zustand überführen. Die Vertreter der Kritischen Theorie jedoch haben den Glauben an die, wie es ADORNO formulierte, „zwangsläufige Befreiung vom Zwang der Herrschaft" (ADORNO, Th. W.: Negative Dialektik. Frankfurt 1966, S. 314) nicht mehr teilen können. Was für MARX und ENGELS noch wissenschaftlich verbürgt erschien, ist für sie nur noch eine schwache, freilich unausrottbare Hoffnung. Die Hoffnung richtet sich auf etwas, das noch unbekannt und nicht unvorhersehbar ist, auf, wie ADORNO es bisweilen nennt, das „Neue". Es bleibt notwendig abstrakt. Die Kategorie des „Neuen" ist bei ADORNO eine Leerstelle. Sie ist bestimmt mehr durch die Negation dessen, was nicht mehr sein soll, als durch positive Merkmale. Selbst die beste Phantasie wäre nicht in der Lage, sich das wirklich „Neue" vorzustellen. Sie bliebe

Die Kategorie des „Neuen" bei Adorno

noch in ihren kühnsten Flügen an die Gegenwart als ihren negativen Brennpunkt gekettet.

„Das bis heute gefesselte Bewußtsein ist wohl des Neuen nicht einmal im Bilde mächtig, es träumt vom Neuen, aber vermag das Neue selbst nicht zu träumen." (ADORNO, Th. W.: Ästhetische Theorie. Frankfurt 1973, S. 354)

Wer das Neue konkretisiert, den vernünftigen besseren Zustand ausmalt, vielleicht um dem Einwand zu begegnen, er wisse nicht, was er wolle, verrät nach ADORNO die Utopie an den Kitsch, verwandelt die Hoffnung in Ideologie. Wenn es aber nicht möglich ist, den vernünftigen besseren Zustand antizipierend zu beschreiben, dann ist es auch nicht möglich, die Entwicklung zu prognostizieren, die vielleicht zu diesem Zustand führt. Jede Prognose setzt ja voraus, daß die Bedingungen, unter denen sie gemacht wurde, gleich bleiben; wenn sie sich ändern würden, würde die Prognose nicht mehr gelten können. Mit dem erwähnten besseren Zustand aber würden gerade die Bedingungen sich verändern, unter denen die Herbeiführung dieses Zustandes prognostiziert wurde. Die Prognose könnte dann paradoxerweise, genau in dem Augenblick, in dem sie sich erfüllt, nicht mehr gelten.

Die Unmöglichkeit, die Entwicklung zu einem zukünftigen besseren Dasein zu prognostizieren

3.3 Die Begründung

Wie wenig auch eine von der Gegenwart qualitativ unterschiedene bessere Zukunft antizipiert und die Entwicklung dahin vorhergesehen werden kann, wie sehr das Neue also ungewiß und vage bleibt, auf eine Orientierung des praktischen Verhaltens haben die Vertreter der Kritischen Theorie deshalb nicht verzichtet. Sie orientieren sich – nicht anders als die Väter des Historischen Materialismus – an der im Ursprung bürgerlichen „Idee einer künftigen Gesellschaft als der Gemeinschaft freier Menschen" (HORKHEIMER, M.: Traditionelle und kritische Theorie. In: ders.: Traditionelle und kritische Theorie – vier Aufsätze. Frankfurt/M. 1970, S. 36)

Nur: wie läßt sich die Orientierung des Handelns an dieser Idee überhaupt begründen, wenn diese Idee weder konkret beschrieben noch ihre Verwirklichung prognostiziert werden kann? Die bloße Tatsache, daß jemand sich an dieser Idee orientiert, ist ja noch kein Grund dafür, daß diese Orientierung auch vernünftig, notwendig und möglich ist.

HEGEL, auf den sich die Vertreter der Kritischen Theorie immer wieder berufen haben, hat sehr früh schon eine Begründung für die Orientierung an dieser Idee geliefert. Er hat gezeigt, daß jedes Individuum im Interesse seiner eigenen Entwicklung Wert darauf legen muß, daß auch sein Gegenüber sich frei entwickeln kann. Ohne das gegenseitige Zugeständnis von Entwicklungsmöglichkeiten, postulierte HEGEL, können Individuen sich gar nicht bilden. Sie konstituieren sich als individuelle und einmalige erst im Prozeß reziproker Anerkennung. Jedes Individuum ist, was es ist, allein durch die von seiner Anerkennung ihrerseits abhängige Identität des Anderen, der es anerkennt. Sollen Individuen sich bilden, dann müssen sie sich gegenseitig anerkennen als „gegenseitig sich anerkennend". Dieses, wie HEGEL es nannte, „sittliche Verhältnis" der Subjekte zueinander wurde in der Kritischen Theorie zum fundamentalen Maßstab, zum regulativen Prinzip sowohl für das theoretische wie für das praktischen Verhalten.

Das sittliche Verhältnis der Subjekte zueinander

HABERMAS hat in jüngster Zeit die Begründung des regulativen Prinzips noch weiterentwickelt. Er hat es in Zusammenhang gebracht mit der idealen Sprechaktstruktur der Rede und zu zeigen versucht, daß die „Idee der Gleichverteilung der Entfaltungsmöglichkeiten" eine „ideale Sprechsituation" und diese wiederum die Idee einer herrschaftsfreien Lebensform impliziert. Die „ideale Sprechsituation" ist zunächst charakterisiert durch die Zurechnungsfähigkeit der Subjekte. Alle, die sich in der „idealen Sprechsituation" begegnen, wissen, was sie sagen, und sind fähig, dies, wenn sie danach gefragt werden, auch zu rechtfertigen. Man könnte sagen, die Subjekte in der idealen Sprechsituation verhalten sich rational.

Merkmale der idealen Sprechsituation

Die ideale Sprechsituation ist darüber hinaus charakterisiert durch die symmetrische Verteilung von Kommunikationschancen. In der idealen Sprechsituation hat jeder die gleiche Möglichkeit, Sprechakte zu wählen, alle können dran kommen, wenn auch nicht auf einmal, so doch nacheinander. Keine Äußerung soll auf die Dauer von der Kommunikation ausgeschlossen bleiben. Unter solchen Bedingungen ist die Verständigung allgemein und ungezwungen. Die ideale Sprechsituation existiert allerdings nicht wirklich, sondern nur in Form einer Unterstellung, die der Sprecher vornimmt (kontrafaktisch). Immer wenn wir in einen Prozeß der Verständigung eintreten, **unterstellen** wir lediglich die ideale Sprechsituation:

Die „ideale Sprechsituation" als kontrafaktische Unterstellung

- wir unterstellen, daß der jeweils andere, mit dem wir uns verständigen wollen, weiß, was er sagt und dies auch begründen kann, also zurechnungsfähig ist, und
- wir unterstellen, daß er die gleichen Chancen hat wie wir, sich an der Kommunikation zu beteiligen.

Schon mit dem ersten Satz, den wir zum Zweck der Verständigung äußern, nehmen wir diese Unterstellung vor. Wir tun mit jedem Sprechakt so, als sei die „ideale Sprechsituation" Wirklichkeit, obwohl sie es gar nicht ist. Auf dieser unvermeidlichen kontrafaktischen Unterstellung beruht die Humanität des Umgangs unter

Menschen, die sich wie Menschen und nicht wie Gegenstände zueinander verhalten. Ohne die kontrafaktische Unterstellung einer „idealen Sprechsituation" wäre humane Verständigung nicht möglich.

Die ideale Sprechsituation als kontrafaktische Bedingung jeder Verständigung wird bei HABERMAS zum Maßstab der Kritik an den faktischen Sprechsituationen. Sie bildet eine Art normative Folie, auf der die Erscheinungsformen verzerrter Kommunikation wahrgenommen werden können. Aber die ideale Sprechsituation ist nicht nur Maßstab der Kritik, sondern auch der normative Bezugspunkt, an dem sich das eigene Handeln orientieren soll. Mit der normativen Orientierung an der „idealen Sprechsituation", der uneingeschränkten und herrschaftsfreien Kommunikation, bleibt HABERMAS ganz in der Tradition, der die Kritische Theorie insgesamt verpflichtet ist. Er gibt der in ihrem Ursprung bürgerlichen „Idee einer künftigen Gesellschaft, als Gemeinschaft freier Menschen", die bei MARX in der Formulierung vom „wahren Staat" wiedererscheint und deren Verwirklichung HORKHEIMER bisweilen als den „vernünftigen Zustand" bezeichnet hat, nur eine kommunikationstheoretische Fassung.

Aber HABERMAS begnügt sich nicht mit der bloßen Neuformulierung einer alten Idee. Die Neuformulierung war nur die notwendige Vorbereitung für seine „Universalpragmatik" (HABERMAS, J.: Was heißt Universalpragmatik? In: APEL, K.-O. (Hrsg.): Sprachpragmatik und Philosophie, Frankfurt 1976) oder seiner „Theorie der kommunikativen Kompetenz". In dieser Theorie versucht HABERMAS im Rückgriff auf die Sprechakttheorie von AUSTIN und SEARLE, die „universalen Bedingungen möglicher Verständigung" und das heißt auch die universalen Bedingungen der idealen Sprechsituation zu identifizieren. Er formuliert diese universalen Bedingungen möglicher Verständigung in Gestalt von vier Geltungsansprüchen, die jeder kommunikativ Handelnde im Vollzug eines beliebigen Sprechaktes erheben muß. Jeder, der sich verständigen will, muß danach beanspruchen, daß

- die verwendeten Sätze verständlich,
- die mitgeteilten Aussagen wahr,
- die zum Ausdruck gebrachten Intentionen wahrhaftig
- und die gewählten Äußerungen richtig sind.

Stellen Sie sich vor, eine Kindergärtnerin äußert gegenüber dem fünfjährigem Ralf, kurz nachdem dieser mit einem Messer erst den Tisch, dann die hölzerne Türverkleidung angeschnitzt hat, u. a. folgenden Satz: „Ich möchte, daß du nie wieder ein Messer mitbringst."

Wenn die Kindergärtnerin sich verständigen will, dann erhebt sie mit diesem Satz zugleich folgende vier Geltungsansprüche:

1. *Der Satz soll verständlich sein, damit ihn der Junge, an den er gerichtet ist, verstehen kann. Er wird ihn verstehen können, wenn er die gleiche Sprache spricht wie die Kindergärtnerin, also die gleichen grammatischen Regeln beherrscht.*
2. *Die Aussage, die der Satz mitteilt, sein propositionaler Gehalt, soll wahr sein, damit der fünfjährige Ralf das Wissen der Kindergärtnerin teilen kann. Der Satz ist wahr, wenn der Vorgang, auf den sich der Satz indirekt bezieht, wirklich stattgefunden hat. Die Aussage ist, kurz gesagt, wahr, wenn es zutrifft, daß Ralf das Messer tatsächlich mitgebracht hat.*
3. *Die in dem Satz zum Ausdruck gebrachte Intention soll wahrhaftig sein, damit Ralf der Kindergärtnerin vertrauen kann. Die von der Kindergärtnerin geäußerte Intention ist dann wahrhaftig, wenn sie sich deckt mit dem, was sie wirklich meint. Die Kindergärtnerin darf, wenn ihre Intention wahrhaftig sein soll, den Wunsch nicht äußern, weil z. B. eine Mutter zuhört, sondern weil sie wirklich wünscht, daß Ralf nie wieder ein Messer mitbringt. Wahrhaftig ist der Wunsch der Kindergärtnerin, wenn sie weder sich noch andere täuscht.*
4. *Die Äußerung soll richtig sein, so daß Ralf mit der Kindergärtnerin in Anerkennung eines vorausgesetzten normativen Hintergrundes übereinstimmen kann. Die Äußerung der Kindergärtnerin ist richtig, wenn sie dem institutionellen und situativen Kontext des Kindergartens angemessen ist, wenn sie, so könnte man sagen, zu dem von allen anerkannten Stil paßt. Die Äußerung wäre unrichtig, wenn in dem Kindergarten der Umgang mit mitgebrachten Werkzeugen aller Art, einschließlich der Messer, zum bewährten Erziehungskonzept gehört.*

Diese vier Geltungsansprüche: Verständlichkeit, Wahrheit, Wahrhaftigkeit und Richtigkeit muß jeder erheben, der sich verständigen will. Aber es genügt nicht, diese vier Geltungsansprüche nur zu **erheben.** Wenn Verständigung stattfinden soll, dann müssen alle beteiligten Subjekte **anerkennen,** daß die vier Geltungsansprüche auch **zu Recht** erhoben werden, d. h. entweder bereits eingelöst sind oder eingelöst werden können. Die gemeinsame Anerkennung der Rechtmäßigkeit der vier Geltungsansprüche ist die vorausgesetzte Basis jeder Verständigung. Sobald auch nur die Rechtmäßigkeit eines dieser vier Geltungsansprüche in Frage gestellt wird, ist diese Basis zerbrochen. In unserem Beispiel käme ein solcher Bruch zustande, wenn Ralf, anstatt die Äußerung der Kindergärtnerin und die damit verknüpften Geltungsansprüche zu akzeptieren, behaupten würde:

„Ich habe gar kein Messer mitgebracht!"

Mit dieser Behauptung würde Ralf die Rechtmäßigkeit des Wahrheitsanspruches in der Äußerung der Kindergärtnerin in Frage stellen. Genauso gut könnte er auch die Rechtmäßigkeit aller anderen Geltungsansprüche problematisieren, z. B. mit folgenden Äußerungen.

- „Was meinst du mit ‚Messer'?"
- „Das glaube ich dir nicht, denn du möchtest, daß ich das Messer mitbringe, damit du es mir verbieten kannst."
- „Ich darf aber ein Messer mitbringen!"

Im ersten Fall würde Ralf die Rechtmäßigkeit des Anspruchs auf Verständlichkeit, im zweiten die des Anspruchs auf Wahrhaftigkeit und im dritten die des Anspruchs auf Richtigkeit in der Äußerung der Kindergärtnerin in Frage stellen. Wenn Ralf wirklich diese oder entsprechende Sätze äußert, bleiben der Kindergärtnerin zwei Reaktionsmöglichkeiten. Entweder sie verzichtet auf weitere Verständigung und besteht z. B. unter Einsatz all ihrer zur Verfügung stehenden Disziplinierungsmittel und ohne Rücksicht auf Ralfs Einwände auf der Erfüllung ihres Wunsches, oder aber sie tritt in den von Ralf eröffneten Diskurs ein und versucht über eine argumentative Prüfung der in Frage gestellten Geltungsansprüche das verlorengegangene Einverständnis wiederherzustellen. Aber läßt sich ein verlorengegangenes Einverständnis argumentativ überhaupt wiederherstellen? Müssen die beteiligten Subjekte nicht immer befürchten, daß der im Diskurs herbeigeführte Konsens vielleicht eine Täuschung ist? Wie sollen sie am Ende einen „wahren" von einem „falschen" Konsens unterscheiden?

Die argumentative Prüfung problematisierter Geltungsansprüche im Diskurs

HABERMAS weist nun darauf hin, daß die Herbeiführung eines wahren Konsensus über problematisch gewordene Geltungsansprüche eine Situation voraussetzt, in der die „Kraft des besseren Argumentes" sich ohne Einschränkung durchsetzen kann. Dies ist nur der Fall in der „idealen Sprechsituation". Jeder Konsens, der unter ihren Bedingungen erzielt wird, kann deshalb als wahrer Konsens gelten. Wenn wir also einen wahren Konsens erzielen wollen, dann müssen wir die „ideale Sprechsituation" unterstellen, d. h. ihre Verwirklichung kontrafaktisch vorwegnehmen.

Die Herbeiführung eines wahren Konsens

„Der Vorgriff auf die ideale Sprechsituation ist Gewähr dafür, daß wir mit einem faktisch erzielten Konsens den Anspruch auf wahren Konsens verbinden dürfen." (HABERMAS, J.: Vorbereitende Bemerkungen zu einer Theorie der kommunikativen Kompetenz. In: HABERMAS, J./LUHMANN, N.: Theorie der Gesellschaft oder Sozialtechnologie. Frankfurt 1971, S. 136)

An dieser Stelle des Gedankenganges wird die Bedeutung erkennbar, die die regulative Idee der „idealen Sprechsituation" für die Legitimation von Erziehungszielen und pädagogischen Handlungsnormen hat. Mit ihr ist die Bedingung der

Möglichkeit formuliert, unter der Subjekte Geltungsansprüche problematisieren und durch diese Problematisierung hindurch zu einem neuen ‚wahren' Konsens gelangen können. Wenn durch Erziehung ‚diskursfähige' und ‚konsensfähige' Subjekte und nicht abgerichtete Organismen hervorgebracht werden sollen, dann muß für das Erziehungshandeln die „ideale Sprechsituation" real antizipiert werden. Ohne diese reale Antizipation der idealen Sprechsituation im Erziehungsgeschehen müßte die Herausbildung eines diskursfähigen Subjektes durch eben dieses Erziehungsgeschehen ein Mysterium bleiben. Wie sollte sich auch ein diskursfähiges Subjekt bilden, wenn die Bedingung der Möglichkeit dafür nicht besteht? Die „ideale Sprechsituation" muß deshalb real im Erziehungsgeschehen präsent sein, wenn daraus ein ‚diskursfähiges' und ‚konsensfähiges' Subjekt hervorgehen soll. Die „ideale Sprechsituation", die zwanglose und herrschaftsfreie Verständigung zwischen zurechnungsfähigen Subjekten, kann allerdings auch in der pädagogischen Interaktion präsent nur sein in Gestalt einer kontrafaktischen Unterstellung, die der Erwachsene in der Rolle des handelnden Pädagogen vornimmt. Der Erwachsene, der die ideale Sprechsituation in seinem pädagogischen Handeln antizipiert, muß gegenüber dem Heranwachsenden **so tun, als ob** dieser die gleichen Chancen habe, Sprechakte zu wählen und auszuüben wie er selbst und das vernünftige Subjekt schon sei, das er erst werden soll. Dieses „Tun als ob" darf nicht als ein Akt der Täuschung mißverstanden werden. Es ist vielmehr eine notwendige Bedingung dafür, daß vernünftige ‚diskurs-' und ‚konsensfähige' Subjekte sich bilden können. Im Kontrast zu der Unterstellung einer „idealen Sprechsituation" im Erziehungsgeschehen steht die Unterstellung eines Kompetenzgefälles zwischen Erwachsenem und Kind. Die Unterstellung einer, wenn man so will, naturnotwendigen Unterlegenheit des einen, des kindlichen Partners, ist konstitutiv für alle Erziehungshandlungen. Ohne diese Unterstellung würde Erziehung weder möglich noch notwendig erscheinen. Wenn ein *Pädagoge* Kinder zu ‚diskurs- und ‚konsensfähigen' Subjekten erziehen will, muß er ihnen deshalb nicht nur Zurechnungsfähigkeit und gleiche Beteiligungschancen wie sich selbst unterstellen, er muß zugleich auch unterstellen, daß ihre Zurechnungsfähigkeit, verglichen mit der seinen, begrenzt und ihre Beteiligungschancen an der gemeinsamen Interaktion gemindert sind. Mit der Unterstellung einer beschränkten und noch unfertigen kindlichen Kompetenz kann der Erwachsene dann auch seine autoritativen Maßnahmen begründen. Sie erlaubt ihm, den Kindern auf legitime Weise zumindest partiell ihre Verantwortlichkeit abzusprechen und stellvertretend für sie zu handeln, und zwar solange, bis das Kompetenzgefälle zwischen ihm und ihnen eingeebnet ist und die Kinder das geworden sind, was sie nach seinem Willen werden sollten: kompetente Erwachsene.

Für die Beschreibung und Beurteilung von Erziehung – so wollen wir noch einmal zusammenfassen – bedeutet dies:

- Erziehung kann sich nicht gleichsam routinemäßig auf die Einlösbarkeit der in der Kommunikation gesetzten Geltungsansprüche durch den kindlichen Partner verlassen.
- Der Erziehungsprozeß kann nicht unmittelbar am (sprachphilosophisch gewonnenen) Maßstab der idealen Sprechsituation gemessen und dadurch kritisiert werden.
- In der Erziehung und ihrer Kritik muß vielmehr den empirischen Bedingungen der Entwicklung bzw. des Erwerbs kommunikativer Kompetenz (Ontogenese) systematisch und bewußt Rechnung getragen werden.

Die Interaktion des Erwachsenen mit dem Kind muß sich also unter anderem dadurch legitimieren, daß er den individuellen Bildungsprozeß in dieser fundamentalen Dimension des Erwerbs kommunikativer Kompetenz fördert; er muß die Verantwortung vor der „Idee der Kommunikationsgemeinschaft" (APEL*) stellvertretend für das Kind wahrnehmen.

Der Erwerb der „Vernunft" kann aber ebenso offenbar nicht in der Form autoritativer Belehrung oder nur konditionierender Verhaltenssteuerung durch den Wissenden/Könnenden erfolgen, sondern letztlich allein durch teilnehmende Einübung in Diskurse – so brüchig diese auch in der Erziehungspraxis gelingen mögen. Erziehung hätte dann mit einem Widerspruch umzugehen, ohne ihn auflösen zu können:

- Einerseits müßte sie auf Grund der unentwickelten kommunikativen Kompetenz des Kindes die in der ablaufenden Kommunikation enthaltenen Geltungsansprüche und die Unterstellung ihrer Einlösbarkeit durch das Kind systematisch in Frage stellen – und damit auch seine soziale Verantwortlichkeit suspendieren oder relativieren. Insofern enthält Erziehung ein unvermeidbares und legitimes autoritatives Element, das aber seine Grenze findet am Grad der Entfaltung der kommunikativen Kompetenz des Kindes.
- Andererseits müßte Erziehung – um des Gelingens des Bildungsprozesses willen – den kommunikativen Vernunftsanspruch in der faktischen Interaktion mit dem Kinde aufrechterhalten. Insofern enthält legitimierbare Erziehung notwendig ein egalitäres Element (als virtuelle Aufhebung der Herrschaft der Erwachsenen über die Kinder).

---

* APEL, K.-O. (1973). *Transformation der Philosophie. Band 2: Das Apriori der Kommunikationsgemeinschaft.* Frankfurt a. M.: Suhrkamp.

Aufgabe 6

In einem vorschulischen Erziehungsfeld ist folgende Interaktion zwischen Erwachsenen und Kindern beobachtet und aufgezeichnet worden:

Unter den Kindern herrscht Unklarheit und Uneinigkeit darüber, was geschehen soll. Die einen wollen heraus auf die Schillerwiese, die anderen wollen in der Spielstube bleiben und wieder andere scheinen unentschieden. Da sagt die Bezugsperson zu den Kindern:

„Ja, guckt mal, die anderen wissen doch noch nicht, was sie wollen. Ihr müßt sie jetzt erst fragen und dann gemeinsam beschließen."

Ein Kind zu einem anderen:

„Och, wir machen nicht, was die (die Bezugsperson) sagt."

Bezugsperson:

„Ihr sollt ja auch nicht machen, was wir sagen, sondern ihr sollt die anderen Kinder fragen!

Eines der Kinder:

„Bla, bla bla bla …"

1) Versuchen Sie die Erziehungsziele zu formulieren, an denen sich die Bezugsperson offenbar orientiert.
2) Wie könnte die Bezugsperson, wenn sie gefragt würde, ihr Erziehungsziel auf eine überzeugende Weise begründen?
3) Vergleichen Sie das wirkliche Verhalten der Bezugsperson, die Art ihrer sprachlichen Äußerungen, mit ihrem Erziehungsziel.

Beurteilen Sie das Verhalten der Bezugsperson!
(Hinweis: Wenn Ihnen der Zugang zur Lösung dieser Aufgabe schwer fällt, dann hilft es vielleicht, wenn Sie Ihre Aufmerksamkeit auf die Paradoxie lenken, die in der Aufforderung liegt: „Ihr sollt … nicht machen, was wir sagen, sondern Ihr sollt …").

Kurseinheit 3: Die Rezeption der Kritischen Theorie durch die Erziehungswissenschaft

Inhaltsverzeichnis

Literaturverzeichnis 142

Lernziele 144

0 Einleitung 145
1 Erziehung als Interaktion 147
   1.1 Die Struktur interpersonellen Handelns 147
   1.2 „Gestörte" Interaktion 151
   1.3 Die sozialen Kontexte der pädagogischen Interaktion 156
2 Der Versuch einer „kritischen Didaktik" 161
   2.0 Zum Terminus „Didaktik" 161
   2.1 Kritische Didaktik – 1. Abgrenzung 162
   2.2 Kritische Didaktik – 2. Abgrenzung 163
   2.3 Kritische Didaktik – 3. Abgrenzung 163
   2.4 Kritische Didaktik – 4. Abgrenzung 165
3 Methodologie einer kritischen Erziehungswissenschaft 171
   3.1 Die Interessengebundenheit wissenschaftlicher Theorien (HABERMAS) 172
   3.2 Erkenntnisinteresse in der Erziehungswissenschaft: Versuch der Interpretation von Empirie, Hermeneutik und Ideologiekritik (KLAFKI) 175
   3.3 Handlungsforschung 178
      3.3.1 Handlungsforschung als kritische Methode 178
      3.3.2 Handlungsforschung als innovatorische Problemlösung (KLAFKI) 180
      3.3.3 Kritik der „kritischen" Handlungsforschung 183

Literaturverzeichnis*

Einführende Literatur

APEL, K. O.: Artikel „Hermeneutik", in: Chr. WULF (Hrsg.): Wörterbuch der Erziehung, München 1974
KLAFKI, W.: Artikel „Handlungsforschung", in: Chr. WULF (Hrsg.): Wörterbuch der Erziehung, München 1974
KRAPPMANN, L.: Neuere Rollenkonzepte als Erklärungsmöglichkeit für Sozialisationsprozesse, in: Familienerziehung, Sozialstatus und Schulerfolg, Hrsg. von der b:e-Redaktion, Weinheim 1971
LENZEN, D.: Didaktk und Kommunikation, Frankfurt 1973
MOLLENHAUER, K.: Theorien zum Erziehungsprozeß, (darin: 2. Kapitel, S. 84–167) München 1972
MOLLENHAUER, K./RITTELMEYER, Chr.: Methoden der Erziehungswissenschaft, München 1977

Weiterführende Literatur

ADORNO, Th. W.: Marginalien zu Theorie und Praxis, in: Stichworte, Frankfurt 1969
BENNER, D.: Pädagogisches Experiment zwischen Technologie und Praxeologie, in: Pädagogische Rundschau, Jg. 26, S. 25–53, 1972
BLANKERTZ, H.: Theorien und Modelle der Didaktik, München 1971
BLANKERTZ, H.: Strategien zur Entwicklung des Lehrplans für das Fach Arbeitslehre, in: Blankertz (Hrsg.): Curriculumforschung – Strategien, Strukturierungen, Konstruktion, 2. Aufl., Essen 1971
BLANKERTZ, H.: Fachdidaktische Curriculumforschung – Strukturansätze für Geschichte, Deutsch, Biologie, Essen 1973
BRUMLIK, M.: Pädagogische Probleme des symbolischen Interaktionismus, Frankfurt/M. 1973
FEUERSTEIN, Th.: Emanzipation und Rationalität: München 1973
HABERMAS, J.: Erkenntnis und Interesse, in: Technik und Wissenschaft als Ideologie, Frankfurt/M. o. J.
HABERMAS, J.: Theorie und Praxis, Neuwied 1963

---

* Die Literaturangaben folgen stellenweise keinem einheitlichen Muster, entsprechen jedoch den Angaben im Original-Studienbrief. Wir haben deswegen auch keine systematischen Anpassungen vorgenommen. Wenn es jedoch der leichteren Nachvollziehbarkeit dient, finden sich an vereinzelten Stellen vollständige Literaturverweise in einer editorischen Fußnote (*).

HABERMAS, J.: Thesen zur Theorie der Sozialisation, Frankfurt 1968
HEINZE, Th./u. a.: Handlungsforschung, München 1975
KLAFKI, W.: Aspekte kritisch-konstruktiver Erziehungswissenschaft, Weinheim 1976
KRAPPMANN, L.: Soziologische Dimension der Identität, Stuttgart 1975
LEMPERT; W.: Leistungsprinzip und Emanzipation, Frankfurt 1971
LORENZER, A.: Zur Begründung einer materialistischen Sozialisationstheorie, Frankfurt 1972
MOLLENHAUER, K.: Interaktion und Organisation in pädagogischen Feldern, in: Z. f. Päd. 13. Beiheft, hrsg. von H. BLANKERTZ*
MOLLENHAUER, K./BRUMLIK, M./WUDTKE, H.: Die Familienerziehung, München 1975
MOSER, H.: Aktionsforschung als kritische Theorie der Sozialwissenschaften, München 1975
OEVERMANN, U. u. a.: Beobachtungen zur Struktur der sozialisatorischen Interaktion. Theoretische und methodologische Fragen der Sozialisationsforschung, in: AUWARTER (Hrsg.): Seminar: Kommunikation, Interaktion, Identität, Frankfurt 1976
OEVERMANN, U.: Programmatische Überlegungen zu einer Theorie der Bildungsprozesse und zur Strategie der Sozialisationsforschung, in: HURRELMANN (Hrsg.): Sozialisation und Lebenslauf, Reinbek 1976
OTTOMEYER, K.: Soziales Verhalten und Ökonomie im Kapitalismus, Gaiganz 1974
RITTELMEYER, Chr./WARTENBERG, G.: Verständigung und Interaktion. Zur politischen Dimension der Gruppendynamik, München 1975
SCHÄFER, K.-H./SCHALLER, K.: Kritische Erziehungswissenschaft und kommunikative Didaktik, Heidelberg 1976
WULF, Chr.: Aspekte kritisch-konstruktiver Erziehungswissenschaft, München 1977
Zeitschrift für Pädagogik, Jg. 1975, Heft 5; Jg. 1976, Heft 3**

---

* Hier fehlen Erscheinungsjahr und Seitenangaben: Mollenhauer, K. (1977). Interaktion und Organisation in pädagogischen Feldern. In H. Blankertz (Hrsg.), *Interaktion und Organisation in pädagogischen Feldern. 13. Beiheft Zeitschrift für Pädagogik* (S. 39–56). Weinheim.

** In beiden Heften der Zeitschrift für Pädagogik diskutieren verschiedene Beiträge Facetten der Handlungsforschung. Im Heft 3 des Jahres 1976 sogar in einem eigenen Themenschwerpunkt ‚Handlungsforschung'. In Heft 5 der Zeitschrift für Pädagogik aus dem Jahr 1975 wird dieses Thema unter dem Schwerpunkt ‚Theorie- und Methodprobleme der Erziehungswissenschaft' verhandelt.

Lernziele

Wenn Sie diese Studieneinheit durchgearbeitet haben, dann sollten Sie

- wissen, wie einige Erziehungswissenschaftler der Gegenwart versucht haben, die Anregungen der Kritischen Theorie für die Bearbeitung pädagogischer Probleme (Interaktionsanalyse, Didaktik, Methoden der Forschung) fruchtbar zu machen;
- verstanden haben, wie innerhalb der Erziehungswissenschaft, im Anschluß an die Kritische Theorie, der Zusammenhang zwischen theoretischer Arbeit und praktischer Bedeutsamkeit hergestellt werden kann;
- imstande sein, ein pädagogisches Thema ihrer Wahl analog zu skizzieren.

Einleitung

Als in der 2. Studieneinheit von der Thematik der Kritischen Theorie die Rede war – beispielsweise vom „autoritären" und „narzißtischen" Charaktertypus – da wurden die charakterologischen und die Sozialisationsprobleme schon immer mit Bezug auf das **soziale** Verhalten von Individuen dargestellt. Es ging letzten Endes um die Art von **Beziehungen**, die die Individuen eingehen und um die **gesellschaftlichen Bedingungen**, die auf Form und Inhalt dieser Beziehungen Einfluß nehmen.

Aufgabe 1

Lesen Sie sich noch einmal das 1. Kapitel der 2. Studieneinheit durch und versuchen Sie zu ermitteln,

- wo Beziehungsprobleme angesprochen werden,
- wie solche Probleme beschrieben wurden,
- wie die Art dieser Probleme erklärt wird.

Die Kritische Theorie – und das wurde im 3. Kapitel über die Normen-Problematik in der 2. Kurseinheit dargestellt – beschränkt sich aber nicht auf die Beschreibung und Erklärung dessen, was ist, sie versucht auch zu **praktischen Urteilen** zu gelangen, also zu entscheiden, ob eine Handlung **moralisch richtig** ist, welche Normen für das Handeln mit Gründen Geltung beanspruchen können.

Lesen Sie auch zu dieser Frage noch einmal im 3. Kapitel der 2. Kurseinheit nach.

Beide Probleme nun sind offensichtlich von unabweisbarer pädagogischer Bedeutung: Wie auch immer ein Erziehungsvorgang beschaffen sein mag, immer wird durch ihn eine **bestimmte Gestalt** interpersoneller Beziehung (Interaktion) etabliert, immer steht auch der Erzieher vor der Frage, welche die **pädagogisch richtige** Form dieser Beziehung ist. W. KLAFKI spricht deshalb auch von „kritisch-**konstruktiver** Erziehungswissenschaft". Die normative Frage, an welchen Prinzipien sich letzten Endes die Gestaltung einer pädagogischen Beziehung orientieren solle, werden wir jedoch in dieser Studieneinheit nicht mehr ausführlich erläutern. Statt dessen wollen wir erläutern, wie von Vertretern der kritischen Pädagogik Erziehung als kommunikatives Handeln bestimmt wird und welche erziehungswissenschaftlichen Aufgaben sich aufgrund solcher Bestimmung stellen.

Erziehung als Interaktion

1.1 Die Struktur interpersonellen Handelns

In sehr freier Abwandlung eines Satzes aus der „Deutschen Ideologie" von KARL MARX:

> „Man kann die Menschen durch das Bewußtsein, durch Religion, durch was man sonst will, von den Tieren unterscheiden. Sie selbst fangen an, sich von den Tieren zu unterscheiden, sobald sie anfangen, ihre Lebensmittel zu produzieren!" –

wollen wir für den Bildungsprozeß des heranwachsenden Menschen sagen:
Man kann den Bildungsprozeß eines Menschen als Entfaltung seiner Anlagen, als Anpassung an gesellschaftliche Normen, als zwangsläufiges Produkt seiner materiellen Situation, als Entwicklung seiner Vernunft oder was immer man sonst will bestimmen; das Kind selbst jedenfalls fängt an, sich zu bilden, wenn es in tätige Auseinandersetzung mit seiner Umwelt, zumal mit den Personen, die mit ihm leben, eintritt.

Bildung als tätige Auseinandersetzung

In dieser Behauptung sind mindestens drei Bestimmungen der Bildung enthalten, die als Orientierungspunkte für das pädagogische Denken folgenreich sind:

1. Der sich bildende Mensch ist das **Subjekt** (ego) seines Bildungsprozesses; er bildet **sich** zu einem empfindenden, urteilenden und verantwortlich handelnden Menschen; er ist „selbsttätig".
2. Er ist aber auch – **in** diesem Bildungsprozeß – gebunden an andere (Alter), mit denen er interagiert; er kann sich nur bilden im Hinblick auf diese anderen; er wird zum Subjekt in der Interaktion mit diesen, bildet deshalb nicht nur sich selbst, sondern **wird** auch in diesen Beziehungen gebildet.

3. Beide – Ego und Alter bzw. das Insgesamt der interpersonellen Beziehungen der sich bildenden Subjekte – leben in einem Kontext, in Lebenszusammenhängen, den vorwiegend nicht sie bestimmen, sondern der bereits historisch bestimmt ist. Ihre Interaktionen also sind höchstens nur zum Teil ihr eigenes Werk. Zum anderen Teil sind sie „Ausdruck" oder „Resultat" oder „Spiegelung" dessen, was historisch geworden ist: der kulturellen Traditionen, der Formen gesellschaftlichen Verkehrs, der Machtverhältnisse, der Weisen der gesellschaftlichen Produktion usw. – und zwar deshalb, weil „Alter", d.h. die Beziehungspersonen für das sich bildende Subjekt, immer schon in diese historischen Verhältnisse eingebunden ist.

Strukturmerkmale der interpersonellen Beziehung

Die erste Frage, deren Beantwortung wir versuchen wollen, soll deshalb lauten: Durch welche Merkmale läßt sich die Struktur einer interpersonellen Beziehung kennzeichnen? Das „Konstrukt" (oder auch „Modell" oder „Strukturbild"), das sich auf diese Weise ergibt, wollen wir schrittweise aufzeichnen!

1. Schritt

Wir hatten gesagt, daß für die Bildung des Menschen sowohl Ego wie Alter notwendig sind. Daher gehen wir in unserem Modell zunächst von der kleinsten Einheit aus: der Dyade. Eine natürliche Dyade z.B. ist die Mutter-Kind-Beziehung, die für den Bildungsprozeß jedes Kindes von wesentlicher Bedeutung ist.

(Störungen in dieser Dyade haben – wie z.B. die Psychoanalyse gezeigt hat – fundamentale Konsequenzen für den Bildungsprozeß.)

Beteiligt sind die Personen A und B. Beide interagieren mittels eines Systems von Symbolen (sprachlichen und nichtsprachlichen), die für beide die gleiche Bedeutung haben:

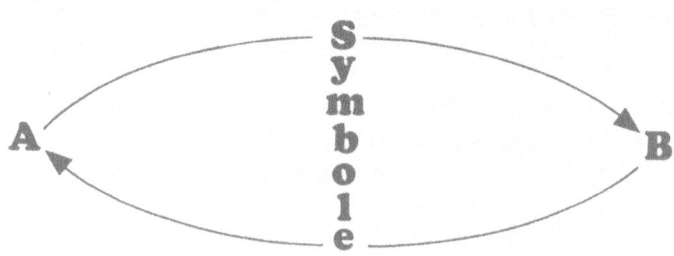

Dieses Interaktionsmodell wurde von G. H. MEAD vor allem in seinem Buch „Geist, Identität, Gesellschaft" (Frankfurt 1968, erste Aufl. Chicago 1934) entwickelt und grundlegend beschrieben. Die sich auf diesen sozialpsychologischen Ansatz gründende Theorie wird „Symbolischer Interaktionismus" genannt.

Wie ist es zu verstehen, daß für A und B die Symbole „die gleiche Bedeutung haben"?

MEAD zeigt das vor allem an dem spezifischen menschlichen Symbolsystem, der Sprache. Im Unterschied zu „Gesten", die sowohl dem menschlichen wie dem tierischen Verhalten eigen sind, bildet die Sprache ein **übersituatives** System von Laut-Gesten, in dem eine Verknüpfung von gegenständlicher Welt und sprachlichem Ausdruck besteht. A und B können sich deshalb nicht nur über das verständigen, was sie aktuell wahrnehmen, sondern auch über Situationenunabhängiges, über das z. B., was gestern war oder morgen sein wird oder an einem anderen Ort vor sich geht. <small>Sprache</small>

2. Schritt

Sowohl A als auch B vollziehen in der Interaktion mindestens zwei Operationen: <small>Erfahrung und Darstellung</small>

- sie machen eine **Erfahrung** mit dem anderen, nehmen sein Verhalten, sein Handeln wahr und
- sie verarbeiten diese Erfahrung zu einer **Darstellung** dem anderen gegenüber, zu eigenem Handeln.

Beispiel
*Ein Kleinkind (A) sieht einen Hund, sieht die Mutter an und sagt: „Wau-Wau" (es bringt also eine Erfahrung/Wahrnehmung zur Darstellung). Die Mutter nun nimmt diese Darstellung des Kindes wahr und, weil sie selbst Angst vor Hunden hat, interpretiert sie die Mitteilung des Kindes nicht nur als „dies ist ein Hund", sondern auch als „ich (das Kind) bin gefährdet"; dies ist **ihre Erfahrung von der Darstellung des Kindes**. Sie nimmt also das Kind bei der Hand und versucht, es ganz leicht vom Hunde wegzuziehen und sagt dazu: „Komm! sei vorsichtig!" (**Darstellung**). Das Kind wiederum macht nun eine Erfahrung mit der Darstellung der Mutter; und diese Erfahrung ist zusammengesetzt aus der wahrgenommenen Ängstlichkeit der Mutter und (vielleicht) dem Wunsch, den Hund anzufassen. Es bringt dies zur Darstellung, indem es auf den Hund zustrebt und noch einmal sagt: „Wau-Wau!" Die Erfahrung, die jetzt die Mutter mit der Darstellung des Kindes macht, ist verschieden von der ersten Erfahrung; sie könnte vielleicht ihre Ängstlichkeit überwinden und eine neue Darstellung geben usw.*

3. Schritt

Wechselseitige Vorstellungen

Aus dem Beispiel geht hervor, daß das Interaktionsgeschehen nicht **nur** aus den symbolischen Darstellungen hervorgeht. Die Darstellungen selbst sind gleichsam die „Oberfläche", die von den Interaktionspartnern (oder dem beobachtenden Wissenschaftler) entschlüsselt werden muß im Hinblick auf das, was die Darstellungen in der „Tiefe" bedeuten. A und B sind keine „unbeschriebenen Blätter"; in der Interaktion können sie allmählich voneinander erfahren, was auf diesen Blättern steht; und dies wiederum ist die Erfahrung unzähliger vorangegangener Interaktionen mit anderen. In dieser Erfahrung sind aber nicht nur „Bilder" enthalten, die man von sich selbst und anderen hat und die sich gelegentlich festsetzen (A hält B für ängstlich; B glaubt von A, er sei leichtsinnig), sondern auch Impulse, die aus dem Organismus stammen. In jeder Interaktionssituation müssen sich also A und B mit zwei weiteren Komponenten auseinandersetzen:

- mit den eigenen Impulsen oder Antrieben;
- mit den Bildern, die sie von den Interaktionspartnern (Alter) sich gemacht haben.

Man kann das auch so ausdrücken:

A und B haben beide eine Vorstellung von sich selbst (Ego) und eine Vorstellung von den Erfahrungen und Darstellungen des anderen (Alter); beide Vorstellungen sind Teile des Individuums und beeinflussen, in jeder Situation wieder neu, das Interaktionsgeschehen, also die Erfahrungen und Darstellungen; beide Individuen, als A und B, nehmen in ihrem Handeln in gewissem Umfang vorweg, was an Interaktion möglich sein wird; sie antizipieren nicht nur die vermutbaren eigenen Handlungen (Darstellungen), sondern auch die vermutbaren Handlungen (Darstellungen) des anderen:

Das hier beschriebene Modell der Interaktion enthält noch einen „Fehler". Es ist nämlich – trotz unseres Beispiels – auf die Interaktion zwischen voll kompetenten Handlungspartnern zugeschnitten. Die damit behauptete Symmetrie trifft aber in pädagogischen Situationen um so weniger zu, je jünger das Kind ist; die volle Symmetrie beschreibt das Ende eines Prozesses, in dem sich die einzelnen Komponenten erst allmählich im Kinde ausbilden. Zwar hat das Kind vom Beginn seiner Entwicklung an Impulse bzw. Antriebe; ebenso hat es von Beginn an Wahrnehmungen (es ist also, wie es schon in der klassischen Bildungstheorie, z. B. bei SCHLEIERMACHER, heißt, sowohl „spontan" als auch „rezeptiv"). Aber erst allmählich lernt es, sich selbst von Dingen und Personen zu unterscheiden, sich von diesen getrennt sehen zu können, „ich" zu sagen, dann auch sich ein Bild von anderen zu machen („Mama" sagen) und dieses Bild nach neuen Erfahrungen revidieren zu können usw. Es lernt das dadurch, daß es in Interaktionen mit Erwachsenen derartige Differenzierungen erfährt. Auf eine kurze Formel gebracht können wir sagen: Der Bildungsprozeß des Kindes besteht in seinem ersten und fundamentalen Teil in dem Erwerb von Interaktionskompetenz; diese Kompetenz erwirbt es aber nur durch Teilnahme an Interaktionen, in denen mindestens ein Partner über diese Kompetenz bereits verfügt.

Die in diesem Abschnitt nur sehr skizzenhaft dargestellten Gedankengänge gehen zwar auf G. H. MEAD zurück; sie sind aber in der neueren Literatur erweitert und konkretisiert worden, z. B. in:

LAING, R. D./PHILLIPSON, H./LEE, A. R.: *Interpersonelle Wahrnehmung*, Frankfurt 1971;
LINDESMITH, A. R./STRAUSS, A. L.: *Symbolische Bedingungen der Sozialisation*, Düsseldorf 1974;
LORENZER, A.: *Zur Begründung einer materialistischen Sozialisationstheorie*, Frankfurt/M. 1973.

Aufgabe 2

Notieren Sie eine kurze pädagogische Interaktion (Mutter-Kind, Lehrer-Schüler oder ähnliches) möglichst genau (wörtliches Protokoll bzw. genaue Beschreibung des nichtsprachlichen Austauschs von Informationen/Symbolen).
Versuchen Sie dann, möglichst viele der in unserem Schema enthaltenen Begriffe auf das Protokoll anzuwenden. also:

Wie stellt sich A für B dar?
Welche Erfahrung macht B von A?
Welches Bild hat (oder macht sich) A von B? usw.

1.2 „Gestörte" Interaktion

Das bisher skizzierte Modell der Interaktion könnte suggerieren, daß zwischen A und B immer eine symmetrische Beziehung besteht. Das aber ist in pädagogischen Interaktionen nicht der Fall. Vielmehr kommt ja eine pädagogische Handlung überhaupt nur dadurch zustande, daß zwischen den Interaktionspartnern ein Gefälle im Hinblick auf Kompetenzen (Handlungs-, Rede-, Denkfähigkeit usw.) besteht und deshalb der eine Part eine „autoritative" Stellung hat (in der Regel auch noch durch institutionelle Macht gestützt). Dennoch gestattet uns das Modell zu ermitteln, wo und welche Probleme in der Interaktion auftreten können, die nicht notwendig auf dieses Gefälle zurückgeführt werden müssen. Wir wollen die wichtigsten solcher „Problem-Dimensionen" anführen:

Störungen der Verständlichkeit

1. Die Verständigung zwischen A und B kann mißlingen; d. h. die Symbole, die beide verwenden, werden nicht in hinreichendem Ausmaß von beiden gleich interpretiert, sind nicht hinreichend verständlich, sei es, weil sie noch unbekannt sind, sei es, weil sie vieldeutig geworden sind; (für den letzten Fall z. B.: die Mutter sagt zu ihrem Kind: „Komm mein Schatz"; dem Kinde aber bleibt undeutlich, ob diese soziale Geste Zuwendung, Kontrolle oder etwas anderes bedeutet). ALFRED LORENZER („Zur Begründung einer materialistischen Sozialisationstheorie", Frankfurt 1972) nennt solche Verzerrung von Interaktion, wenn durch psychische oder situative Zwänge Bedeutungsteile der sprachlichen Verständigung entzogen bleiben, „Desymbolisierung" oder „Klischee" (S. 128 ff.)

Störungen der Wahrhaftigkeit

2. Die „wahrhaftige" Darstellung A's für B kann mißlingen. A kann Schwierigkeiten haben, auszudrücken, was er meint; z. B. dadurch, daß die Situation ihm einen angemessenen Ausdruck nicht gestattet (er möchte weinen, aber „ein Junge weint doch nicht"); oder wenn ein farbiges Kind in den USA beim Spiel mit Puppen zu erkennen gibt, daß die farbigen Puppen immer die „Bösen", die weißen dagegen immer die „Guten" sind; es hat sich in diesem Fall das Bild, das sich andere von ihm machen, derart zu eigen gemacht, daß es sich selbst ebenso sieht, wie andere (die Weißen) es sehen; sein „Selbst" ist „entfremdet", das Verhältnis des Interaktionspartners zu sich selbst ist gestört.

„Störungen" der interpersonellen Erfahrung

3. Die Erfahrung der Interaktionspartner voneinander kann unzutreffend sein, d. h., die Wahrnehmung des anderen, das Bild, das A sich von B macht, kann z. B. diffus oder stereotyp sein, was wiederum die Selbstdarstellung A's gegenüber B beeinträchtigen kann (z. B. A denkt über B: „er ist nur faul"; B denkt über A: „er kann mich nicht leiden".)

Störungen des normativen Konsenses

4. Schließlich kann in einer pädagogischen Situation zweifelhaft sein, welche Werte gelten sollen, ob beide Interaktionspartner noch eine hinreichend gemeinsame Vorstellung vom „rechten" oder „guten" Leben haben. Pädagogische Interaktionsprobleme, die damit zusammenhängen, tauchen vor allem im Jugendalter auf, zumal dann, wenn der Jugendliche versucht, seine Identitätsprobleme im Rahmen von Wertorientierungen zu lösen, die von denen seiner Eltern oder der Erwachsenengeneration im ganzen abweichen.

Exkurs

Bei HABERMAS heißt es, die Anthropologie – und wir ergänzen: die Pädagogik – müsse sich „grundsätzlich ihren Begriff vom Menschen erläutern lassen durch den Begriff der Gesellschaft, in dem er entsteht". Welche Konsequenzen ergeben sich durch diese Aufforderung für das erziehungswissenschaftliche Nachdenken? Einen „Begriff der Gesellschaft" können wir hier natürlich nicht entfalten. Aber wir können versuchen, einige seiner möglichen Komponenten hervorzuheben, um den gesellschaftlichen Gehalt des Ausdrucks „Interaktionsstörung" zu akzentuieren und auf pädagogische Sachverhalte zu beziehen.

<small>Interaktion ist eine durch die Geschichte der Gesellschaft erzeugte Kategorie</small>

In der ersten Kurseinheit haben wir versucht zu verdeutlichen, daß nicht nur der Gegenstand der sozialwissenschaftlichen Erkenntnis geschichtlich ist, sondern auch das erkennende Organ. Der Begriff „Interaktionsstörung" ist Teil eines solchen erkennenden Organs; inwiefern ist er „geschichtlich"? Stellen wir uns das Hauswesen eines Handwerkers im 17. Jahrhundert in einer protestantischen Stadt vor. Sowohl der Begriff „Interaktion" wie der der „Interaktionsstörung" in unserem Sinne wäre dort unverständlich geblieben. Es gab vielleicht „Störungen" im Gewerbe, Zunftstreitigkeiten, Zoll-Belastungen, Furcht vor kriegerischen Unruhen, auch erschien dem Hausvater (Meister) wohl bisweilen die Jugend als „ungebärdig", vielleicht gar als „zuchtlos", besonders im Hinblick auf seine Gesellen. Er wäre aber wohl kaum auf die Idee gekommen, Konflikte zwischen Erwachsenen und Unerwachsenen als eine Funktion von Beziehungsproblemen zu deuten. Diese Beziehungsprobleme werden für die Erziehungsaufgabe erst wichtig, wenn soziale Institutionen entstehen, in denen auf der Basis von Interaktionen Lernprozesse für die Heranwachsenden organisiert werden: die von der Produktion getrennte Kleinfamilie, die allgemeinbildende Schule. In diesen Einrichtungen hängt nun nämlich tatsächlich Wesentliches von der Gestalt der interpersonellen Beziehungen ab; und also erscheint die Kategorie „Interaktionsstörung" auch sinnvoll und bedeutsam. Daß heute Begriffe wie „Interaktion", „Interaktionsstörung", „Kommunikation", „interpersonelles Handeln" usw. mehr und mehr in das Zentrum pädagogisch-praktischer Probleme (Familieninteraktion, Lehrer-Schüler-Beziehung, Beratung, Therapie für einzelne Gruppen, Gruppendynamik usw.) und erziehungswissenschaftlicher Fragestellungen rücken, hängt also offenbar mit der Struktur unseres Erziehungssystems und seiner Lokalisierung im Gesellschaftssystem zusammen. Wenn wir uns die Aufgabe stellen, über „Interaktionsstörung" nachzudenken und diesen Begriff näher zu bestimmen, dann erläutern wir damit zugleich den Stand unserer „historischen Vernunft", unseren historischen Standort, unser historisch erzeugtes Bewußtsein von der Eigenart unseres Erkenntnisgegenstandes.

Zurück nun also zum Begriff „Interaktionsstörung".
Auch eine „Pädagogik der Kritischen Theorie" bzw. eine „Kritische Erziehungswissenschaft" kann des bereits erfahrungswissenschaftlich angesammelten Wissens über ihre Gegenstände nicht entraten. So wissen wir beispielsweise

- aus der Kommunikationsforschung, daß Mittel und Inhalte der Interaktion diese bestimmen, also auch für Störungen als ursächlich angenommen werden können;
- aus der therapeutisch orientierten Familien- und Interaktionsforschung, daß die Beziehungsdefinitionen in interpersonellen Situationen nicht nur die wechselseitigen Erfahrungen der Interaktionspartner, sondern auch deren Selbstbild bestimmen;
- aus der kognitivistischen Psychologie, daß Form und Verlauf von pädagogischen Interaktionen eine kognitive Struktur haben, gleichsam ein intellektuelles Reservoir mobilisieren, das die Interaktion beeinflußt und in zeitlich aufeinander folgenden Entwicklungsschritten gebildet wird.

Wir verfügen also über einige Kenntnisse, die uns gestatten, „Störung" zu beschreiben und ihre Quellen ausfindig zu machen. Dabei soll von „Störung" immer dann die Rede sein, wenn Verständlichkeit nicht hergestellt, Wahrhaftigkeit erschwert, ein negatives Selbstbild erzeugt, die Frage nach der „richtigen" (d. h. der moralisch zulässigen) Interaktion und dem „richtigen" Leben verwehrt wird und zwar im Sinne dessen, was wir in der zweiten Studieneinheit (3. Kapitel) als „Diskurs" beschrieben haben.
In seinem Buch „Theorien zum Erziehungsprozeß" hat 1972 KLAUS MOLLENHAUER einen ersten Versuch unternommen, daraus für die Erziehungswissenschaft eine Konsequenz zu ziehen:

„Unternehmen wir nun den vielleicht etwas riskanten Versuch, die referierten Ansätze zur Bestimmung gestörter Kommunikation zu integrieren. Wir hatten den Diskurs als die letzte Legitimationsbasis für Lernzielentscheidungen und -begründungen bestimmt. Die Rechtfertigung dafür hatten wir daran gesehen, daß in jedem Erziehungsakt der Erzieher seinen Status des Erwachsenen als eines auf der Basis begründeter Handlungsorientierung agierenden Subjektes unterstellt. Diese Unterstellung ist zwar als eine Triebkraft pädagogischer Kommunikation anzusehen, aber eben nur als eine. Der historische Regelfall nämlich erfüllt in seiner faktischen Gestalt nicht den in der Unterstellung postulierten Begriff von Kommunikation, sondern bleibt hinter ihm zurück, wofür empirische Bedingungen als ursächlich angenommen werden müssen, die ihren Inbegriff im historisch-sozialen Kontext der Erziehungssituation haben. Lernzielprobleme haben es also mit dieser Differenz zu tun. Die referierten Ansätze machen

Vorschläge, in welchen Dimensionen Störung ermittelt werden muß und also jene Differenz aufgeklärt werden kann. Es sind dies die folgenden Dimensionen:

- die kognitive Struktur,
- die Beziehungsdefinitionen,
- die Inhalte von Kommunikationen,
- die symbolischen Kommunikationsmittel.

Jeder Erziehungsakt kann nach diesen Dimensionen analysiert werden. Es sind Dimensionen, d. h., sie können zwar unabhängig voneinander betrachtet werden, sie treten aber nicht unabhängig voneinander auf: Jede Beziehung, jede Thematisierung eines Inhaltes, jeder Komplex von Symbolen hat eine kognitive Struktur; jede kognitive Struktur konkretisiert sich innerhalb von Beziehungen, angesichts von Inhalten; Inhalte werden bedeutsam im Rahmen von Beziehungsdefinitionen und identifiziert in symbolischen Mitteln usw. Damit haben wir zugleich einen Vorschlag für die Bestimmung des Gegenstandes der Erziehungswissenschaft, d. h. der Bestimmung des pädagogischen Feldes in denjenigen Dimensionen gemacht, die der pädagogischen Intervention zugänglich sind. Das gilt freilich nur, wenn kein Zweifel daran besteht, daß die Natur der pädagogischen Intervention ein kommunikatives Handeln ist, dessen Gegenstand auch nur in dem liegen kann, was den Kommunikationspartnern verfügbar ist. Daß darüber hinaus in jeder pädagogischen Situation Faktoren wirksam sind, die die faktische Gestalt der Kommunikation in unterschiedlicher Stärke bestimmen, unterliegt keinem Zweifel. Diese Faktoren können jedoch für das pädagogische Handeln nur mittelbar zum Gegenstand werden, und zwar über die Änderung von kognitiven Strukturen, Beziehungsdefinitionen, Kommunikationsinhalten und Kommunikationsmitteln – d. h. über die zu bildende Handlungsfähigkeit der von jenen Faktoren betroffenen Subjekte." (S. 80/81).

In diesem Text bleibt jedoch wenig präzisiert, was mit „Handlungsfähigkeit" einerseits und „Aufklärung" andererseits gemeint ist*: Kinder kommen ja nicht mit der Fähigkeit und Bereitschaft zum „Diskurs" zur Welt; damit sie sich am „Diskurs" beteiligen, damit sie – mit anderen Worten – sich zu sich selbst wie zu anderen und den Bedingungen ihrer Existenz „aufgeklärt" verhalten können, müssen sie „gelernt" haben: auf diesen Sachverhalt verweist der Ausdruck „Handlungsfähigkeit". Störungen der Interaktion also können auf zwei Ebenen auftreten:

---

* Beim obigen Zitatausschnitt fehlt der Folgesatz, ohne den dieser Hinweis unverständlich bleibt. Er lautet: „‚Erziehung' kann deshalb nicht mehr sein als organisierte Aufklärung; darin liegt ihre Macht wie ihre Ohnmacht" (Mollenhauer 1982[1972], S. 81).

- sie können sich darin zeigen, daß es einem oder mehreren Interaktionspartnern an „Handlungsfähigkeit" mangelt (z. B.: das Kind kann sich noch nicht hinreichend verständlich machen; der Erwachsene hat Hemmungen, seine Gefühle dem Kind gegenüber zur Darstellung zu bringen),
- sie können sich darin zeigen, daß sie, obschon sie über die erforderliche Handlungsfähigkeit verfügen, keine Distanz zur Situation einnehmen, also die eingebrachten Geltungsansprüche nicht problematisieren (z. B.: die 14-jährige Tochter möchte abends länger von zu Hause fortbleiben, die Eltern wünschen aber, daß sie um 20.00 Uhr daheim ist; es bleibt indessen bei einem „Machtkampf", ohne daß Gründe erörtert werden).

Zu diesem zweiten Problem heißt es in dem oben zitierten Text weiter:

„Die Möglichkeit, eingespielte Definitionen, Normen, Kommunikationsregeln, die Bedingungen ihrer Stabilität oder Veränderbarkeit problematisieren und also metakommunikativ zum Inhalt machen, über Frage und neue Begründung neuen Konsensus erzielen und das Handeln daran umorientieren zu können, ist zwar die gleichsam letzte Probe aufs Exempel, die höchste mögliche Stufe der Anwendung kommunikativer Schemata und ihrer kognitiven Implikationen; aber weder ist dies der historische Regelfall, noch auch ist es dem Typus nach das, was quantitativ den Erziehungs- und Bildungsalltag ausmacht. Dieser Alltag strukturiert sich viel eher auf einer Ebene kommunikativer Prozesse, in denen es um einfachen und nicht metakommunikativen Umgang geht; und das prinzipiell immer für alle Partner der pädagogischen Kommunikation: Erwartungen wahrnehmen und interpretieren, Regeln erlernen und einhalten, Probleme identifizieren und lösen, Beziehungen definieren, Sprache verstehen, Situationen strukturieren, Handlungen planen usw. Kurz: Eine relative Sicherheit in der Kommunikation muß vorausgesetzt werden, wenn Diskurs als reales Ereignis wahrscheinlich werden soll. Diese Ebene der Kommunikation nennen wir Interaktion." (S. 81/82).

Das bedeutet u.a., daß uns sehr daran gelegen sein muß, diejenigen Bedingungen ausfindig zu machen, die – im Sinne des gesellschaftlichen Kontextes – auf die pädagogischen Interaktionen einwirken und ihre Form (also auch ihre „Störung") bestimmen.

1.3 Die sozialen Kontexte der pädagogischen Interaktion

ADORNO hat die heuristische Hypothese geäußert, daß noch im kleinsten sozialen (und also auch pädagogischen) Detail sich die Spuren des gesellschaftlichen Ganzen finden lassen müßten. Wenn wir annehmen, daß diese Hypothese für den

Erkenntnisgang auch der Erziehungswissenschaft nützlich ist, dann wäre zu überlegen, welche Konsequenzen sich aus ihr für die Analyse pädagogischer Interaktionen ziehen lassen. Da „Individuum" und „Gesellschaft" sich nicht unvermittelt gegenüberstehen, da vielmehr

- einerseits jedes Individuum immer schon Gesellschaft gleichsam „in sich trägt", als eine Art „Ensemble gesellschaftlicher Verhältnisse" (MARX) beschrieben werden kann,
- andererseits es im Laufe seiner Biographie diesen gesellschaftlichen Verhältnissen nicht mit einem Schlage und im Ganzen ausgesetzt ist, sondern immer nur stückweise, in Form einzelner Erwartungen, sozialer Institutionen, vorgefundener Regeln des gesellschaftlichen Verkehrs usw. –

deshalb ist es naheliegend, jene Verhältnisse im Hinblick auf ihre Bedeutsamkeit für Interaktion und Bildungsprozeß zu spezifizieren. Betrachten wir dabei den Verlauf der Biographie des heranwachsenden Kindes, dann lassen sich folgende Unterscheidungen treffen:

1. Das Kind lebt „zunächst" im sozialen Kontext von **Situationen**. Es ist Erwachsenen ausgesetzt; in der Interaktion mit ihnen erwirbt es die Kenntnis der Bedeutung von Gesten, erwirbt es Sprache und Denken, Motive und Einstellungen, lernt es, Wünsche zu äußern und zu unterdrücken. Innerhalb dieses Rahmens kann die Tätigkeit des Erziehers als „Strukturieren von Situationen" begriffen werden; alle interpersonellen Situationen haben eine „Intentionalität", d. h., die Interaktionspartner verfolgen Absichten, die nicht notwendig übereinstimmen.

Situationen

Die pädagogische Situation unterscheidet sich indessen auch dadurch von anderen, daß der Erzieher (wegen seiner Verpflichtung, sein Handeln im Sinne der idealen Interaktionssituation, die wir „Diskurs" nennen, zu legitimieren) gehalten ist, sich nicht nur mit den Intentionen des Kindes, sondern auch mit seinen eigenen auseinanderzusetzen.

„Sie hat es nämlich in einer besonderen, von anderen Situationen zu unterscheidenden Weise mit der intentionalen Komponente zu tun. Wir wollen diese Komponente die Meta-Intentionalität der pädagogischen Situation nennen. Für jede menschliche Kommunikation – also auch für die pädagogische – muß unterstellt werden, daß die Partner der Situation eigene Intentionen haben und diese in ihren kommunikativen Akten zum Ausdruck bringen. Ferner muß unterstellt werden, daß das Postulat gilt, daß die Intentionen des anderen in der jeweils eigenen Interaktionsstrategie reflektiert, also

nicht nur berücksichtigt, sondern als ernsthaft akzeptiert werden. Das gilt auf der naiven Ebene, ohne Berücksichtigung eines etwa kalkuliert geplanten Situations-Arrangements durch einen der Partner. Aber gerade dies ist für pädagogische Situationen charakteristisch: daß einer der Partner, derjenige nämlich, der sich in der Rolle des Pädagogen definiert, für sich in Anspruch nimmt, Situationen zu strukturieren, und zwar so, daß seine Chance der Einflußnahme in der Situation größer ist als die der anderen Partner. Er nimmt sogar – noch weitergehend – für sich in Anspruch, daß ihm selbst, wenn nicht ein Monopol, so doch ein entschiedenes Übergewicht institutionell gesichert wird, um Situationen überhaupt vorweg und nicht erst in der Situation selbst zu strukturieren."
(MOLLENHAUER, 1972, S. 120/121).

Sozioökonomische und institutionelle Bedingungen

2. Nun sind aber die verschiedenen Komponenten der pädagogischen Situation nicht in gleicher Weise für die Interaktionspartner verfügbar. Einen sprachlichen Ausdruck können sie bei Nicht-Verstehen vielleicht noch ändern, eine bestimmte Handlung willentlich unterlassen. Andere Teile der Situation dagegen sind „resistenter" und zudem häufig unbewußt: ein bestimmter Sprachstil, Phantasien und Ängste, Einstellungen, Erwartungen, für selbstverständlich gehaltene Normen des Handelns usw. Diese Teile der Situation sind gleichsam abgespalten von dem, was dem reflektierenden Bewußtsein der Interaktionspartner jederzeit zur Verfügung steht; sie verweisen damit auf einen die Situation übergreifenden sozialen Kontext: den **Kontext lebensgeschichtlich wirksamer sozioökonomischer und institutioneller Bedingungen.** Durch ihn werden subjektive Erfahrungen nicht nur präformiert, sondern auch gestützt und auf Dauer gestellt. Sie erzeugen gleichsam die im Alltagshandeln in der Regel unreflektierte „Startmasse", mit der die Interaktionspartner sich in die pädagogische Situation hineinbegeben. Sie geben der pädagogischen Situation gesellschaftlich Form und Inhalt, ihre Analyse hilft deshalb aufzuklären, wo die Bedingungen gestörter pädagogischer Interaktionen zu suchen sind. Aus diesem Grunde überlassen auch die Vertreter der „Kritischen Erziehungswissenschaft" solche Aufklärung nicht dem Soziologen, sondern verstehen sie als einen Kernbestand ihrer wissenschaftlichen Tätigkeit:

- die Analyse pädagogischer Institutionen und der von diesen abhängigen Berufsrollen,
- die Analyse der Instanzen sozialer Kontrolle (Jugendamt, Erziehungsheim),
- die Ermittlung der Wirkungen des sozialen Status (Schichtspezifische Sozialisation) auf den Umgang zwischen Erwachsenen und Kindern usw.

3. Von diesen beiden Kontexten, dem der **Situation** und dem der **sozio-ökonomischen und institutionellen Bedingungen**, läßt sich ein dritter, noch „allgemeinerer" unterscheiden: er betrifft die in einer Gesellschaft/Kultur geltenden bzw. herrschenden **Grundmuster für den pädagogischen Umgang** der Generationen miteinander. Zu den ersten beiden Kontexten gibt es bereits eine Fülle empirischer Materialien; diese dritte Stufe der Organisiertheit pädagogischer Interaktionen ist indessen noch wenig ausgearbeitet. Das Programm einer solchen Ausarbeitung hat MOLLENHAUER zu skizzieren versucht (im Anschluß vor allem an Veröffentlichungen P. BOURDIEUs, und zwar: Soziologie der symbolischen Formen, Frankfurt/M. 1970 und: Entwurf einer Theorie der Praxis, Frankfurt/M. 1976):

Gesellschaftstypische Grundmuster des pädagogischen Verkehrs

„BOURDIEU hat die analytische Hypothese geäußert, daß der Begriff des ‚Habitus' geeignet sei, Regelmäßigkeiten des pädagogisch-interpersonalen Handelns zu studieren, die weder sich aus den fundamentalen Bedingungen von Interaktionen überhaupt, noch aus den historisch besonderen Bedingungen dieser oder jener Einrichtungen erklären lassen, sondern nur noch aus den Reproduktionsinteressen der je historisch besonderen Gesellschaft. Er hat damit eine dritte Ebene der Organisiertheit von Interaktionen angesprochen, auf der so etwas wie der Algorithmus eines Erziehungssystems formulierbar sein müßte (BOURDIEU 1970, S. 125 ff.). Der Ausdruck ‚Habitus' symbolisiert für BOURDIEU den Versuch, ‚im Zentrum des Individuellen selber Kollektives zu entdecken' (BOURDIEU 1970, S. 132), er verbindet den Einzelnen – wir können sagen: jede einzelne pädagogische Interaktion – ‚mit der Kollektivität seines Zeitalters', weist den ‚anscheinend noch so einzigartigen Projekten Richtung und Ziel'" (ebd.).

Es handelt sich dabei um „eine Art generativer Grammatik der Kultur". Und: „Obwohl sich BOURDIEU an keiner Stelle auf den marxistischen Begriff der ‚Verkehrsformen' bezieht, scheint mir die Ähnlichkeit mindestens in einer Hinsicht doch unverkennbar. Auf unseren Gegenstand bezogen möchte ich so formulieren: in beiden Fällen ... richtet sich das Interesse darauf, zu ermitteln, ob es einen für Gesellschaftsformationen je spezifischen Satz von Regeln des interpersonellen Handelns gibt, die sowohl die Muster scheinbar individuell besonderer Interaktion wie auch die ... Muster institutioneller Interaktion generieren."
(MOLLENHAUER, 1977, S. 51 f.)*

Dieser von BOURDIEU eingeführte Begriff (er hat ihn allerdings den kunstgeschichtlichen Analysen PANOFSKYs entnommen) hat eine gewisse Ähnlichkeit

---

* Das Zitat stammt aus: Mollenhauer, K. (1977). Interaktion und Organisation in pädagogischen Feldern. In H. Blankertz (Hrsg.), *Interaktion und Organisation in pädagogischen Feldern. 13. Beiheft Zeitschrift für Pädagogik* (S. 39–56). Weinheim: Beltz.

mit dem Begriff „Sozialcharakter", von dem in der zweiten Kurseinheit im Rahmen von „Autorität und Familie" die Rede war. Uns scheint dies eine gute Weiterentwicklung wissenschaftlicher Begriffsbildung zu sein, denn sie erweitert die zunächst vorwiegend sozialpsychologischen Konnotationen des Ausdrucks „Sozialcharakter" in Richtung auf die nichtpsychologischen Regeln des Zusammenlebens und erlaubt überdies einen Anschluß an andere, für pädagogische Problemstellungen wichtige historische Untersuchungen (z.B. B. GROETHUYSEN: Die Entstehung der bürgerlichen Welt- und Lebensanschauung in Frankreich, 2 Bde., Halle 1927 und 1930; N. ELIAS: Über den Prozeß der Zivilisation, 2 Bde., Basel 1939; Ph. ARIES: Geschichte der Kindheit, München 1975). Die Hypothese, die solche Untersuchungen leitet, läßt sich – freilich noch sehr allgemein und wenig spezifiziert – so formulieren: Jede Gesellschaftsformation bzw. kulturellepochale Einheit bringt einen pädagogischen Habitus hervor, der sich in wenigen Grundregeln für den Umgang der Generationen miteinander beschreiben läßt und einerseits durch die kulturellen Traditionen, andererseits durch die Anforderungen des vorherrschenden ökonomischen Systems gestützt wird; dieser Habitus generiert seinerseits die Ziele des pädagogischen Handelns, die Formen der Institutionalisierung und die Formen der Interaktion einschließlich der verwendeten Interaktionsmittel; er „definiert" mithin das, was innerhalb einer Kultur/Gesellschaft als „pädagogische Interaktion" gilt.

2 Der Versuch einer „Kritischen Didaktik"

2.0 Zum Terminus „Didaktik"

Didaktik ist ein nicht sehr scharf umgrenzter Begriff. Seine Reichweite variiert. In der Regel umfaßt er Fragen im Bereich der Ziele und Inhalte, der Methoden und Medien des Lehrens und Lernens. Beinahe synonym mit dem Begriff Didaktik ist der des **Curriculums**. Er hat heute z. T. den der Didaktik verdrängt. Der Begriff Curriculum ist in seiner heutigen Verwendung aus dem angloamerikanischen Sprachgebrauch übernommen und seit 1967 durch ROBINSOHN in der BRD in die Diskussion eingeführt worden. Wenn es einen Unterschied gibt zwischen dem Begriff Didaktik und dem Begriff Curriculum, dann ist es einer des Akzentes.

Vielleicht kann man sagen, daß mit der Einführung des Curriculumbegriffs ein bestimmter Aspekt betont wird, unter dem die bisher unter dem Stichwort Didaktik behandelten Fragen gesehen werden, der Aspekt der mit wissenschaftlichen Instrumenten durchgeführten oder unterstützten Planung und Kontrolle von Lehr- und Lernprozessen.
(s. W. KLAFKI: Curriculum – Didaktik, in: Wörterbuch der Erziehung, hrsg. von Chr. WULF, München 1974, S. 117 ff.).

Beide Termini verweisen auf die konstruktive Dimension der pädagogischen Tätigkeit. Insofern Erziehung einen Vorgriff auf die Zukunft, mindestens auf die nächste Zukunft des je konkreten Kindes, auf das, was es heute und morgen lernen kann, enthält, verlangt sie Planung und Konstruktion. Im folgenden soll die besondere Position der „Kritischen Didaktik" wie sie beispielsweise von BLANKERTZ und LENZEN vertreten wird, dargestellt werden, und zwar durch eine Reihe von Abgrenzungen.

Die konstruktive Dimension der pädagogischen Tätigkeit

2.1 Kritische Didaktik – 1. Abgrenzung

Die Aufgabe der Planung und Konstruktion pädagogischer Angebote und Maßnahmen wäre einfach zu lösen, wenn man sich dabei verlassen könnte auf die überlieferten Regeln und Anweisungen für die Gestaltung des Unterrichts. Die kritische Didaktik hat das Vertrauen in diese tradierten und „bewährten" Regeln und Anweisungen verloren. Sie setzt sich ausdrücklich ab von jenen Erfahrungen, die erst zu einem „Schatz" verklärt und dann zur verbindlichen Norm erhoben werden. Dazu zählt BLANKERTZ:

Abgrenzung von überlieferten pädagogischen „Erfahrungsschätzen"

> „alle isolierten, ihrer Voraussetzungen und Begründungen beraubten Vorschriften über Unterrichtsinhalte, Lernschritte und methodische Mittel. Die Kompendien-Literatur zur Unterrichtsvorbereitung, aber auch viele ‚Handreichungen' für den Unterricht in einzelnen Schulfächern, zumeist mit dem Titel ‚Fachmethodik', mitunter auch als ‚Fachdidaktik' angeboten, sind voller solcher Sätze. Innerhalb der Situation, aus der sie einmal gewonnen wurden, mochten sie wenigstens teilweise berechtigt sein, aber von ihrem Erfahrungsfeld abgelöst als normative Handlungsanweisung vorgetragen, sind sie sinnlos. So lesen wir hinsichtlich der Unterrichtsinhalte beispielsweise, daß das Thema ‚Feuerwehr' nicht vor dem 4. Schuljahr behandelt werden dürfe, daß lebende Autoren im Deutschunterricht nicht oder nur sparsam zu benutzen seien; auf der gleichen Ebene liegt auch, wenn aus der empirisch experimentellen Tatsachenfeststellung, daß mit Hilfe des programmierten Unterrichts zweijährige Kinder erfolgreich im Lesen und Schreibmaschinenschreiben unterwiesen werden können, normativ gefolgert wird, nun müsse auch so verfahren werden. Ähnliche Beispiele finden wir für Lernschritte, wenn etwa dem fremdsprachlichen Unterricht die Folge vorgeschrieben wird: Vokabelabfragen – Übersetzen – Extemporieren. Der verbreitetste Tummelplatz normativer Sätze aber ist das Feld der Unterrichtsmethoden, … Hier wollen wir nur auf jene trivialen Forderungen verweisen, die als Ausläufer der normativen Methodenlehre sich zwar nur selten in die Literatur verirren, dafür umso mehr die jungen Lehrer während der praktisch pädagogischen Ausbildung plagen, so etwa, wenn verlangt wird, daß das Unterrichtsthema immer von einem Schüler genannt werden müsse (durch geschicktes Arrangement während des ‚Einstiegs') oder daß der Lehrer immer schräg zur Klasse zu stehen habe (weil er dann alles sehe). Der Dogmatismus solcher Normen ist leicht durchschaubar."
>
> (BLANKERTZ, Theorien und Modelle der Didaktik, 2. Aufl., München 1969, S. 18 f.)

Aber nicht nur die „kritische", sondern alle Positionen der gegenwärtigen Didaktik und Curriculumtheorie, soweit sie Anspruch auf Wissenschaftlichkeit erheben, haben das Vertrauen in die überlieferten pädagogischen „Erfahrungsschätze" verloren. Deshalb ist es nötig, noch eine weitere Abgrenzung vorzunehmen.

2.2 Kritische Didaktik – 2. Abgrenzung

Die „kritische Didaktik" grenzt sich auch ab von einer Variante der gegenwärtigen Curriculumentwicklung, die man als technologisch charakterisieren könnte. Diese Variante der Curriculumentwicklung ist daran interessiert, die Effektivität der bisherigen Lernmethoden zu erhöhen. Sie konzentriert sich auf die Technik der Steuerung von Lernprozessen. Die Lerngegenstände sollen durch Zerlegung in einzelne aufeinanderfolgende Lernschritte so präsentiert werden, daß das Lernziel sicher und auf dem energiesparendsten Weg erreicht wird. Diese Form der wissenschaftlichen Didaktik begnügt sich damit, die Mittel und Methoden bereitzustellen, damit ein vorgegebenes Lernziel optimal realisiert werden kann. Die Entscheidung aber über die Lehr- und Lernziele selbst und über die Auswahl der Lerngegenstände wird als unwissenschaftlich ausgeklammert und in den Bereich der Weltanschauung verwiesen. Abgrenzung von der technologischen Curriculumentwicklung

Diese Ausklammerung der Entscheidung über die Lernziele aus dem wissenschaftlichen Diskurs hat die kritische Didaktik nicht mitgemacht. Die wissenschaftliche Begründung nicht nur der Methoden und Verfahren, sondern auch der Zielvorstellungen, war aber auch die erklärte Absicht des gesamten übrigen Teils der curricularen Erneuerungsbewegung in den Jahren der Bildungsreform 1967–73. Deshalb ist es nötig, um die Position der „kritischen Didaktik" zu profilieren, noch eine weitere Abgrenzung vorzunehmen.

2.3 Kritische Didaktik – 3. Abgrenzung

Gegenüber jenem Teil der Curriculumrevision, der sich im Anschluß an das Modell von ROBINSOHN sowohl der Verfahren und Methoden als auch der Inhalte und Ziele des Lernens und Lehrens annahm, gewinnt die „kritische Didaktik" allmählich über mehrere Stufen ihr eigenes Profil. Die „kritische Didaktik" zeichnet sich aus:

1. Durch die Reflexion der gesellschaftlichen und historischen Bedingungen, in denen es zur Curriculumrevision und dem sie bestimmenden Begriff der Chancengleichheit kommt. Drei charakteristische Merkmale der „Kritischen Didaktik"

    Nach ihrer Analyse taucht auch der Begriff der Chancengleichheit auf in einem historischen Augenblick, in dem es im volkswirtschaftlichen Interesse notwendig werden könnte, die durch Bildungsbarrieren bisher an ihrer Entfaltung gehinderten „Begabungsreserven" auszuschöpfen.

    „Da Lernprozesse in hohem Maße beeinflußbar sind, legte die Theorie des technischen Fortschritts die Möglichkeit nahe, Investitionen im Bildungssektor könnten entschei-

dend sein, um das volkswirtschaftliche Wachstum zu optimieren. In dem Maße, in dem dahingehende Fragestellungen von der öffentlichen Diskussion aufgegriffen wurden, konzentrierte sich auch das Interesse der Erziehungswissenschaft auf Bildungsplanung und Curriculum-Forschung."
(BLANKERTZ, H. (Hrsg.): Curriculumforschung – strategien, strukturierung, konstruktion, Essen 1971, S. 7)

2. Durch die Kritik an der Praxisferne der Curriculumentwicklung.
Die „kritische Didaktik" grenzt sich ab von einem Modell, das Curriculumentwicklung und -implementation zwei zeitlich klar voneinander geschiedenen Phasen und Instanzen zuwies und die Mehrzahl der Lehrer in der Implementationsphase nur als Empfänger und Ausführende betrachtet.

„Eine Auffassung, derzufolge Theoretiker, in unserem Falle also Erziehungswissenschaftler, forschen und dann ihre gesicherten Ergebnisse dem Praktiker, in unserem Falle dem Lehrer, zur Anwendung, allenfalls zur Erprobung zu übergeben hätten, wird von uns abgelehnt. Eine solche Arbeitsteilung müßte den Lehrer zum Vollzugsorgan degradieren, ihn politisch und fachlich entmündigen, während sie den Erziehungswissenschaftler zum bloßen Theoretiker ohne Verantwortung für die praktischen Folgen seines Tuns machte. Demgegenüber gehen wir davon aus, daß nur eine wechselseitige Kommunikation von Erziehungswissenschaftlern und Lehrern eine gemeinsame theoretische Sprache zu erzeugen vermag, in der kritisch auf Unterricht, die ihn leitenden Prinzipien, Normen und Mittel sowie auf die jeweils getroffenen unterrichtlichen Entscheidungen und den erforderlichen Konsens mit den Lernenden reflektiert werden kann."
(BLANKERTZ, Die fachdidaktisch orientierte Curriculumforschung und die Entwicklung von Strukturgittern, in: ders., Fachdidaktische Curriculumforschung, Essen 1971, S. 16)

Die Kritik an der Dichotomie von Theoretikern und Praktikern in der Curriculumentwicklung hat zum Gegenkonzept der „schulnahen Curriculumentwicklung" und der „offenen Curricula" geführt.

3. Durch Kritik an der Deduktion von Lerninhalten aus obersten Lernzielen.

Die Deduktionshypothese

Das ROBINSOHNsche Modell der Curriculumentwicklung ging aus von der Möglichkeit einer direkten und eindeutigen Zuordnung von gewünschten Qualifikationen und Lerninhalten. Aus obersten allgemeinen Lernzielen sollen Teillernziele und Lerninhalte bis hinunter zu einzelnen Erziehungsmaßnahmen abgeleitet werden, so daß eine geschlossene Deduktionskette entsteht, die angibt, wie die Wirklichkeit des Unterrichts aussehen soll. Aber die lückenlose Deduktion erwies sich als Schein. Es zeigte sich bei jedem konkreten Versuch, daß die Deduktion nicht funktioniert. Gleichgültig wie die obersten Lernziele formuliert oder zustande gekommen waren, die Ableitung didaktischer Arrangements daraus ist nie restlos gelungen:

- Innerhalb eines obersten Lernzieles konnten verschiedene, ja geradezu gegensätzlich didaktische Konzeptionen realisiert werden.
- Einander entgegengesetzte und konkurrierende Lernziele allgemeinster Art konnten sich in ähnlichen, vielleicht gleichen didaktischen Konzepten realisieren.

Den direkten Ableitungszusammenhang von allgemeinen Lernzielen und Lernarrangements hat die Münsteraner Gruppe um BLANKERTZ vielleicht zuerst in Zweifel gezogen. Sie problematisierte die „Deduktionshypothese". Statt durch Ableitung aus obersten Lernzielen sollte die inhaltliche Konkretisierung eines Lerngeschehens durch ein „Strukturgitter" ermöglicht werden. Darunter verstanden sie „regulative Kriterien" (BLANKERTZ, Fachdidaktische Curriculumforschung, S. 12), durch die nach Maßgabe der pädagogischen Absicht die gesellschaftliche Realität in didaktische Elemente übersetzt werden konnte.

Das „Strukturgitter"

„Es handelt sich um Kriterienkomplexe, mit deren Hilfe vorgegebene inhaltlich bestimmte Zumutungen zu Lerngegenständen, zu Unterrichtsinhalten strukturiert und qualifiziert werden, weithin auch vorliegende komplexe Unterrichtsinhalte (Unterricht, Lehrbücher, Richtlinien usw.) beurteilt und mit Bestimmtheit kritisiert werden können. Strukturgitter leisten also das, was früher ein einziges, in seinen Aspekten schwer durchschaubares Auswahl- und Konstitutionskriterium, nämlich „Bildung" leisten sollte. Ihm gegenüber haben Strukturgitter jedoch Vorzüge: Einerseits sind sie auf den jeweiligen Unterrichtsbereich hin differenziert und implizieren die jeweilige wissenschaftsdidaktische Fachstruktur, andererseits legen sie ihre normativen Voraussetzungen ausdrücklich offen, während sich im Bildungsbegriff bis in die heutige Zeit unausgewiesene Ideologien konservieren konnten. Didaktische Strukturgitter sind also weder Lerninhalte noch Lernziele, sondern Kriterien für deren Beurteilung in analytischer und konstruktiver Absicht."
(BLANKERTZ a. a. O., S. 20)

2.4 Kritische Didaktik – 4. Abgrenzung

In BLANKERTZ' Modell der Curriculumkonstruktion durch „Strukturgitter" bleibt das lernende Subjekt in auffälliger Weise unberücksichtigt. In seinem Arbeitslehrecurriculum kommen die Lernenden nicht vor als Beteiligte an der Planung ihres eigenen Lernprozesses. Erst LENZEN hat mit seiner Fassung einer kritischen Didaktik auch noch diesen „unkritischen" Rest in BLANKERTZ' Theorie beseitigt. LENZEN stellt dann auch an den Anfang seiner Erörterungen die Reflexion auf den kindlichen Lernvorgang. LENZEN geht aus von einer Unterscheidung, die sich schon in anderen theoretischen Zusammenhängen, in den verschiedenen Richtungen des Strukturalismus und in ihrem Gefolge in den Theorien von CHOMSKY und HABERMAS als sehr nützlich erwiesen hat, die Unterscheidung von Oberflächen- und Tiefenstrukturen. Oberflächenstrukturen nennt LENZEN die gegenständlichen und sozialen Gegebenheiten der menschlichen Umwelt. Tiefenstruktur nennt er die im weitesten Sinne kognitive Organisation des Menschen. Das Verhältnis zwischen Oberflächen- und Tiefenstruktur ist für ihn ein Verhältnis wechselseitiger Determination. LENZEN beschreibt es als einen Transformationsprozeß in beide Richtungen, von Tiefenstrukturen in Oberflächenstrukturen und umgekehrt. Die Annahme einer universalen Tiefenstruktur, die selber nicht mehr determiniert ist, also a priori existiert, muß ihm deshalb als eine „Verkürzung" erscheinen. Er sieht in ihr das Ergebnis einer ahistorischen Verfahrensweise.

Die Reflexion auf den kindlichen Lernvorgang in der „Kritischen Didaktik" von D. Lenzen

> „Dem historischen Charakter der sozialen Verhältnisse wird man nur gerecht, wenn man nicht allein davon ausgeht, daß die Oberflächenstrukturen subjektive Hervorbringungen auf der Basis (universaler) Tiefenstrukturen, sondern, daß diese Tiefenstrukturen selbst noch Resultate der objektiven gesellschaftlichen Verhältnisse und ihrer Entwicklung sind."
>
> (LENZEN, D.: Didaktik und Kommunikation, Frankfurt/M. 1973, S. 21/22)

Die Transformation von Tiefenstrukturen in Oberflächenstrukturen nennt LENZEN „Handeln". Das menschliche Individuum handelt, indem es Tiefenstrukturen in Oberflächenstrukturen transformiert. Dadurch wird Realität erzeugt und verändert. Handeln ist der Name für einen Prozeß der Konstruktion und Rekonstruktion äußerer Wirklichkeit. Die umgekehrte Transformation von Oberflächenstrukturen in Tiefenstrukturen nennt LENZEN „Lernen". Das menschliche Individuum lernt, indem es Oberflächenstrukturen in Tiefenstrukturen transformiert. Dadurch werden kognitive Strukturen im Individuum erzeugt und verändert. Lernen ist dann der Name für einen Prozeß der Konstruktion und Rekonstruktion innerer Wirklichkeit.

Handeln als Transformation von Tiefenstrukturen in Oberflächenstrukturen

Lernen als Transformation von Oberflächenstrukturen in Tiefenstrukturen

Es ist nicht schwer, in diesen Formulierungen den Erkenntnisbegriff wiederzufinden, den wir schon in der ersten Studieneinheit als ein Charakteristikum der Kritischen Theorie dargestellt haben. Schon für die Vertreter der frühen Kritischen Theorie, also vor allem HORKHEIMER, bestand Erkenntnis nicht nur in einem Vorgang der Konstruktion von Wirklichkeit nach „Maßgabe der Kategorien des denkenden Subjekts" (vgl. 1. Studieneinheit S. 61)*, seiner Tiefenstruktur, und auch nicht bloß in der Abbildung der vorgefundenen, sinnlich wahrnehmbaren Welt, seiner Oberflächenstruktur, sondern in ihrer wechselseitigen Vermittlung. Die Veränderung der Oberflächenstruktur und die Veränderung der Tiefenstruktur waren für HORKHEIMER Momente eines einzigen Geschehens. Im Erkenntnisprozeß verändert das Subjekt die Wirklichkeit genauso wie sich selbst. Es konstituiert sich, indem es sich die soziale und gegenständliche Realität, die es vorfindet, produktiv aneignet. An diesem Erkenntnisbegriff der Kritischen Theorie knüpft LENZEN an, auch wenn er sich nicht ausdrücklich darauf beruft. Seine Überlegungen zum Verhältnis von Oberflächenstrukturen und Tiefenstrukturen bringen eigentlich nur eine andere sprachliche Fassung dessen, was man auch bei HORKHEIMER über den Erkenntnisvorgang schon lesen konnte.

Die Übereinstimmungen der Konzeption von LENZEN mit der Kritischen Theorie gehen aber noch weiter. Die Oberflächenstruktur, also die soziale und gegenständliche Wirklichkeit, der sich das Subjekt gegenübersieht, ist nämlich nicht nur determiniert durch seine „transformative Aktivität", sondern auch durch den gesamten historischen und gesellschaftlichen Prozeß. Die Oberflächenstrukturen sind nicht nur das Ergebnis der generierenden Tätigkeit eines Subjekts, sondern der aller Gesellschaftsmitglieder, samt deren Verfahren. Diese Erkenntnis, die LENZEN eher beiläufig ausspricht, hatte schon HORKHEIMER in eine sprachliche Fassung gebracht, die wir bereits in der ersten Kurseinheit zitierten:

> „Die Tatsachen, welche uns die Sinne zuführen, sind in doppelter Weise gesellschaftlich präformiert: durch den geschichtlichen Charakter des wahrgenommenen Gegenstandes und den geschichtlichen Charakter des wahrnehmenden Organs."
> (HORKHEIMER, M.: Kritische Theorie. Frankfurt 1968, S. 148)

Geschichtlich ist der Charakter des wahrnehmenden Organs oder, in der Terminologie von LENZEN, der Tiefenstruktur, weil sie selber das Ergebnis einer Transformation aus der Oberflächenstruktur ist. Geschichtlich ist der Charakter des wahrgenommenen Gegenstandes, der Oberflächenstruktur, weil er zusätzlich zu der wahrnehmenden Aktivität des einzelnen Subjekts, durch die er konstituiert wird, schon konstituiert ist durch die Aktivität aller anderen. Die Umwelt, der das lernende Subjekt sich gegenübersieht und die es als handelndes hervorbringt, ist unabhängig von ihm immer schon, wie LENZEN es ausdrückt, „fremdstruktu-

<small>Die Umwelt des lernenden Subjekts: fremdkonstituiert</small>

---

* Diese Seite findet sich im Original der ersten Kurseinheit nicht. Der Verweis bezieht sich jedoch vermutlich auf das darin enthaltende Kapitel 3.3, das sich mit erkenntniskritischen Aspekten der Kritischen Theorie befasst.

riert" (Dieter LENZEN, a. a. O. S. 76). Das gilt in besonderem Maße für die Umwelt, die man Unterricht nennt und der LENZEN vor allem seine Aufmerksamkeit widmet. Der Unterricht ist „fremdkonstituiert" sowohl durch die gesellschaftlichen Bedingungen überhaupt, unter denen er stattfindet, als auch auf „mikrodidaktischer Ebene" durch die besondere Tätigkeit des Lehrers. Der Lehrer schafft erst, wenn auch nicht allein, sondern nur als letzter in einer langen Kette, die Umwelt, die das lernende Subjekt dann in seine Tiefenstruktur übersetzt. Bei der Einrichtung eines Lernfeldes nimmt der Lehrer zweierlei Transformationen vor: Er transformiert

- die Oberflächenstrukturen der gesellschaftlichen Realität und
- die von den Schülern selbst hervorgebrachten Oberflächenstrukturen, ihre Unterrichtsbeiträge,

in Unterrichtsstrukturen, und zwar auf dem Umweg über seine eigene kognitive Struktur.

Der Lehrer analysiert die gesellschaftliche Wirklichkeit, und er versteht die Äußerungen der Schüler und zieht daraus bestimmte Konsequenzen für seine weiteren Unterrichtshandlungen. Indem LENZEN den Lehrer betrachtet als einen, der nicht nur die Oberflächenstruktur der gesellschaftlichen Realität in Unterrichtsstrukturen transformiert, sondern auch noch die Schüleräußerungen, lenkt er den Blick über den die Lernprozesse steuernden Lehrer hinweg auf den Schüler, der im Unterrichtsgeschehen „selber handelt und – handelnd – lernt." (Dieter LENZEN, a. a. O. S. 131). LENZEN hat vielleicht unter allen Vertretern einer „kritischen Didaktik" am konsequentesten und nachdrücklichsten die konstitutive Rolle der Schüleraktivität für das Unterrichtsgeschehen herausgestellt. Unmißverständlich, wenn auch ein bißchen widersprüchlich, formuliert er:

Die konstitutive Rolle der Schüleraktivität für den Unterricht

> „Unterricht ist nicht ... ein Generat eindimensionaler Lehrertransformation, sondern zum gleichen Teil auch das Resultat von Schülerhandlungen (und das u. U. sogar in erheblich höherem Maße)."
> (LENZEN, D.: a. a. O. S. 132)

Wenn an der Entstehung des Unterrichts der Lehrer wie auch der Schüler zu wie auch immer mehr oder weniger gleichen Teilen beteiligt sind, dann liegt es nahe, das unterrichtliche Geschehen als ein kommunikatives Geschehen zu begreifen.

Unterricht als Kommunikation

Der aktive Beitrag der Schüler an diesem kommunikativen Geschehen kann bisweilen Formen annehmen, die es schwer machen, ihn überhaupt zu erkennen. Ein alltägliches Beispiel, das aus nur drei kommunikativen Einheiten besteht, soll das veranschaulichen.

Beispiel
Der Lehrer steht vor der Klasse. Sie ist im 4. Schuljahr. Vorausgegangen ist eine Exkursion zum Güterbahnhof.

Lehrer: „*Als wir in der vergangenen Woche am Güterbahnhof waren, haben wir allerlei gesehen. Wir wollen nun darüber nachdenken, was wir gesehen haben.*"
Klasse: *schweigt*
Lehrer: „*Frank, erzähl du einmal!*"

Der Verlauf dieser kurzen Unterrichtssequenz scheint auf den ersten Blick ganz und gar ausschließlich durch den Lehrer bestimmt. Seine Aufforderung an die Klasse, über die gemeinsame Exkursion nachzudenken, ist das Ergebnis seiner Transformation aus der Oberflächenstruktur „Besuch im Güterbahnhof" zu einem Bestandteil des Unterrichts. Die Lehreraufforderung wird von den Schülern wörtlich verstanden, d. h. in ihre Tiefenstruktur übersetzt und befolgt. Die Schüler schweigen und denken nach, wie es der Lehrer will. Sie nehmen keinen Einfluß auf das Geschehen. Selbst der Zeitpunkt, an dem sie mit dem Nachdenken aufhören sollen, wird vom Lehrer festgelegt. Er entscheidet darüber, wer von ihnen mit dem Erzählen beginnt.

Auf den zweiten, vielleicht etwas genaueren Blick, nimmt man aber auch noch etwas anderes wahr. Den Ablauf der Szene bestimmt jetzt nicht mehr nur der Lehrer, sondern ihn bestimmen auch die Schüler, und zwar zu einem nicht unbeträchtlichen Teil. Sie verstehen die Äußerung: „Wir wollen nun darüber nachdenken ..." nicht wörtlich, sondern so, wie sie gemeint war, als Aufforderung nämlich zum Erzählen. In ihrer Reaktion geben die Schüler dem Lehrer zu erkennen, daß sie mit seiner indirekten Ausdrucksweise nicht zufrieden sind. Durch ihr beharrliches Schweigen zwingen sie ihn, das Wort „nachdenken" durch „erzählen" zu ersetzen, die Unterstellung „Wir wollen ..." zu vermeiden und eine bestimmte Person anzusprechen.

Die Schüler belehren den Lehrer darüber, wie man das, was man meint, auch adäquat zum Ausdruck bringt. (vgl. zu dieser Szene Dieter LENZEN, a.a.O. S. 135 f.)

Mit der Erkenntnis, daß der Unterricht konstituiert wird durch die aufeinander bezogenen Aktivitäten der Lehrer und Schüler, ist freilich noch nicht viel gewonnen. Die Frage, nach welchen Kriterien der Lehrer seine Transformationen vornehmen soll, damit eine pädagogisch gerechtfertigte und nicht irgendeine beliebige Kommunikation zustande kommt, bleibt offen. Ein solches Kriterium hätte prinzipiell alle Transformationen von Oberflächenstrukturen in solche der Lernumwelt auf allen Niveaus von der Curriculumplanung bis zur konkreten Lehrer- Die Frage nach den Kriterien der Lehrertransformation aktivität anzuleiten. Es müßte die Auswahl der Inhalte sowohl wie die Art und Weise ihrer Präsentation als Lernumwelt festlegen. LENZEN bezeichnet ein solches Kriterium im Anschluß an den Sprachgebrauch der Münsteraner Gruppe um BLANKERTZ als „didaktisches Strukturgitter". Bei seinem Versuch, ein solches „didaktisches Strukturgitter" zu konstruieren und die Konstruktion zu begründen, wird erneut die Nähe seiner Überlegungen zur „Kritischen Theorie" deutlich. Das von ihm konstruierte didaktische Kriterium erhebt nämlich den Anspruch,

> „für die zu erziehende Generation und damit für die Zukunft einer Gesellschaft Partei zu nehmen im Sinne der Realisierung des guten Lebens."
> (LENZEN, D.: a. a. O. S. 124)

Das „didaktische Strukturgitter" ist orientiert am „emanzipatorischen Interesse des Lerners" (Dieter LENZEN, a. a. O. S. 78): Es soll eine Lernumwelt schaffen helfen, die es dem Lernenden erlaubt, jene kognitiven Strukturen aufzubauen, die er braucht, um als mündiges Subjekt handeln und sich äußern zu können. Man kann auch sagen: das „didaktische Strukturgitter" soll nach Maßgabe der antizipierten kognitiven Struktur eines mündigen Subjekts die Transformation von Oberflächenstrukturen in Unterrichtsstrukturen ermöglichen. An der antizipierten kognitiven Struktur eines mündigen Subjekts unterscheidet LENZEN im Anschluß u. a. an HABERMAS die moralische, operative und kommunikative Kompetenz. Alle drei idealen Kompetenzen können nur erworben werden in Auseinandersetzung mit der gesellschaftlichen Realität. An dieser muß sich die Konstruktion eines „didaktischen Strukturgitters" genauso orientieren wie an den antizipierten Kompetenzen eines mündigen Subjekts. LENZEN gliedert dann auch die soziale Realität, wiederum im Anschluß an HABERMAS, nach den drei Medien, durch die sich diesem zufolge das gesellschaftliche Leben konstituiert: Arbeit, Sprache, Herrschaft. Diese drei Medien und die drei antizipierten idealen Kompetenzen bilden die Eckpfeiler des „didaktischen Strukturgitters". LENZEN differenziert diese Kategorien noch weiter bis hinunter zum konkreten Vorschlag eines „didaktischen Strukturgitters" für den Unterricht in der Primärsprache. Ob ihm dies wirklich gelungen ist, wollen wir jetzt nicht weiter verfolgen. Es genügt uns, die Verbindung seiner Überlegungen zur Kritischen Theorie angedeutet zu haben.

Die Orientierung am mündigen Subjekt

Methodologie einer kritischen Erziehungswissenschaft

3

Bereits in den ersten beiden Studienbriefen haben wir uns mit Fragen befaßt, die im weitesten Sinn der Methodologie zuzurechnen sind: Waren es zunächst erkenntnistheoretische Postulate, die wir im Anschluß an Max HORKHEIMERs sozialphilosophische Studien dargestellt haben (1.3.2)*, so waren es dann die Komponenten konkreter Forschungsarbeit, die wir am Beispiel der von Jürgen HABERMAS u. a. durchgeführten Untersuchung „Student und Politik" zu erarbeiten suchten**. Dabei stellten wir fest, daß entsprechend den erkenntnistheoretischen Postulaten der Kritischen Theorie die philosophische Reflexion der Begriffe, die geschichtliche Bestimmung des Gegenstandes und die empirische Kontrolle als Momente kritischer sozialwissenschaftlicher Forschung ineinandergreifen.

Sozialwissenschaftliche Methodologie

In dieser Studieneinheit stellen wir die Frage von der Pädagogik her: Gibt es eine spezifisch erziehungswissenschaftliche Methodologie, die in der Wahl und Begründung ihrer methodologischen Regeln dem emanzipatorischen Anspruch der Kritischen Theorie nachkommt? Oder, anders ausgedrückt: gibt es eine Methodologie, die es erlaubt, Erziehungswissenschaft als kritische Sozialwissenschaft zu konzipieren und zugleich der Besonderheit von Erziehungsprozessen und -verhältnissen als dem Mittelpunkt ihrer Forschung Rechnung zu tragen?

Erziehungswissenschaftliche Methodologie

Da die Erziehungswissenschaftler, die der Pädagogik der Kritischen Theorie zugerechnet werden, sich vor allem auf die erkenntnistheoretischen und methodologischen Überlegungen von HABERMAS stützen, beginnen wir unsere Darstellung mit diesen.

---

* Ein Kapitel 1.3.2 existiert nicht in den Kurseinheiten. Naheliegend ist hier die Bezugnahme auf das Kapitel 1.2 der 2. Kurseinheit.
** Kurseinheit 2, Kap. 2

3.1 Die Interessengebundenheit wissenschaftlicher Theorie (HABERMAS)

Bei der Erläuterung der erkenntniskritischen Position HORKHEIMERs (in der ersten Kurseinheit) wiesen wir schon darauf hin, daß dort der Erkenntnisprozeß so verstanden wird, daß er immer in irgendeiner Weise an gesellschaftliche Interessen gebunden sei. Dieser Gedanke nun wurde von J. HABERMAS aufgegriffen und in seiner Antrittsvorlesung an der Universität Frankfurt im Jahre 1965 (Erkenntnis und Interesse, in: J. HABERMAS, Technik und Wissenschaft als „Ideologie", Frankfurt/M. 1968, S. 146–168) genauer entfaltet:

Wissenschaft und Bildung

*HABERMAS beginnt mit einer kurzen Skizze einiger Positionen der abendländischen Philosophie. Er hebt dabei insbesondere die These der klassischen griechischen Philosophie (vor allem PLATON) hervor, daß Theorie praktisch bedeutsam dadurch sei, daß der Philosoph, überhaupt jeder an Erkenntnis interessierte Mensch, „die unsterbliche Ordnung anschaut", die Ordnung des Kosmos also, und dabei nicht umhin könne, „sich selber dem Maß des Kosmos anzugleichen, ihn in sich nachzubilden" (S. 147). Nachdem nun aber, in der Geschichte der neuzeitlichen Philosophie und Wissenschaft, die Gewißheit dieses Zusammenhanges verloren ging, sei die Vorstellung aufgekommen, Theorie habe mit Praxis, mit den alltäglichen Orientierungen des menschlichen Lebens, nichts gemeinsam (S. 150). Die Frage, die sich HABERMAS stellt und die schon (eine Generation früher) HORKHEIMER beschäftigt hatte, ist nun, ob es sich wirklich so verhält. Er diskutiert deshalb die Position eines Philosophen, der sich mit diesem Problem intensiv auseinandergesetzt hatte und – ähnlich wie die griechische Philosophie des PLATON – zu der Meinung gelangte, gerade durch die Konzentration des Erkennenden auf nur theoretische Einsichten, eine Kontemplation, „die ihn aus dem Netz der Lebensinteressen befreit", könne die Theorie „eine handlungsorientierende Bildung" erzeugen (S. 151). Dieser Philosoph ist E. HUSSERL (1859–1938), der Begründer der „Phänomenologie". HABERMAS meint nun, daß dieses Vertrauen auf die „therapeutische Kraft" der reinen Theorie zwar respektabel, nicht aber **begründbar** sei (S. 152). Müssen wir uns also zufrieden geben mit der Unentscheidbarkeit der Frage, in welcher Weise und ob überhaupt die Theorie (wissenschaftliche Erkenntnis, Philosophie) mit der alltäglichen Lebenspraxis der Menschen verbunden ist? Oder stehen Theorie und Praxis, Erkenntnis und Interesse nicht doch in einem unauflösbaren Zusammenhang?*

HABERMAS wirft damit eine Frage auf, die nicht nur wissenschaftstheoretisch, sondern auch unmittelbar pädagogisch bedeutsam ist. Das zeigt sich in dem Bezug auf den für die griechische Philosophie wichtigen Zusammenhang von Theorie und Bildung des Menschen (Paideia) und in dem prinzipiell zustimmenden Hinweis auf HUSSERLs Hoffnung, durch die „universale wissenschaftliche Vernunft" könne die Menschheit „zu einem von Grund aus neuen Menschentum" gebildet werden (S. 151 f.). Damit nun diese Hoffnung nicht nur behauptet, sondern auch begründet werden kann, müsse geprüft werden, wie denn die Erkenntnistätigkeit des Menschen mit dem Handlungssinn, der der Praxis innewohnt, verbunden sei, ob – nicht nur für die Lebensformen der griechischen Polis, sondern auch für die moderne Zivilisation – so etwas wie ein „erkenntnisleitendes Interesse" ermittelt werden kann.

Die Frage wird nun von HABERMAS **nicht** für **jede** Art von Erkenntnis, für jede Art von Wissenschaft und Philosophie beantwortet, sondern nur für einige, freilich in der modernen Wissenschaft besonders wichtige Konzeptionen wissenschaftlicher Forschung erläutert: „Für drei Kategorien von Forschungsprozessen läßt sich ein spezifischer Zusammenhang von logisch-methodischen Regeln und erkenntnisleitenden Interessen nachweisen" (S. 155), nämlich   *Drei Konzeptionen von Forschung*

1. für erfahrungswissenschaftliche Theorien und Verfahren („empirisch-analytische Wissenschaften"),
2. für solche Theorien und wissenschaftlichen Verfahren, die sich mit dem Sinn menschlicher Handlungen, insbesondere in den verschiedenen Kulturäußerungen in Geschichte und Gegenwart befassen („historisch-hermeneutische Wissenschaften"), und
3. für solche Theorien und Verfahren, die sich auf das soziale Handeln richten und prüfen, „wann die theoretischen Aussagen invariante Gesetzmäßigkeiten des sozialen Handelns überhaupt und wann sie ideologisch festgefrorene, im Prinzip aber veränderliche Abhängigkeitsverhältnisse erfassen" (S. 158) („systematische Handlungswissenschaften").

Diesen drei Typen oder Klassen von Wissenschaften lassen sich nun je besondere „erkenntnisleitende Interessen" zuordnen, die nicht nur in der Wissenschaft eine Rolle spielen, sondern die bereits im Alltagshandeln der Menschen enthalten sind. Diese Interessen seien – wie HABERMAS sagt – „transzendental notwendig" (S. 162), d. h., es handelt sich um Gesichtspunkte, die vor jeder besonderen Erfahrung mit der Eigentümlichkeit der Gattung Mensch gesetzt sind: *Drei Arten von Interesse*

1. Der Mensch muß sein Leben durch **Arbeit** erhalten, muß also über Natur verfügen können; dazu ist eine Art von Wissen erforderlich, das es gestattet, auf Grund von Kenntnis der Gesetze natürlicher Abläufe Prognosen zu formulieren und Werkzeuge (Techniken) herzustellen. Das darin enthaltene Interesse nennt HABERMAS das **technische Erkenntnisinteresse**.

2. Der zweite Wissenstypus entsteht dadurch, daß Menschen ihr Leben nicht nur „materiell" sichern; sie brauchen „eine Orientierung des Handelns unter gemeinsamen Traditionen" (S. 162), eine Kultur, und das geschieht im Medium der **Sprache**. Das darin enthaltene Interesse nennt HABERMAS das **praktische Erkenntnisinteresse**.

3. Schließlich wird das gesellschaftliche Leben der Menschen immer auch durch Formen der **Herrschaft** zusammengehalten; das menschliche Individuum muß deshalb sein Bewußtsein als Einzelnes, seine Ich-Identität zu den Normen der Gruppe in Beziehung setzen und – wenigstens der Möglichkeit nach – sich von diesen Normen, „aus der Abhängigkeit von hypostasierten Gewalten" (S. 162) lösen können. Das darin enthaltene Interesse nennt HABERMAS das **emanzipatorische Erkenntnisinteresse**.

<small>Bedeutung für die Erziehungswissenschaft</small>

Für die Erziehungswissenschaft ist dieser Gedankengang **aus zwei Gründen interessant**:

1. Er verknüpft den Begriff der Bildung des Menschen mit den Problemen wissenschaftlicher Methode, wirft also die Frage auf, wie der Zusammenhang zwischen den Erkenntnisweisen des Menschen und seiner Lebenspraxis zu denken sei. Diese Frage nun war nicht nur für die griechisch-antike „Paideia" von zentraler Bedeutung, sondern auch für jene Autoren, die zu Beginn des 19. Jahrhunderts die Grundzüge einer Theorie der Bildung entwarfen und auf Sinn und Methode akademischer Studien bezogen; das waren beispielsweise und vor allem J. G. FICHTE, F. W. J. SCHELLING und F. D. SCHLEIERMACHER.

(Auch heute noch sind diese Schriften nicht nur lesenswert aus historischem Interesse; der historische Abstand ist so groß nicht, daß wir nicht Fragestellungen in ihnen entdecken könnten, die immer noch aktuell sind. Das gilt besonders für SCHELLINGs „Vorlesungen über die Methode des akademischen Studiums", FICHTEs „Deduzierter Plan einer in Berlin zu errichtenden höheren Lehranstalt", SCHLEIERMACHERs „Gelegentliche Gedanken über Universitäten im deutschen Sinn" und STEFFENS' „Über die Idee der Universitäten". Wir möchten Ihnen die Lektüre dieser Schriften sehr anraten. Besseres ist seitdem über den Zusammenhang von Bildung und Wissenschaft nicht geschrieben worden; Sie sollten das irgendwann einmal lesen, beispielsweise in der Ausgabe: Die Idee der deutschen Universität, hrsg. von E. ANRICH, 1956; vgl. dazu auch H. SCHELSKY, Einsamkeit und Freiheit, Reinbek 1963)

2. Die Erziehungswissenschaft will die Theorie pädagogischer Handlungen sein. Damit ist sie mit einer Schwierigkeit konfrontiert, die in dem Text von J. HA-

BERMAS zur Sprache gebracht wird. Welches methodische Fundament soll sie sich suchen? Ist sie die Theorie einer Technik, deshalb dem technologischen Interesse zuzurechnen und nach Art der empirisch-analytischen Wissenschaften zu konstruieren? Ist sie die Theorie sinnvermittelnden Handelns und also den historisch-hermeneutischen Wissenschaften zuzurechnen? Oder ist ihr Gegenstand die Ausbildung einer herrschaftskritischen Ich-Identität, mithin eine Disziplin innerhalb der kritischen Handlungswissenschaften, denen ein emanzipatorisches Interesse innewohnt?

Die Antwort ist nicht so leicht zu geben, wie es bei raschem Blick auf diese Unterscheidungen scheinen könnte, denn sicher kann man in der Tätigkeit von Eltern, Erziehern und Lehrern alle drei Momente wiederfinden, ohne sogleich sagen zu können, daß dieser Befund nicht rechtens sei.

Obwohl diese Frage seit Erscheinen der oben referierten Vorlesung von J. HABERMAS in der Erziehungswissenschaft mit besonderer Heftigkeit diskutiert wurde, sollte man nicht unterschlagen, daß ihre Erörterung eine längere Tradition hat. Falls Sie an dieser Stelle Ihre Kenntnisse vertiefen möchten, ist die Schrift von W. FLITNER: Das Selbstverständnis der Erziehungswissenschaft in der Gegenwart, Heidelberg 1957, zu empfehlen. Dort finden Sie auch Hinweise auf den weiteren Kontext von Positionen und Kontroversen in der Vergangenheit.

3.2 Erkenntnisinteresse in der Erziehungswissenschaft: Versuch der Integration von Empirie, Hermeneutik und Ideologiekritik (KLAFKI)

Anknüpfend an diese Konzeption fundamentaler erkenntnisleitender Interessen entwickelt Wolfgang KLAFKI sein Programm einer kritisch-konstruktiven Erziehungswissenschaft.

Klafkis Konzept kritischer erziehungswissenschaftlicher Methodologie

KLAFKI steht hier exemplarisch für die Vertreter einer Theorie der kritischen Pädagogik. Vergleiche als einen ähnlichen Ansatz, der ebenfalls von der HABERMAS'schen Erkenntnistheorie ausgeht, Wolfgang LEMPERT, Bildungsforschung und Emanzipation, in: Leistungsprinzip und Emanzipation, S. 510 ff.

KLAFKI wählt bei seiner Darstellung den Weg eines Durchgangs durch die neuere Theoriegeschichte der Pädagogik, in der er diese Interessen in einseitiger Beschränktheit repräsentiert sieht. So verpflichtete sich die geisteswissenschaftliche Pädagogik dem Ziel, durch Aufklärung über die historischen Entstehungsbedin-

Geisteswissenschaftliche Pädagogik

gungen und Lösungsmöglichkeiten von anstehenden pädagogischen Problemen zu einer reflektierten erzieherischen Praxis anzuleiten. Formuliert als ein an individueller Emanzipation, nämlich dem Anspruch des Kindes auf Selbstentfaltung orientiertes Interesse, verkürzte es sich im methodischen Vollzug jedoch auf ein ‚praktisches' Interesse. Geisteswissenschaftliche Pädagogik beschränkte sich weitgehend auf die historisch-hermeneutische Ermittlung der Selbstdeutungen von pädagogischer Theorie und Praxis und verlor dabei die Überprüfung der objektiven Bedingungen und Möglichkeiten von emanzipatorischer Erziehung aus den Augen.

„Es ist die methodische Naivität der geisteswissenschaftlichen Pädagogik im Hinblick auf die Erfassung der jeweils gegenwärtigen Erziehungswirklichkeit, also all der Vorgänge, Institutionen, Faktoren, die den tatsächlichen Ablauf von erzieherischen oder erzieherisch bedeutsamen Prozessen in der jeweiligen Gegenwart ausmachen und bestimmen ..."
(KLAFKI, Aspekte kritisch-konstruktiver Erziehungswissenschaft, S. 30)

Erfahrungswissenschaftliche Pädagogik

Im Unterschied dazu geht es der erfahrungswissenschaftlichen Pädagogik gerade um die empirische Ermittlung von pädagogischen Sachverhalten, einschließlich der darin eingehenden soziologischen und psychologischen Faktoren, mit dem Ziel einer rationalen Planung von optimalen Lernsituationen. Soweit sie sich dabei allerdings auf den empirischen Nachweis von Gesetzmäßigkeiten beschränkt, ohne die Frage nach der prinzipiellen Veränderbarkeit von Determinationsverhältnissen des Erziehungsgeschehens zu stellen, schließt sie Selbstbestimmung als Begründung für ihre Verfahren aus. Erkenntnisstreben mündet dann in ein ‚technisches' Erkenntnisinteresse.

„Wenn Erziehungswissenschaft bestimmte Erkenntnisse über gesetzmäßige oder mindestens gesetzartige Zusammenhänge, etwa zwischen der Anwendung bestimmter Übungsmethoden und dem Erfolg beim Behalten oder über den Zusammenhang zwischen bestimmten Organisationsformen des Unterrichts und den sozialen Beziehungen der Schüler, gewonnen hat, so scheint es möglich, in theoretischem Vorentwurf Anwendungssysteme, Technologien des Lehrens oder der Unterrichtsorganisation zu entwickeln und sie in der Praxis als pädagogische Techniken zum Einsatz zu bringen."
(KLAFKI, a. a. O., S. 37)

Kritik an dem methodischen Vorgehen bei der pädagogischer Ausrichtungen

KLAFKI formuliert seine Kritik – in Übereinstimmung mit den Theoremen der Kritischen Theorie – aus der Erkenntnis, daß soziales und also auch erzieherisches Handeln und Denken durch die jeweiligen gesellschaftlichen Verhältnisse bestimmt und ideologisch verzerrt ist, was

„eine aufweisbare, von Interessen bestimmte Fehleinschätzung der gesellschaftlichen Situation und der in ihr gegebenen Handlungsmöglichkeiten zur Folge" habe. (KLAFKI, a. a. O., S. 51)

Demgegenüber macht er folgendes geltend:

„Die konsequente Reflexion auf die Möglichkeit, dem einzelnen wirklich zur Selbstbestimmung, zur Emanzipation, zum Recht auf individuelles Glück zu verhelfen, führt kritische Theorie zu der Einsicht, daß diese Möglichkeit **nur in einer entsprechend strukturierten Gesellschaft** gegeben ist. Erziehungswissenschaft im Sinn kritischer Theorie muß daher notwendigerweise zur permanenten Gesellschaftskritik werden oder sich mit Gesellschaftskritik verbünden, die an den genannten Prinzipien orientiert ist."
(KLAFKI, a. a. O., S. 51)

Die Unzulänglichkeiten der geistes- und der erfahrungswissenschaftlichen Pädagogik in der gesellschaftskritischen Dimension sieht KLAFKI nicht in einer prinzipiellen Unangemessenheit ihrer Methoden gegenüber ihrem Gegenstandsbereich, sondern in der Vereinseitigung ihres methodischen Vorgehens und der Verengung ihrer Fragestellungen.

„Prinzipiell kann die Hermeneutik die ideologiekritische Perspektive durchaus in sich aufnehmen, und sie muß es heute tun ..."
(KLAFKI, a. a. O., S. 42)

Ideologiekritische Dimension von Erziehungswissenschaft

So entwickelt er das Konzept einer kritischen Erziehungswissenschaft, in der – bestimmt von dem ‚emanzipatorischen' Interesse an Mündigkeit und Selbstbestimmtheit – Hermeneutik und Empirie aus ihrer Einseitigkeit herausgehoben sind und unter ideologiekritischer Fragestellung arbeitsteilig ineinandergreifen:
Die sinnverstehende Auslegung von gesellschaftlich-geschichtlichen Bedingungen und Theoremen der Erziehung mündet dann ein in empirisch zu überprüfende Fragestellungen; empirisch gewonnene Ergebnisse gewinnen ihren Stellenwert wiederum nur in der hermeneutischen Ermittlung ihrer Bedeutung im Bezugsrahmen gesamtgesellschaftlicher Verhältnisse. Auf dieser Grundlage erst ist der hypothetische Entwurf und die Planung kritisch-verändernder Erziehungspraxis möglich, die wiederum der empirischen Kontrolle unterworfen sein muß, usw.

Wechselseitige Ergänzung von empirischer und hermeneutischer Methode

„Allgemein ergibt sich also: Die für die Erziehungswissenschaft relativ neuen erfahrungswissenschaftlichen Methoden und die von ihr bereits länger praktizierten histo-

risch-hermeneutischen Methoden schließen einander nicht etwa aus, sondern sind wechselweise aufeinander bezogen. Man kann das Verhältnis als einen ständigen dynamischen Rückkoppelungsprozeß beschreiben: von hermeneutischer Entwicklung der Fragestellungen und Hypothesen zur hermeneutischen Interpretation der so gewonnenen Ergebnisse und zur Herleitung neuer Hypothesen für neue empirische Untersuchungen usf."
(KLAFKI, a. a. O., S. 36/7)

Aufgabe 3

Stellen Sie sich ein Forschungsvorhaben vor, in dem die Leistungsfähigkeit und Leistungsbereitschaft von Schülern untersucht werden soll. Welche Überlegungen sind in die Untersuchung miteinzubeziehen?

Versuchen Sie dabei insbesondere sich vorzustellen, wie das „technische", das „praktische" und das „emanzipatorische" Erkenntnisinteresse zur Geltung gebracht werden könnten. Vielleicht haben Sie bereits Ähnlichkeiten mit dem Methoden-Kapitel der zweiten Kurseinheit entdeckt. Es ist nützlich, dort noch einmal nachzulesen.

3.3 Handlungsforschung

3.3.1 Handlungsforschung als kritische Methode

Das Verhältnis von Pädagogik und Kritischer Theorie ist prinzipiell problematisch. Während die Kritische Theorie – zumindest in ihrer ursprünglichen Fassung – sich auf den „besseren Zustand", den sie will, wesentlich in Form der Kritik am Bestehenden bezieht, gehört es bisher zum Selbstverständnis der Pädagogik als Handlungswissenschaft, daß sie entweder selbst positive Ziele und Mittel der erzieherischen Praxis formuliert oder zumindest das begriffliche und methodische Instrumentarium dafür bereitstellt.

*Das deutet sich schon in dem von KLAFKI gewählten Ausdruck „kritisch-**konstruktiv**" an. Nicht nur unter dem Eindruck der Kritischen Theorie, sondern auch durch die Hoffnungen, die sich um 1970 (Tätigkeit des Deutschen Bildungsrates, rasche Vermehrung der finanziellen und organisatorischen Ressourcen für die Bildungs- und Erziehungsforschung) im Hinblick auf eine Beteiligung der Wissenschaft an Reformen einstellten, wurde die methodologische Diskussion neu belebt. Der alte Zweifel, ob auch für die Erziehungswissenschaft das **Experiment** der Königsweg der Forschung sein könne, bekam neue Nahrung; denn nun konnten ja Experimente einem nur „technologischen" Erkenntnisinteresse zugeschlagen werden. Andererseits* war unabweislich, daß die Bildungsreform empirisch gewonnenes Wissen benötigte. Aber *wie* sollte dies gewonnen werden, und zwar so, daß auch dem „praktischen" und dem „emanzipatorischen" Erkenntnisinteresse genüge getan wird?

In dieser Situation wurde – im Rückgriff auf Vorschläge, die schon während des 2. Weltkrieges K. LEWIN in den USA gemacht hatte (Die Lösung sozialer Konflikte, Bad Nauheim 1975) – ein Forschungskonzept attraktiv, das Praxisrelevanz und kritische Intentionen zu verbinden versprach: das Konzept der Handlungsforschung (oder Aktionsforschung bzw. action research), das empirische Forschung als eingreifende Praxis entwirft.

Dem Handlungsforschungskonzept liegen, soweit wir sehen, drei Motive zugrunde: ein im engeren Sinne methodologisches, ein ethisches und ein politisches: *Drei Motive der Handlungsforschung*

1. **Methodologisches Motiv**
Erziehungswissenschaftliche Forschung hat es aufgrund der Eigenart ihres Gegenstandes zumeist mit „Sinnhaftem" – mit Handlungen und Haltungen, mit Werten, sozialen Erfahrungen und Beziehungen etc. – zu tun. Sie zielt daher auf Daten, die allein über das Verstehen von Sinn zugänglich sind. Der Modus der Erfahrung (Empirie) ist also nicht so sehr die Beobachtung (wie in den Naturwissenschaften), sondern in erster Linie Verständigung über symbolisierte Gehalte (kommunikative Erfahrung). Deshalb muß Forschung als Kommunikationsprozeß zwischen Forschenden und ihren ‚Objekten' methodologisch konstruiert werden.
2. **Ethisches Motiv**
Pädagogische Forschung hat ihr Objekt u.a. in sprach-, handlungs- und reflexionsfähigen Subjekten. Ungerechtfertigt erscheinen deshalb Forschungsverfahren, die im Interesse systematischer Bedingungsvariation diese Tatsache vernachlässigen und die Veränderung von Menschen mit deren Manipulation gleichsetzen. Dagegen wird von der Handlungsforschung postuliert, daß alle am Forschungsprozeß Beteiligten – nicht nur die Forscher, sondern auch ihre „Objekte" – diesen als Lern- und Aufklärungschance wahrnehmen können.
3. **Politisches Motiv**
Wenn Kommunikation unabdingbar (Motiv 1) und die Eröffnung von Lernchancen geboten ist (Motiv 2), dann liegt es zumindest nahe, den Forschungsprozeß selbst – und nicht nur die Verwendung seiner Ergebnisse – als „emanzipatorische" Praxis aufzufassen und theoretisch wie organisatorisch in den Kontext politischer und sozialer Veränderungsstrategien zu rücken.

Handlungsforschung, besonders Handlungsforschung in kritischer Absicht, hat noch keine lange Tradition. (Wie wir in den beiden ersten Studienbriefen gesehen haben, hat sie in der Kritischen Theorie der Frankfurter Schule so gut wie keine Rolle gespielt). Es gibt darum noch keinen anerkannten Kanon methodologischer Regeln, der z. B. der Methodologie des Experiments äquivalent wäre. Wir müssen uns hier darauf beschränken, einige Orientierungslinien zu ziehen. Voll verständlich wird Handlungsforschung erst, wenn sie zusammen mit der vorherrschenden empirisch-analytischen Methodologie und Forschungspraxis gesehen wird, zu deren Ergänzung oder gegen die sie entworfen wurde. Ebenso müssen wir auf die Darstellung von beispielhaften Handlungsforschungsprojekten verzichten. Im folgenden stützen wir uns zunächst auf Beiträge von Wolfgang KLAFKI, sodann auf die Handlungsforschungskonzeption des Wiesbadener Autorenkollektivs HEINZE/MÜLLER/STICKELMANN/ZINNEKER. Andere Ansätze und Darstellungen, etwa die von HAAG et al. (1972) und MOSER (1975), müssen unberücksichtigt bleiben.

3.3.2 Handlungsforschung als innovatorische Problemlösung

Auf der Grundlage eigener Erfahrung in einem Marburger Grundschulprojekt hat KLAFKI mehrfach zum Konzept und zu den Problemen der Handlungsforschung Stellung genommen (vgl. die Beiträge in KLAFKI 1976, S. 57–137). Er charakterisiert dort Handlungsforschung folgendermaßen:

Charakteristik der Handlungsforschung

„(1) Handlungsforschung ist in ihrem Erkenntnisinteresse und damit ihren Fragestellungen von Anfang an auf gesellschaftliche bzw. auf pädagogische Praxis bezogen, sie will der Lösung gesellschaftlicher bzw. praktisch-pädagogischer Probleme dienen.

(2) Handlungsforschung vollzieht sich in direktem Zusammenhang mit den jeweiligen praktischen Lösungsversuchen, denen sie dienen will; sie greift als Forschung **unmittelbar** – und nicht erst **nach** vollzogenem Forschungsprozeß, als sog. ‚Anwendung' der Forschungsergebnisse – in die Praxis mit ein, und sie muß sich daher für Rückwirkungen aus dieser von ihr selbst mitbeeinflußten Praxis auf die Fragestellungen und Forschungsmethoden **im Forschungsprozeß selbst** – und nicht erst in der abschließenden Auswertungsphase im Hinblick auf **zukünftige** Forschung – offenhalten.

(3) Handlungsforschung hebt in irgendeinem Grade bewußt und gezielt die Scheidung zwischen Forschern auf der einen und Praktikern in dem betreffenden Aktionsfeld ... auf der anderen Seite auf zugunsten eines möglichst direkten Zusammenwirkens von Forschern und Praktikern im Handlungs- und Forschungsprozeß."
(KLAFKI 1976, S. 60)

Methodologie einer kritischen Erziehungswissenschaft

Wie das Zitat zeigt, sucht die Handlungsforschung zwei Momente des Theorie-Praxis-Verhältnisses zu verändern:

Veränderungen im Theorie-Praxis-Verhältnis

1. Zunächst wird die **Arbeitsteilung** zwischen Wissenschaftlern und Praktikern bzw. zwischen Theorie/Forschung einerseits und gesellschaftlicher Praxis andererseits durch die Forschungspraxis selber in Frage gestellt. Dies hat mit Sicherheit den **pragmatischen** Sinn größerer „Praxisnähe" der Forschung (denn eher als die feldfremden Wissenschaftler können die Praktiker angeben, wie sich die pädagogischen Probleme für sie unter den besonderen Bedingungen ihrer Handlungssituation stellen). Praxisnähe allein macht die Forschung allerdings bestenfalls verwertbar, aber noch nicht kritisch. Mit dem Gedanken der Aufhebung der Arbeitsteilung als Moment kritischer Forschung muß sich deshalb eine weitere Intention verwinden: nämlich die der Emanzipation der pädagogischen Praxis aus einem autoritären Verhältnis unmündiger Hörigkeit gegenüber der „über ihr" stehenden Wissenschaft. Kritische Handlungsforschung soll darum als Selbstaufklärung der Praxis über ihre Ziele, Verfahren, Voraussetzungen und Möglichkeiten – organisiert werden.
2. Implizit ist damit ein weiteres Moment des Theorie-Praxis-Verhältnisses, nämlich das zugrunde liegende Erkenntnisinteresse, problematisiert. Denn wie kritische Erziehungswissenschaft überhaupt, sucht auch die Handlungsforschung eine auf ein technisches Erkenntnisinteresse reduzierte Konzeption von Erziehung und Erziehungswissenschaft zu überwinden. Sie versucht das dadurch, daß sie die Sinnverständigung, die sozialwissenschaftlicher Erkenntnis als kommunikativer Erfahrung ebenso zugrunde liegt wie der Erziehung als einem kommunikativ vermittelten Bildungsprozeß, systematisch zur Geltung zu bringen sich bemüht. Das bedeutet, daß Forscher und Praktiker sich gemeinsam verständigen

Handlungsforschung und Erkenntnisinteresse

- über die **Handlungsziele** im Praxis-Feld (z. B. ob die Verminderung des um Leistungen konkurrierenden Verhaltens von Schülern zugunsten stärker kooperierenden Unterrichtsverhaltens anzustreben sei),
- über die **Forschungsziele** und ihre Stellung zu den Handlungszielen (z. B. welche Hypothesen dem Handlungsziel dienlich und welche Veränderungen der Praxis daraufhin möglich und zweckmäßig sein könnten),
- über die Wahl der **Forschungsmittel,** der Arrangements und einzelnen Forschungstechniken (z. B. ob auf Vergleichsgruppen verzichtet werden könne, standardisierte Beobachtungs- oder Testverfahren nützlich seien, gruppendynamische Verfahren Verwendung finden könnten),
- über die **Auswirkungen,** die die einzelnen Forschungsschritte auf das Praxisfeld haben (z. B. Kontroversen im Lehrerkollegium, Verunsicherung

von Eltern, Leistungsabfall bei Schülern, Fortbildungsinteressen der Lehrer usw.)

Komplizierung des Forschungsprozesses

Dies führt, wie KLAFKI sehr wohl sieht, zu einer methodologischen Komplizierung des Forschungsprozesses. Denn die Auswirkung der im Forschungsprozeß gewonnenen Erkenntnisse auf die Beteiligten (Theoretiker wie Praktiker) sind selbst noch dessen Gegenstand:

> „Mit dem Ansatz der Handlungsforschung wird das Verhältnis von Theorie und Praxis, das die Erziehungswissenschaft seit eh und je als eine ihrer Kernfragen beschäftigte, in einer neuartigen Weise aufgeworfen: weil nämlich einesteils der Vollzug der Forschung – die Forschungspraxis – hier, mindestens z. T., als ein Moment der zu erforschenden pädagogischen Praxis auftritt und weil zum anderen die zu erforschende Praxis von Anfang an als eine zu verändernde, und zwar eine unter dem Einfluß der Forschungspraxis zu verändernde betrachtet wird. Handlungsforschung ist also Innovationsforschung, bei der die Forschung in den Innovationsprozeß mit einbezogen wird." (KLAFKI, a. a. O., S. 61)

Es wird, um beim letzten Beispiel zu bleiben, nicht nur untersucht, wie ein verändertes Unterrichtsverfahren von Lehrern das Verhalten von Schülern im Hinblick auf Konkurrenz und Kooperation verändert – dies ließe sich im Rahmen des herkömmlichen Feldexperiments ermitteln. Die Handlungsforschung möchte sich an der Veränderung des ganzen Handlungsfeldes beteiligen und bezieht deshalb zwei Reflexionsdimensionen in die Untersuchung ein: zum einen die der Problemformulierung und -bearbeitung, woran alle, „Forscher" und „Erforschte", zu beteiligen sind; zum anderen die kontinuierliche Verarbeitung der im Projektverlauf gemachten Erfahrungen durch alle Beteiligten, woraus sowohl Kritik der Projektpraxis wie innovatorische Entwürfe resultieren können, die direkt auf die Forschungs-Erziehungs-Praxis zurückwirken.

Wir verstehen die Intention KLAFKIs so, daß er die Logik einer solchen Forschungspraxis allererst herausfinden (rekonstruieren) möchte, die aus emanzipativ-innovatorischem Engagement traditionelle Forschungsregeln außer Kraft gesetzt hat, ohne schon über eine hinreichend begründete methodologische normative Alternative zu verfügen. Keinesfalls sieht KLAFKI sich veranlaßt, die empirisch-analytische Methodologie zugunsten der Handlungsforschung als alleiniger Methode erziehungswissenschaftlicher Forschung zu verwerfen (KLAFKI 1976, S. 62 f.). Man kann deshalb die große Bedeutung, die das Konzept der Handlungsforschung im Rahmen der Kritischen Erziehungswissenschaft gewonnen hat, auch so verstehen, daß mit ihm keine völlig neue Forschungsstrategie entworfen wird. Vielmehr ist sie ein Weg, die von HABERMAS skizzierten Erkenntnisinteressen (das technische, praktische und emanzipatorische) nicht arbeitsteilig über verschiedene Wissenschaften und Forschungsvorhaben zu verteilen, sondern in **einem Forschungsprojekt zusammenzubinden.**

3.3.3 Kritik der „kritischen" Handlungsforschung

In der Diskussion zur Handlungsforschung gibt es manche Übertreibungen, die den methodischen Sinn dieses Konzepts überstrapazieren. Problematisch erscheinen vor allem die folgenden Meinungen von Erziehungswissenschaftlern, die versuchen, das Handlungsforschungskonzept radikal zu interpretieren und im strengen Sinne des Wortes als methodologische „Alternative", die sich aus dem Ansatz der Kritischen Erziehungswissenschaft ergebe, vorzuschlagen.

1. Zunächst wird der methodologische „Gegner", die „positivistische Sozialforschung", so stilisiert, wie es HORKHEIMER einst mit der „Traditionellen Theorie" tat – damals allerdings und in polemischer Absicht zu Recht, weil es galt, überhaupt erst einmal das Problem einer „kritischen" Wissenschaft zu skizzieren –:

   Stilisierungen

„Positivistische Sozialforschung zielt auf raum- und zeitunabhängige Gesetzesaussagen über Soziales ab und unterstellt damit eine subjekt-unabhängige Verfestigung sozialer Struktur. Ihr logisches Handlungskorrelat ist die Technokratie, daß heißt die zweckrationale Steuerung des Handelns von Menschen aufgrund der Einsichtnahme in die ermittelten Sozialgesetzlichkeiten."
(HEINZE et al., S. 21)

Diese Form der Behauptung enthält zwar in dieser **allgemeinen** Form etwas Zutreffendes, trifft aber die Erziehungs- und Bildungsforschung nur in (quantitativ) unbedeutenden Teilen. Vor allem aber nimmt sie nicht zur Kenntnis, was – über HORKHEIMER hinaus – inzwischen über verschiedene Erkenntnisinteressen und ihr Verhältnis zueinander gedacht worden ist.

2. Gelegentlich scheint es, als würden Vertreter der Handlungsforschung nicht nur bestimmte Forschungstraditionen, sondern **Forschung überhaupt** verwerfen, und zwar zugunsten eines aufgeklärten Gesprächs zwischen Forschern und Praktikern.

   Preisgabe von zuverlässiger Forschung

Es „gilt, die positional, situativ und personal vermittelten Differenzen in der Verdinglichung des Bewußtseins von Untersuchenden und Untersuchten durch gezielte Konfrontation zur wechselseitigen Auslösung von Lernprozessen – diese verstanden als Entdinglichung des Alltagsbewußtseins und -handelns – zu verwenden." (S. 36)

Eine derartige „Entdinglichung" – also offenbar doch das, was HABERMAS als Ideologiekritik dem emanzipatorischen Erkenntnisinteresse und dessen theoretischen und methodischen Prozeduren zugerechnet hat – soll u. a. dadurch herbeigeführt werden, daß die Forscher nicht nur „die Sinndeutung, die die Praktiker einer sozialen Lebenswelt geben" (HEINZE u. a., S. 42) in den Forschungsprozeß als ein Moment unter anderen aufnehmen, sondern sich gleichsam teils von den universalistischen Orientierungen der Wissenschaftsgemeinschaft verabschieden. „Dafür tauschen sie einiges von der lokaleren, an das Handeln im konkreten Praxisfeld gebundenen Gesinnung ihrer neuen sozialen Bezugsgruppe ein." (a. a. O., S. 69)

Eine solche Maxime, wenn sie mehr beinhalten soll als den Hinweis darauf, daß die Handlungsforschung **auch** den Dialog mit den Praktikern will, ist in der Konsequenz eine Preisgabe von begrifflich angestrengter Theorie überhaupt und hat mit der „Kritischen Theorie" nichts mehr zu tun. Unmittelbares Betreiben von praktischer Veränderung eines Feldes, aufklärende Unterhaltungen und Übernahme von „Gesinnungen" muß von theoretisch relevanter Erhebung von Daten streng unterschieden werden. Deshalb warnte HABERMAS schon bei Beginn dieser methodischen Entwicklung:

„Die modischen Forderungen nach einem Typus von action research, der Erhebung mit politischer Aufklärung verbinden soll, übersehen den auch für Sozialwissenschaften geltenden Umstand, daß eine unkontrollierte Veränderung des Feldes mit der gleichzeitigen Erhebung von Daten im Feld unvereinbar ist."
(J. HABERMAS: Theorie und Praxis. Einleitung zur Neuausgabe 1971, S. 18)

Gütekriterien der Forschung

3. Die empfohlene Abkehr vom wissenschaftlichen Universalismus enthält noch eine weitere, für erziehungswissenschaftliche Methodologie fundamentale Komponente: „Kriterien wie Gültigkeit, Kontrolle, Generalisierungsfähigkeit, Prognostizierbarkeit von forschungsleitenden Hypothesen und Aussagesystemen werden hinfällig bzw. müssen reformiert werden" (HEINZE u. a., S. 57); oder an die Stelle der Forderung nach **Objektivität** der Forschungsprozeduren, nach Genauigkeit der Operationen bei der Datenerhebung (Reliabilität), nach Übereinstimmung der Forschungsoperationen mit dem Gemeinten (**Validität**) soll beispielsweise „**Stimmigkeit**" (Vereinbarkeit von Zielen und Methoden der Forschungsarbeit) oder „**Transparenz**" (Nachvollziehbarkeit des Forschungsprozesses für alle Beteiligten) treten (H. MOSER, Aktionsforschung als kritische Theorie der Sozialwissenschaften, München 1975, S. 117 ff.).

Derartige Empfehlungen sind nicht nur nachlässig. Sie geben in der Tendenz die Kriterien für zuverlässige Informationen preis. Auch im Alltagsleben gilt, daß eine Information um so zuverlässiger ist, je mehr Einigkeit im Hinblick auf den Gegenstand besteht, über den informiert werden soll (Validität); je mehr die Wahrnehmungen, Beobachtungen, Erfahrungen, auf die die Gesprächspartner sich berufen, von anderen nachvollzogen werden können (Objektivität) und je genauer die Beobachtungen usw. sind (Reliabilität). Wir sehen nicht, welche Gründe geltend gemacht werden könnten, diese Anforderungen fallen zu lassen.

Auch die Handlungsforschung, sofern sie **Forschung** sein will, ist nur möglich, wenn sie sich auf Theorien stützt, deren Zuverlässigkeit prüfbar sein muß und die **während** eines Forschungsprojektes nicht beliebig aufgegeben werden dürfen. Hier ist besondere Strenge gerade im Interesse der kritischen Erziehungswissenschaft zu fordern. Die teils komplizierten Theorien über den Zusammenhang von Sozialstruktur und Persönlichkeitsstruktur, Interaktion und Sozialisation, Lernen und Handeln, Geschichte und gesellschaftlicher Formierung von Bildungsprozessen usw. können nur aufrechterhalten bzw. modifiziert werden, wenn die Hinweise auf „emanzipatorisches Interesse" nicht zur Ausrede für begriffliche und methodische Nachlässigkeit geraten. Nur dann wird die Handlungsforschung ein respektables Instrument der Erziehungswissenschaft sein können.

Aufgabe 4

1) Lesen Sie den Text von Wolfgang KLAFKI: „Schulnahe Curriculumentwicklung in Form von Handlungsforschung" (In KLAFKI 1976, S. 117–137)
2) Erläutern Sie die spezifische Aufgabe, die der Handlungsforschung bei der Entwicklung schulnaher Curricula zugeordnet wird!
3) Charakterisieren Sie die Rolle des Lehrers unter dem Gesichtspunkt der Qualifikationen, die ihm abgefordert werden! Überlegen Sie, ob die Qualifikationen, die Sie durch Ihr gegenwärtiges Studium voraussichtlich erwerben, diesen Ansprüchen genügen!
4) Charakterisieren Sie das Konzept des „schulnahen Curriculums", wie es von KLAFKI vorgestellt wird! Beurteilen Sie es anhand der vier Abgrenzungskriterien einer ‚kritischen Didaktik'.

Kurseinheit 4:
Perspektiven einer kritischen Erziehungswissenschaft in Beispielen

Inhaltsverzeichnis

Literaturverzeichnis 190

Lernziele 192

0   Einleitung 193
1   Ästhetische Erziehung und Bildung 195
   1.1   Zur Funktion und Autonomie des Kunstwerks 196
   1.2   Zur Ästhetischen Bildung 198
   1.3   Einige Probleme der Musikerziehung 202
2   Moralische Erziehung – Postkonventionelle Moral 211
   2.1   Stufen der Entwicklung zur Ich-Identität 212
   2.2   Zur Entwicklung der Interaktionskompetenz
       und des moralischen Bewußtseins 213
   2.3   Moralische Erziehung – Analyse einer Interaktionssequenz 215
       2.3.1   Das Interaktionsprotokoll 215
       2.3.2   Die Analyse 222
   2.4   Ein unerledigtes Problem 229
3   Abweichendes Verhalten – „Normalität" und „Anormalität" 231
   3.1   Einleitung 231
   3.2   Die handlungsleitende Funktion von Normalitätsdefinitionen 233
   3.3   Historizität und Wandel gesellschaftlicher Normalität 235
   3.4   Erziehungswissenschaft und Abweichung 237
       3.4.1   Historische und gesellschaftstheoretische Analyse 238
       3.4.2   Suche nach theoretischen Maßstäben 241
       3.4.3   Ausgrenzung als Interaktion 243
4   Grundregeln des Erziehungshandelns –
   Erziehung als Vergesellschaftung 245
   4.1   Einleitung 245
   4.2   Die historische Bestimmtheit pädagogischer Handlungsregeln 248
   4.3   Praktische Fragen 254

Literaturverzeichnis*

Einführende Literatur (zur Anschaffung empfohlen)

BRUMLIK, M.: Zum Gegenstand der Sozialpsychiatrie. In: Kriminologisches Journal 2/1977, S. 82–97

HABERMAS, J.: Moralentwicklung und Ich-Identität. In: Zur Rekonstruktion des Historischen Materialismus, Frankfurt/M. 1976

KÜNTZEL-HANSEN, M.: Musik mit Kindern. Versuche mit Geräusch und Klang, Stuttgart 1976

MOLLENHAUER, K.: Bewertung und Kontrolle abweichenden Verhaltens – Aporien bürgerlich-liberaler Pädagogik. In: GIESECKE u. a.: Offensive Sozialpädagogik, Göttingen 1973

MOLLENHAUER, K.: Theorien zum Erziehungsprozeß, München 1972, S. 144–167

PIAGET, J.: Das moralische Urteil beim Kinde, Frankfurt/M. 1973, Kap. 1

THIERSCH, H.: Kritik und Handeln. Interaktionistische Aspekte der Sozialpädagogik, Neuwied 1977

WEBER-KELLERMANN, J.: Die deutsche Familie, Frankfurt/M. 1974

Weiterführende Literatur

ADORNO, Th. W.: Minima moralia. Reflexionen aus dem beschädigten Leben. Frankfurt/M. 1969

Ders.: Stichworte, Frankfurt/M. 1972

Ders.: Theorie der Halbbildung. In: Sociologica II, Frankfurt/M. 1962, S. 168–192

ARIES, Ph.: Geschichte der Kindheit, München 1975

BERNSTEIN, B.: Klassifikation und Vermittlungsrahmen im schulischen Lernprozeß. In: ZfPäd. 2/1971, S. 145 ff.

BOURDIEU, P./PASSERON, J. C.: Grundlagen einer Theorie der symbolischen Gewalt, Frankfurt/M. 1973

BRUMLIK, M./KECKEISEN, W.: Etwas fehlt. Zur Kritik und Bestimmung von Hilfsbedürftigkeit für die Sozialpädagogik. In: Kriminologisches Journal 4/1976, S. 241–262

COHEN, S./TAYLOR, L.: Ausbruchsversuche. Identität und Widerstand in der modernen Lebenswelt, Frankfurt/M. 1977

---

* Die Literaturangaben folgen stellenweise keinem einheitlichen Muster, entsprechen jedoch den Angaben im Original-Studienbrief. Wir haben deswegen auch keine systematischen Anpassungen vorgenommen. Wenn es jedoch der leichteren Nachvollziehbarkeit dient, finden sich an vereinzelten Stellen vollständige Literaturverweise in einer editorischen Fußnote (*).

CONZE, W. (Hrsg.): Sozialgeschichte der Familie in der Neuzeit Europas, Stuttgart 1972
DÖRNER, K.: Bürger und Irre, Frankfurt/M. 1969
FOUCAULT, M.: Überwachen und Strafen, Frankfurt/M. 1976
Ders.: Wahnsinn und Gesellschaft, Frankfurt/M. 1973
HABERMAS, J./DÖBERT, R./NUNNER-WINKLER, G. (Hrsg.): Entwicklung des Ich, Köln 1977
KECKEISEN, W.: Die gesellschaftliche Definition abweichenden Verhaltens, München 1974
KOHLBERG, L.: Zur kognitiven Entwicklung des Kindes, Frankfurt/M. 1974
MAUSE, de: Hört Ihr die Kinder weinen? Eine psychogenetische Geschichte der Kindheit, Frankfurt/M. 1977
MEYER-DENKMANN, G.: Klangexperimente und Gestaltungsversuche im Kindesalter, Wien 1970
Dies.: Struktur und Praxis neuer Musik im Unterricht, Wien 1972
MOLLENHAUER, K.: Interaktion und Organisation in pädagogischen Feldern. In: Interaktion und Organisation in pädagogischen Feldern, hrsg. von H. BLANKERTZ, ZfPäd. Beiheft 13. Weinheim 1977
NEGT, O./KLUGE, A.: Öffentlichkeit und Erfahrung, Frankfurt/M. 1972, insbes. Kap. 1.
OTTOMEYER, K.: Soziales Verhalten und Ökonomie im Kapitalismus, Gaiganz 1974
RUSCHE, G./KIRCHHEIMER, O.: Sozialstruktur und Strafvollzug, Frankfurt/Köln 1974
RUTSCHKY, K. (Hrsg.): Schwarze Pädagogik. Quellen zur Naturgeschichte der bürgerlichen Erziehung, Frankfurt/M. 1977
SCHILLER, F.: Briefe über ästhetische Erziehung des Menschen, Bad Tölz 1960
STEINERT, H./TREIBER, H.: Versuch, die These von der strafrechtlichen Ausrottungspolitik im Spätmittelalter ‚auszurotten'. Eine Kritik an Rusche/Kirchheimer. In: Kriminologisches Journal 2/1978
TIETZE, H.: Die Politisierung der Erziehung, Frankfurt/M. 1973
WEINGARTEN, E./SACK, F./SCHENKEIN, J. (Hrsg.): Ethnomethodologie, Frankfurt/M. 1976.

Lernziele

Wenn Sie diese Kurseinheit durchgearbeitet haben, dann sollten Sie

- die theoretischen Annahmen der Kritischen Erziehungswissenschaft auf besondere pädagogische Handlungsfelder oder Erziehungsaufgaben beziehen können;
- die Bedeutsamkeit und die besondere Ausdrucksform kindlich-ästhetischer Kreativität an praktisch-pädagogischen Beispielen zeigen können;
- die Handlungen von Kindern im Hinblick auf die in diesen Handlungen enthaltenen Moral Vorstellungen* beschreiben und beurteilen und deren Abhängigkeit vom Entwicklungsverlauf und von der historisch-gesellschaftlichen Situation erkennen können;
- diskutieren können, inwiefern die Normalitätsvorstellungen, die in der Erziehung herrschen, vom gesellschaftlichen Wandel betroffen sind.

---

* sic

Einleitung

In dieser letzten Kurseinheit wollen wir versuchen zu zeigen, wie die weitere Ausarbeitung einer „Kritischen Erziehungswissenschaft" verlaufen könnte. Wir stellen Ihnen zu diesem Zweck vier Beispiele vor. Es handelt sich dabei um Fragestellungen, zu denen jeweils schon wissenschaftliche Untersuchungen vorliegen, die aber in diesen Untersuchungen **erst im Ansatz** bearbeitet werden. Ob die Art des Betreibens von Erziehungswissenschaft, die wir in diesem ganzen Kursus vorgestellt haben, sowohl für unser Wissen von der Erziehung als auch für eine Verbesserung des Erziehungsalltags nützlich ist, wird sich endgültig erst in solchen Einzelfragen der Erziehungsforschung zeigen.

Mit Bedacht haben wir Beispiele gewählt, die weit auseinanderliegen. Wir möchten auf diese Weise zeigen, daß eine „Kritische Erziehungswissenschaft" nicht notwendig auf einen bestimmten Typ pädagogischer Probleme begrenzt sein muß, daß ihr Charakteristisches vielmehr in der **Art der Fragestellung** liegt, die an beliebige pädagogische Sachverhalte herangetragen wird. Dabei mischen sich theoretische und praktische Probleme.

Wir beginnen mit der **ästhetischen Erziehung** und bleiben hier am dichtesten an den Problemen des pädagogischen Handelns: Wie kann ein ästhetisch-kreativer Umgang mit Kindern beschaffen sein?

Auch im Kapitel über die **moralische Erziehung** kommt die Praxis relativ unmittelbar zu Wort, und zwar dadurch, daß entlang des Protokolls einer Erziehungssituation argumentiert wird.

Die Erörterung der Probleme **abweichenden Verhaltens** richtet sich – schon etwas allgemeiner – auf die Bedingungen unseres Umgangs mit Normalitätserwartungen als eines für das Erziehungshandeln grundlegenden Problems.

Im vierten Kapitel schließlich – **Grundregeln des Erziehungshandelns** – steht dann eine erziehungsgeschichtliche Frage im Vordergrund. Aber auch sie soll schließlich zur Praxis zurückführen; zur Präsisierung der Frage, wie wir pädagogisch handeln **sollten.**

An vielen Stellen dieser Kurseinheit wird auf die vorangegangenen Kurseinheiten Bezug genommen. Sie sollten sich in jedem Falle die Zeit nehmen, dort noch einmal die entsprechenden Erörterungen nachzulesen und sie sich in die Erinnerung zu rufen.

Ästhetische Erziehung und Bildung 1

Wenn wir an ästhetische Erziehung denken, denken wir wohl zunächst an die Hilfe bei der Auseinandersetzung des „Educandus" mit Kunst, mit dem „anerkannten" Kunstwerk aus den Bereichen der Musik, der bildenden Künste und der Literatur. Wir wissen überdies, daß auch Kunst, wie jeder andere Lebensbereich, in seiner Entstehung und Wirkung gesellschaftlicher Bestimmung unterliegt:

- *daß der Künstler nicht außerhalb der Gesellschaft steht, sondern in seinen Orientierungen und Empfindungen durch sie geprägt ist;*
- *daß das Material, das er verwendet, durch den Stand der gesellschaftlichen Entwicklung, insbesondere der Technik bestimmt ist;*
- *daß das Produkt, das Kunstwerk, das er schafft, gesellschaftlicher Anerkennung oder Ablehnung ausgesetzt ist;*
- *daß die Auseinandersetzung mit Kunstwerken Normen folgt, die an eingespielte Wahrnehmungsgewohnheiten und an Vorstellungen davon, was „schön" genannt werden darf, gebunden sind.*

Gleichwohl ist die Reflexion der gesellschaftlichen Rahmenbedingungen, unter denen Kunstwerke entstehen und Kunstrichtungen sich ausbilden, das Kennen von und das Reden über ästhetische Gegenstände nicht schon das, was unsere ästhetische Erfahrung ausmacht.

Die **Erfahrung** von Kunst gewinnt ihre Bedeutung für uns nicht erst in der begrifflichen Reflexion bzw. der nur intellektuellen Aneignung, sondern schon in der sinnlichen Empfänglichkeit für den ästhetischen Gegenstand, ohne daß das einen darüber hinausgehenden Nutzen oder Zweck für uns haben müßte. Die ästhetische Qualität des Kunstgegenstandes erschließt sich nicht über seine „gesellschaftliche" oder „moralische" oder „politische" Funktion, sondern zunächst über seine Formen.

_{Ästhetische Erfahrung}

Die nur ideologiekritische Analyse von Kunstwerken oder anderen ästhetischen Produkten (beispielsweise der Werbung) hat deshalb auch nur am Rande etwas mit ästhetischer Erziehung und Bildung zu tun. Wir halten deshalb vieles von dem, was in den letzten Jahren in die Diskussionen über den Kunstunterricht eindrang und sich „kritisch" gibt – beispielsweise die „Kritik der Warenästhetik" oder das Plädoyer für politischen Realismus in der Kunst – für eine Verfehlung dessen, was den Mittelpunkt der kunstpädagogischen Aufgabe ausmacht.

Um das verständlich zu machen, referieren wir zunächst einige Thesen aus Th. W. ADORNOs Theorie der Ästhetik.

1.1 Zur Funktion und Autonomie des Kunstwerks

In einem frühen Aufsatz von 1932 vergleicht ADORNO die Aufgabe der Musik und mit ihr die der Kunst insgesamt mit der Kritischen Theorie:

Gesellschaftliche Aufgabe der Kunst

„Heute und hier vermag Musik nichts anderes als in ihrer eigenen Struktur die gesellschaftlichen Antinomien darzustellen, die auch an ihrer Isolation Schuld tragen. Sie wird um so besser sein, je tiefer sie in ihrer Gestalt die Macht jener Widersprüche und die Notwendigkeit ihrer gesellschaftlichen Überwindung auszuformen vermag; je reiner sie, in den Antinomien ihrer eigenen Formensprache, die Not des gesellschaftlichen Zustandes ausspricht und in der Chiffrenschrift des Leidens zur Veränderung aufruft. Ihr frommt es nicht, in ratlosem Entsetzen auf die Gesellschaft hinzustarren: sie erfüllt ihre gesellschaftliche Funktion genauer, wenn sie in ihrem eigenen Material und nach ihren eigenen Formgesetzen die gesellschaftlichen Probleme zur Darstellung bringt, welche sie bis in die innersten Zellen ihrer Technik in sich enthält. Die Aufgabe der Musik als Kunst tritt damit in gewisse Analogie zu der der gesellschaftlichen Theorie."
(Th. W. ADORNO: Gesammelte Schriften, Bd. 14, Frankfurt/M. 1973, S. 253)

Diese Stelle war ADORNO so wichtig, daß er sie 30 Jahre später in seiner „Einleitung zur Musiksoziologie" wieder zitiert. Man merkt dem Zitat die Mühe an, die das Problem bereitet:

- Auf der einen Seite erscheint die Kunst dem Gesellschaftstheoretiker als Bestandteil eines Kulturzusammenhanges mit seinen gesellschaftlichen Bedingungen und Folgen: Sie spricht „die Not des gesellschaftlichen Zustandes" aus, ruft „zur Veränderung" auf; die gesellschaftlichen Probleme enthält sie „bis in die innersten Zellen ihrer Technik".
- Auf der anderen Seite aber erscheint sie als autonom, hat ein „eigenes Material", verfährt nach „eigenen Formgesetzen". Sie reproduziert also nicht, wenngleich

mit ihren Mitteln, was ohnehin gesellschaftlich der Fall ist, sondern hält der gesellschaftlichen Situation etwas entgegen und „tritt damit in gewisse Analogie zu der gesellschaftlichen Theorie".

- Damit die erste Hälfte des Gedankens nicht mißverstanden wird – etwa im Sinne einer politisch-realistischen Kunst –, schreibt ADORNO an anderer Stelle:

> „Die Gesellschaft setzt nicht, wie die verhärtete Doktrin des Diamat ihren Untertanen einbläut, direkt handfest, nach dem Jargon jener Doktrin: realistisch in den Kunstwerken sich fort, wird nicht geradewegs sichtbar in ihnen."
> (a. a. O., S. 405)*

<small>Kunst ist nicht „realistisch"</small>

Kunst ist also alles andere als Agitation, aber dennoch ist sie „Kritik". Was das bedeutet, erschließt sich nur über die Techniken der ästhetischen Produktion, über ihre Form also.

Zwar entstammt das Material der künstlerischen Produktion der historisch-gesellschaftlichen Lage; nichts ist in der Kunst, auch nicht in der sublimiertesten, was nicht aus der Welt stammte, aber nichts davon ist unverwandelt. Alles, womit der Künstler umgeht, ist schon da. Nur wird es von ihm wie mit einem Magneten abgelenkt von seiner gewohnten Bahn und in eine neue Konstellation gebracht. So macht die Destruktion des Bekannten den Blick frei für bisher Ungesehenes.

Der neue Zusammenhang als ein entfaltetes System durchsichtiger und notwendiger Beziehungen entsteht vielmehr durch eine Prozedur, die ADORNO, wie vor ihm EINSTEIN, die Dadaisten und Surrealisten (z. B. Max ERNST) als ‚Montage' beschrieben hat. Durch Montage werden die einzelnen Elemente nicht addiert oder reduziert, sondern vielmehr einander entgegengesetzt und durch die festgehaltene Differenz hindurch ihr verborgener Zusammenhang sichtbar gemacht. Montage ist eine Technik der Kontrapunktion. Durch sie versucht der Künstler die Einzelelemente syntaktisch zusammenzufügen, und eben dadurch werden sie bedeutungsvoll (die moderne Musik, z. B. BERIO und CAGE, gibt dafür viele Beispiele).

Je rücksichtsloser also gegen die Selbstverständlichkeiten der herrschenden Kultur die Kunst das Verdrängte, das Widerwärtige und Unscheinbare zur Sprache bringt, desto besser ist sie. Die „Avanciertheit" eines Kunstwerkes ist deshalb das einzige Kriterium seiner Güte. Immer wieder zitiert ADORNO RIMBAUD: „Il faut être absolument moderne"**.

---

* Diamat = Dialektischer Materialismus
** Übersetzt: „Man muss absolut modern sein!" aus Rimbaud, A. (1873). *Une saison en enfer (Eine Zeit in der Hölle)*. Brüssel: Alliance typographique (M. J. Poot).

Für alle, die wie der Künstler selbst aus Ungenügen am Bestehenden das Neue gesucht haben, bedeutet der Augenblick, in dem die disparaten Elemente von ihren Augen zur Einheit zusammenschießen, einen „Augenblick der Freiheit" (ADORNO) und zugleich eine Provokation. Als Skandal (z. B. im Happening) bricht das Kunstwerk in den Alltag ein. Durch jede avancierte ästhetische Praxis wird die bisherige Wahrnehmungsweise angegriffen. Je radikaler ein ästhetisches Produkt die codes in Frage stellt, je weniger es den zur Gewohnheit gewordenen subjektiven Reaktionsweisen sich anpaßt, desto eher trifft es auf das, was in der Psychoanalyse Widerstand heißt. ADORNO, wie die Theoretiker der Frankfurter Schule insgesamt, hat im Widerstand gegen das Neue einen neurotischen Mechanismus bemerkt: den Zwang zur Wiederholung:

> „Die regredierten Hörer benehmen sich wie Kinder. Sie verlangen immer wieder ... nach der einen Speise, die man ihnen einmal vorgesetzt hat."
> (a. a. O., S. 39)

Das Zentrum der ästhetischen Erziehung muß deshalb in der ästhetischen Erfahrung, in der Auseinandersetzung mit den Formproblemen und also auch der eigenen sinnlichen Empfänglichkeit liegen.

Das wird noch bekräftigt durch ADORNOs Verständnis dessen, was „Bildung" ist.

Aufgabe 1

Lesen Sie zum vorstehenden Abschnitt des Studientextes die „Thesen gegen die musikpädagogische Musik" von Theodor W. ADORNO: Gesammelte Schriften, Bd. 14, Frankfurt 1973, S. 437–447.

1.2 Zur Ästhetischen Bildung

In einem sehr engagiert und polemisch formulierten Aufsatz von ADORNO heißt es:

> „Wie es in der Kunst keine Approximationswerte gibt, wie eine halbgute Aufführung eines musikalischen Werks seinen musikalischen Gehalt keineswegs zur Hälfte realisiert, sondern eine jegliche unsinnig ist, außer der voll adäquaten, so steht es wohl um die geistige Erfahrung insgesamt. Das Halbverstandene und Halberfahrene ist nicht die Vorstufe der Bildung, sondern ihr Todfeind: Bildungselemente, die ins Bewußtsein ge-

langen, ohne in dessen in Kontinuität eingeschmolzen zu werden, verwandeln sich in böse Giftstoffe."
(Theodor W. ADRONO, Theorie der Halbbildung, in Sociologica II, Frankfurt/M. 1962, S. 183 f.)

In diesem Zitat ist noch nicht von ästhetischer „Erziehung", sondern von „Bildung" die Rede. ADORNO schließt damit an die Tradition der Bildungstheorie der deutschen Klassik an: Der Ausdruck meint sowohl den Vorgang wie auch das Ergebnis der Auseinandersetzung des Individuums mit der es umgebenden Welt, also auch und vor allem mit den kulturellen Traditionsbeständen, die ihm eine geistige Auseinandersetzung abverlangen. Dazu gehören nicht zuletzt – und diese Meinung vertrat bereits besonders nachdrücklich Wilhelm von HUMBOLDT – die ästhetischen Produkte einer Kultur. Man muß also – so könnte man die allgemeine Maxime jener Bildungstheorie formulieren – zunächst sich über das klar werden, was Bildung ist und was sie für das Individuum bedeutet, ehe man entscheiden kann, wie die Erziehung als Hilfe zu jener Bildung verfahren soll.

<small>Bildung</small>

Das Zitat ADORNOs stellt drei Komponenten von „Bildung" recht deutlich heraus:

1. Der Gegenstand, dessen Gehalt im Vorgang der Bildung angeeignet werden soll – in diesem Falle also das Kunstwerk – wird zunächst höchst anspruchsvoll in seinem Eigenrecht hervorgehoben: Dem Kunstbetrachter und -interpreten, dem, der durch Kunst sich bilden will, wird es sehr schwer gemacht. Um Kunst wirklich zu verstehen und aufnehmen zu können, wird von ihm die eigene volle Verfügung über künstlerische Gestaltungsmittel oder aber eine sehr hohe intellektuelle Leistung verlangt.

   <small>Der Gehalt von Kunst</small>

   Annäherungen („Approximations-Werte") seien nicht zureichend; ein halbes Verständnis sei gar keines, eine halbe Bildung nicht die „Vorstufe", sondern das Gegenteil von Bildung. Es scheint zunächst so, als habe Erziehung hier gar keinen Platz mehr, als führe sie notwendig in den Dilettantismus.

2. Dennoch aber ist ja von „Bildung" die Rede und nicht etwa von der Tätigkeit des Künstlers oder des Kunstwissenschaftlers. Es geht ADORNO offenbar nicht nur darum, die ästhetischen Produkte der Kultur einfach nur zur Kenntnis zu nehmen, sondern es geht ihm um die geistige Erfahrung, die das Kunstwerk dem vermitteln kann, der sich mit ihm auseinandersetzt. Damit hat ADORNO auf den Punkt hingewiesen, der für jede Didaktik ein wesentliches Problem darstellt: Daß es nämlich eine Sache, einen Gehalt, eine zur Form gewordene geistige Erfahrung gibt, die dem Individuum vorgegeben ist in den Werken der Kultur und die es zunächst einmal zu respektieren gilt.

   <small>Bildung als geistige Erfahrung</small>

Bildung als Prozeß der Aneignung

3. In dem ADORNO-Zitat ist schließlich die Rede von „Bildungselementen", die in die „Kontinuität" des Bewußtseins „eingeschmolzen" werden müßten, sollen sie sich nicht in „böse Giftstoffe" verwandeln. Damit ist der Bildungsprozeß angesprochen. Der Vorgang des Heranwachsens und des sich bildenden und weiterbildenden Bewußtseins wird hier offenbar nicht so gedacht, als sammele das Kind immer neue Vorstellungen hinzu, die gleichsam nebeneinander aufbewahrt werden und zum Abruf bereitstehen; vielmehr wird der Vorgang so gedacht, daß jede neue Erfahrung den **ganzen** Zusammenhang von vorhandenen Erfahrungen in gewisser Weise verändert; mit einer neuen Erfahrung bildet sich also immer auch eine neue Gestalt des Bewußtseins. Dies ist gemeint, wenn ADORNO den Ausdruck „eingeschmolzen" verwendet. Unterbleibt diese Aneignung eines Bildungsgehaltes, bedeutet dieser für die Person nichts als ein äußerliches Wissen, ein Bestandteil konventioneller Kenntnisse; wird er also nicht zu einem auch aktiv für die Person verfügbaren Erfahrungsbestand, dann wirkt er sich als „Giftstoff" insofern aus, als die Person in Abhängigkeit von Konventionen und Traditionen gerät und nicht aus wirklich eigenen Erfahrungen handelt, sondern aus fremden; man könnte auch sagen, daß in diesem Sinne „Halbbildung" entfremdete Bildung ist.

Halbbildung

Ein solches Verständnis von ästhetischer Bildung grenzt also nicht notwendig – wie es auf den ersten Blick erscheinen mag – jene von ästhetischer Erfahrung und ästhetischem Erleben aus, die sich – wie Kinder und Jugendliche – die ästhetischen Gehalte erst erschließen müssen, sondern jene, die Kunst nur oberflächlich und unbeteiligt aufnehmen, ohne sich verbindlich auf sie und ihre Anforderungen einzulassen. Die Haltung, gegen die sich ADORNO wendet, ist also die eines Menschen,

- der Kunst nur in ihrer leicht zugänglichen Oberfläche aufzunehmen bereit ist,
- der in der Beschäftigung mit der Kunst nur auf Vertrautes und Bekanntes stoßen möchte, und die Heranführung an Ungewohntes ablehnt,
- dem Kunst eher Erbauung bedeutet und nicht die Herausforderung einer mühevollen Auseinandersetzung, die seine Sinne ebenso wie seinen Intellekt beansprucht,
- der ästhetische Normen naiv und konventionell hinnimmt, sie als unveränderbar ansieht und sich gegen alles Fremde und damit auch gegen alles Neue, Unvorhersehbare verschließt.

Da die ästhetische Bildung und Erziehung insgesamt ein zu breites Feld darstellen, um auf diesen wenigen Seiten erläutert werden zu können, beschränken wir uns im folgenden auf einige wenige Probleme der Musikerziehung. Um die letzten Erwä-

gungen zu veranschaulichen, und um zugleich schon auf die musikpädagogischen Fragen hinzulenken, empfehlen wir Ihnen, in der folgenden Übungsaufgabe sich die Situationen, die dort geschildert sind, zu vergegenwärtigen und über die Schwierigkeiten nachzudenken, die es bereitet, wenn man sich in solchen Situationen „richtig", d. h. dem ästhetischen Problem angemessen, verhalten will. Bedenken Sie dabei, daß ADORNO in dem oben wiedergegebenen Zitat ja keine Rezepte für angemessenes und pädagogisches Verhalten geben wollte, sondern den Leser nur auffordert, mit großer Intensität über die von ihm aufgestellte Forderung nachzudenken.

Aufgabe 2

Stellen Sie sich die folgenden Situationen vor, und überlegen Sie, welche Gründe sich für die eine oder die andere Lösung jeweils geltend machen ließen:

1) In einer Kleinstadt ist Höhepunkt der kulturellen Veranstaltungen eine einmal jährlich stattfindende Aufführung eines musikalischen Werkes, das von Musiklehrern, interessierten Laien usw. aufgeführt wird. Diesmal ist es die „Zauberflöte" von Mozart. Die Tochter möchte sich die Aufführung ansehen. Der Vater sagt: „Warte doch bis zur nächsten Woche, dann wird eine Aufführung von den Salzburger Festspielen im Fernsehen übertragen. Davon hast du doch viel mehr."

2) Ein Kreis von Jugendlichen und Erwachsenen trifft sich regelmäßig, um Hausmusik zu machen. Nachdem sie zunächst leichtere Barock-Stücke eingeübt haben, wagen sie sich an ein Streichquartett von Schubert, das ihnen sehr schwer fällt und ihnen nur unvollkommen gelingt.

3) Kinder haben im Radio eine Kinderfunksendung gehört, in der mit selbstgebauten Instrumenten rhythmisch kleine Stücke gespielt wurden. Dadurch angeregt suchen sie ihre Blockflöten, Topfdeckel, Gläser usw. zusammen und versuchen selbst solche Musik zu machen. Tun sie dabei etwas für ihre ästhetische Bildung? Oder ist das auch jene „Halbbildung", die ihr „Todfeind" ist?

4) Ein Kind, das Querflöten-Unterricht hat, übt an Etüden und Fingerübungen, die es zur nächsten Flötenstunde aufbekommen hat. Plötzlich fängt es an, in die Flöte zu sprechen, zu singen, Geräusche mit den Klappen zu erzeugen, Töne aufjaulen und verklingen zu lassen. Die Mutter kommt herein und sagt: „Hör doch endlich auf mit diesem entsetzlichen Katzengejammer!"

1.3 Einige Probleme der Musikerziehung

Propädeutik

Die Aufgabe der ästhetischen Erziehung besteht darin, eine bildende Aneignung ästhetischer Gehalte zu unterstützen. Man könnte auch sagen: Ästhetische Erziehung ist die Propädeutik ästhetischer Bildung, schafft Voraussetzungen dafür, daß eine adäquate Auseinandersetzung mit ästhetischen Gegenständen möglich wird. Einige Aspekte solcher Propädeutik wollen wir im folgenden zur Sprache bringen.

Verdeutlichen wir uns zunächst das Spektrum von Fragestellungen an der Gegenüberstellung von drei – hier idealtypisch pointierten – Möglichkeiten:

Möglichkeiten ästhetischer Erziehung

1. Ästhetische Erziehung konzentriert sich auf die Ausbildung **instrumenteller** Fertigkeiten, zielt also auf die Aneignung künstlerischer „Techniken". Der Prototyp einer solchen Erziehung wäre der Virtuose, der Kunst adäquat reproduzieren kann.
2. Ästhetische Erziehung konzentriert sich auf das **Verstehen** ästhetischer Gegenstände. Im Vordergrund einer solchen Bemühung stünde das Beschreiben, Analysieren und Interpretieren von Kunstwerken und ästhetischen Erscheinungen unserer Umwelt, das Erläutern der Geschichtlichkeit und der gesellschaftlichen Bestimmtheit solcher Erscheinungen. Der Prototyp einer solchen Anstrengung wäre beispielsweise der Kunstwissenschaftler oder der Kunstsoziologe.
3. Ästhetische Erziehung konzentriert sich auf die Förderung subjektiver Spontaneität, auf **Kreativität und Empfindsamkeit,** ohne eine zielgerichtete, bewußte und Kriterien der Kunstproduktion standhaltende Gestaltung anzustreben. Die expressive Funktion der ästhetischen Tätigkeit des Kindes stünde im Mittelpunkt eines solchen Erziehungskonzeptes, und sein Prototyp wäre das „Kind als primitiver Künstler".

Soll nun in der ästhetischen Erziehung das vorbereitet werden, was ADORNO „Bildung" nannte, „Einschmelzen" der ästhetischen Erfahrung in die „Kontinuität des Bewußtseins", dann müssen diese drei Möglichkeiten als drei Komponenten der pädagogischen Aufgabe verstanden werden: die Entwicklung von Fertigkeiten ästhetischer Darstellung, die Entfaltung eigener subjektiver Kreativität und Empfindsamkeit und die Fähigkeit zu reflektiertem Umgang mit den eigenen wie auch mit fremden ästhetischen Produkten.

Die folgenden Überlegungen, die Beispiele, die wir zur Veranschaulichung heranziehen, sind vorwiegend entnommen aus oder angelehnt an: Gertrud MEYER-DENKMANN, Struktur und Praxis neuer Musik im Unterricht, Wien 1972, und Margit KÜNTZEL-HANSEN, Musik mit Kindern, 2. Aufl., Stuttgart 1976)

Gegenstand und Material musikalischer Gestaltung können prinzipiell alle Geräusche, Klänge, Töne sein, die das menschliche Ohr wahrnehmen kann. Dieses akustische Material wird, wie jedermann weiß, durch Schwingungen der Luft erzeugt, die physikalisch meßbar und erklärbar sind. Eine Angabe und Erläuterung der physikalischen Eigenschaften von Geräuschen kann indessen das intellektuelle Verständnis für die Erzeugung von Schallwellen fördern; die Kenntnis der „akustischen Umwelt einer Epoche" (für die Gegenwart etwa Straßenlärm, Elektronik, Fabrikgeräusche, Wortfetzen aus Fernsehprogrammen, Demonstrationen) kann man sich zwar in der Vorstellung vergegenwärtigen, wohl auch beschreiben als das Grundmaterial für moderne Kompositionen; all dies trifft nicht das, was die sinnliche Wahrnehmung und Empfindung selbst ausmacht, wenn wir hören.

Karl-Heinz STOCKHAUSEN beschreibt beispielhaft, welche Variationsbreite nicht nur an Klangmöglichkeiten, sondern auch in der Wahrnehmungsvielfalt es gibt:

> „Ein Ton, der kontinuierlich durchbrochen gespielt ist; starr, biegsam, zerfetzt, still, aufbrechend, dröhnend, monophon, polyphon, schillernd in Rhythmen, Farben, Intensitäten, räumlich fixiert und vielschichtig bewegt, punktig, gruppig, statisch – dünn, dick, schmal, breit, auseinanderstrebend und sich zusammenziehend, spritzig, öd – mit Rissen, Fugen, Schächten, Beulen, Knoten, Gelenken – er sträubt sich, verschmilzt, fährt hoch, besänftigt sich usw."
> (Texte II, zitiert nach G. MEYER-DENKMANN, Struktur und Praxis neuer Musik im Unterricht, Wien 1972, S. 65)

Diese sehr plastische Beschreibung spricht die wesentlichen Momente einer klanglichen oder musikalischen Erfahrung an. Sie macht zunächst deutlich, daß wir uns die Komplexität eines musikalischen Erlebnisses zugänglich machen, indem wir es uns in seinen einzelnen Komponenten zum Bewußtsein bringen: *Komponenten musikalischer Gestaltung*

- *Eigenschaften des Materials* („kontinuierlich, durchbrochen ... starr, biegsam ..., still ..., dröhnend, punktig ..., dünn, dick ..., spritzig, öd"), also Klangfarben, Tonhöhe, Lautstärke, Intensität, Konsistenz, Modulation, Artikulation usw.
- *Beziehungen der Töne zueinander* („monophon, polyphon ..., gruppig, auseinanderstrebend und sich zusammenziehend ..., Knoten, Gelenke"), also **Regeln der Zusammenstellung** von Tönen bzw. Geräuschen zu Klängen.
- *Räumliche und zeitliche Bewegungsabläufe* (kontinuierlich, durchbrochen, zerfetzt ..., räumlich fixiert und vielschichtig, bewegt ...") also **Regeln der Anordnung** akustischer Signale *in der Zeit*.

Zugleich weist STOCKHAUSEN aber auch darauf hin, daß wir ein musikalisches Ereignis, und zwar über ein bestimmtes Medium, das **Hören von Klang**, wahrnehmen, daß aber eine Differenzierung und Intensivierung der Wahrnehmung uns dadurch möglich wird, daß wir über die Vorstellung von Klangbildern auch zugleich **andere Sinne** einbeziehen und aktualisieren:

Synästhesie
- *das Auge, den Tastsinn, Bewegungssinn, Richtungssinn, sogar das Gefühl für das Gewicht von Gegenständen usw.*
- *Empfindungen, die die Wirkung der Klangartikulation in uns auslöst;*
- *Assoziationen an Eigenschaften und Handlungen, die in Bezug auf andere zum Ausdruck gebracht werden, also Vorstellungen von sozialer Interaktion.*

Diese umfassende Aktivierung von Sinnesorganen, Empfindungen und eigenen Verhaltenseigenschaften ist nicht nur im Sinne einer Synästhesie, d. h. eines gleichzeitigen Aktivierens mehrerer Sinne, einer Koppelung der Sinne aneinander zu verstehen. Eine solche Aktivierung bedeutet zugleich, daß sie den Vorgang und die Handlung der Klangerzeugung und der musikalischen Aufführung emotional und intellektuell nachvollzieht. Denn anders als beispielsweise in der bildenden Kunst ist die Komposition eines musikalischen Werkes nicht schon ihre Realisation. Die Komposition bedarf der Darstellung und Interpretation in einer lebendigen Aufführung, d. h. bedarf einer Art sozialer Handlung. Im Zentrum der musik-pädagogischen Tätigkeit sollte deshalb das stehen, was MEYER-DENKMANN die **Klanghandlung** nennt. Dieser Begriff soll ausdrücken,

- *daß Klang überhaupt erst durch Bewegung erzeugt wird,*
- *daß sich Verhaltenseigenschaften der Spieler und Mitspieler realisieren,*
- *daß der Klang als spielerische soziale Interaktion realisiert wird.*

In der Klanghandlung kann sich mithin jene aktive Aneignung vollziehen, die die Bildung von der Halbbildung unterscheidet. Eine solche Art von Handlungen braucht im Regelfall von Kindern, insbesondere kleineren, nicht erst mühsam erlernt zu werden; sie stellen vielmehr das Medium dar, in dem Kinder auch spontan sich Welt aneignen:

Beobachtung des kindlichen Spiels kann uns das plausibel machen. Für Kinder sind stimmliche oder durch Geräte und Spielzeuge erzeugte Klanglaute, freie rhythmische und melodische Ausdrucksformen, Geräuschkombinationen noch unmittelbarer Bestandteil ihrer Handlung. Sie haben deshalb auch häufig einen spontaneren und unmittelbareren Zugang zu neuer Musik als ältere Kinder, Jugendliche oder Erwachsene, bei denen sich traditionelle Hörgewohnheiten schon eingespielt haben.

Für die musikalische Erziehung ist es, verallgemeinernd gesagt, also naheliegend und sinnvoll, an die Gegenstände der unmittelbaren Umwelt, etwa solche des täglichen Gebrauchs und ihre Klangqualitäten anzuknüpfen. Wir können solche Gegenstände geradezu als klangerzeugend entdecken. Die so auf neue Weise „angeeigneten" Gegenstände können nun wie „Instrumente" der Musik genommen, wie ein Orchester im Zusammenspiel verwendet werden. Was für solche Gegenstände des täglichen Gebrauchs oder auch in der Natur vorgefundene Gegenstände gilt, gilt natürlich auch für die Verwendung der eigenen Stimme, mit der über das Sprechen und übliche Singen hinaus eine Vielzahl von Geräuschen, Tonfolgen und Klängen erzeugt werden kann. Die uns geläufigen Musikinstrumente erscheinen auf diese Weise lediglich als besonders stilisierte oder auch perfektionierte Mittel der Klangerzeugung, sind Bestandteile eines großen und schier unerschöpflichen Arsenals musikalischer Materialien.

Vielfältige und gute Anregungen für selbsthergestellte Instrumente bzw. Materialien gibt Mauricio KAGEL in: Musikinstrumente, herausgegeben von der Rheinischen Musikschule Konservatorium der Stadt Köln, Kölner Kurse für neue Musik 8, 1971.

Beispiele für die Klangmöglichkeiten, zu denen Kinder mit ihren eigenen Stimmen, mit Schlagzeugen und Instrumenten gelangen können, gibt die Schallplatte, die dem Buch Gertrud MEYER-DENKMANN, Klangexperimente und Gestaltungsversuche im Kindesalter, Wien 1970, beigefügt ist.

Aufgabe 3

Versuchen Sie, mit einer kleinen Gruppe von Freunden oder Kindern oder Jugendlichen folgende einfache Spielübungen zu veranstalten:

1) Erzeugen Sie – zunächst jeder allein und nacheinander – mit einem beliebigen Gegenstand Klänge oder Geräusche, die von anderen Geräuschen in ihrer Qualität deutlich unterschieden werden können;
2) Versuchen Sie dann, die so entdeckten Klänge in eine Klang- oder Geräuschfolge zu bringen, die von den anderen Mitspielern als zusammenhängend bzw. in irgendeiner Form als gestaltet erlebt werden kann;
3) Versuchen Sie nun dasselbe gemeinsam mit den anderen Mitspielern gleichzeitig, bemühen Sie sich, dabei auf die anderen Mitspieler zu hören und zu reagieren, also ein Zusammenspiel, eine Art Interaktion von Tönen zu erreichen. Versuchen Sie dabei Ihr Spiel daraufhin zu beobachten, ob so etwas wie eine gemeinsame „Idee" oder „Struktur" zu erkennen ist.

- Der erste Schritt musikalischer Erziehung ist also das experimentelle Finden und Erproben von Klangeigenschaften. Durch die Bewußtwerdung der unterschiedlichen Klangqualitäten können sie konstruktiv in den Vorgang eigener Produktion eingesetzt werden.
- Die Wahrnehmung der Klänge erfolgt dann nicht nur nach absoluten Kriterien, sondern beinhaltet die Erfahrung von Relativität, die sowohl die Höhe, die Lautstärke, die Klangfarbe wie die Geschwindigkeit betrifft.
- Die Erfahrung, die sich dabei bildet, läßt sich als Erfahrung von der Struktur des ‚zeitlichen Nebeneinander' beschreiben: Das Notensystem ist z. B. ein historischer Versuch, solche Art von Beziehungen von Klängen symbolisch darzustellen.

Beispiel 1 — *Im folgenden geben wir ein Beispiel einer symbolischen Darstellung eines musikalischen Verlaufs, das von Kindern stammt, die vorher – ähnlich wie Sie in der vergangenen Übungsaufgabe – versucht haben, ein gemeinsames Klangspiel zu inszenieren:*

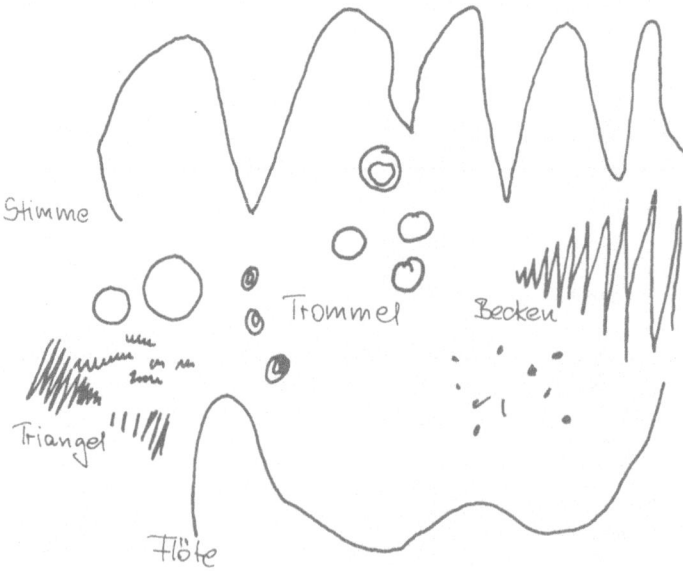

(gezeichnet nach: M. KÜNTZEL-HANSEN, Musik mit Kindern. Versuche mit Geräusch und Klang. Stuttgart 1976, S. 121)

Ästhetische Erziehung und Bildung 207

Das nächste Beispiel ist schon eine etwas entwickeltere Form. Hier hat der Erwach- Beispiel 2
sene versucht, den Kindern teils eine Zusammenfassung dessen zu geben, was sie
spontan produziert hatten, teils ihnen eine Vorgabe für ein gemeinsames Spiel zu geben. Das Beispiel zeigt außerdem, daß die erzeugten Klänge, Töne und Geräusche
auch akustische Umwelterfahrungen verwenden können, um auf diese Weise musikalische Phantasie zu stimulieren:

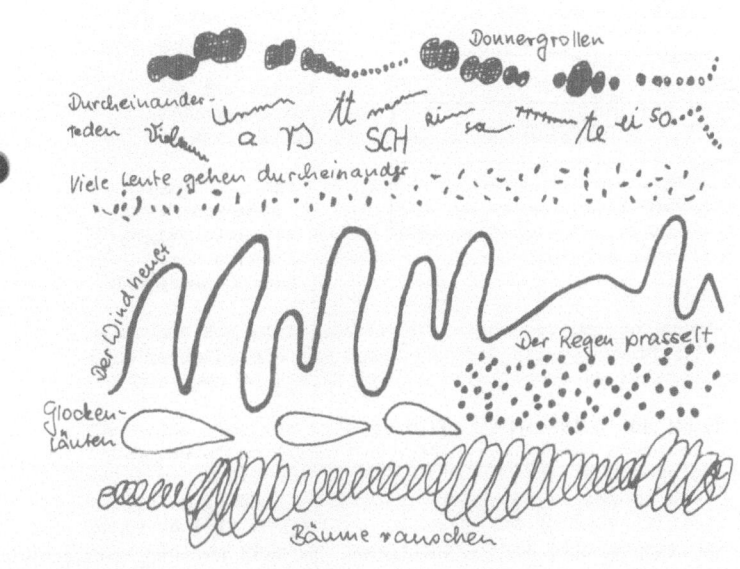

(gezeichnet nach: M. KÜNTZEL-HANSEN, a. a. O., S. 47)

Das dritte Beispiel nun entstammt der zeitgenössischen Musik. Es ist die Notation ei- Beispiel 3
nes Stückes, das aus 4 Stimmen besteht (Sopran, Alt, Tenor, Baß) und im Prinzip – wenngleich wesentlich formalisierter – die gleiche Darstellungsweise wählt, wie
die, die in dem Beispiel der Kinder deutlich wurde:

Mauricio Kagel: Diaphonie (Orchester-Diapositiv Nr. 15, Chor-Diapositive Nr. 3 und 4)

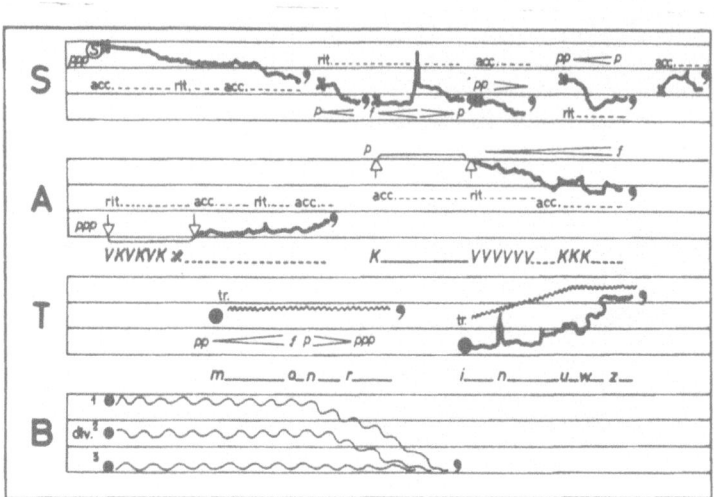

(aus: G. MEYER-DENKMANN, a. a. O., S. 95)

Aufgabe 4

Versuchen Sie nun selbst, das fortzusetzen, was Sie in der vorangegangenen Übungsaufgabe begonnen haben. Die gerade gezeigten Beispiele sind Ihnen dabei vielleicht eine Hilfe:

1) Versuchen Sie, mit Freunden zusammen, ein Stück zu „komponieren" und graphisch zu notieren (wenn Ihnen nichts einfallen sollte und Sie Schwierigkeiten dabei haben, dann wählen Sie sich ein Thema, z. B. ein langsam einsetzender Regenschauer oder ein formales Thema: spitze kurze Geräusche gegen lange getragene Geräusche; große Höhen gegen große Tiefen oder ähnliches).

2) Versuchen Sie dieses Stück zu spielen auf beliebigen klangerzeugenden Geräten; wenn Sie ein Tonband zur Verfügung haben, machen Sie eine Aufnahme davon.

3) Überprüfen Sie nachträglich (möglichst mit Hilfe der Tonbandaufnahme), ob Ihre Ausführung eine befriedigende Interpretation des komponierten Stückes war, ob Sie sich davon entfernt haben, ob neue produktive Einfälle hinzugekommen sind.

4) Versuchen Sie sich darüber klarzuwerden, welche Bewertungsmaßstäbe Sie ins Spiel bringen bei dem Versuch, das Gelingen oder Mißlingen eines Stückes zu beurteilen.

5) Hören Sie sich von György LIGETI (geb. 1923) das Stück „Atmosphere" an (erschienen bei WERGO 305), oder das Stück von Mauricio KAGEL „Halleluja" für 16 Solostimmen a capella (Schola cantorum, Leitung C: GOTTWALD, erschienen bei: Deutsche Grammophongesellschaft 137010), oder von Luc FERRARI „Music promenade, Mixage original" (erschienen bei WERGO 60046).

Wir brechen die Erläuterung musikpädagogischer Probleme an dieser Stelle ab. Es kam uns nicht darauf an, hier eine ausführliche Skizze der Didaktik der Musikerziehung zu entwickeln, vielmehr wollten wir ja lediglich an einem Beispiel zeigen, wie die ästhetische Erziehung, folgt man den Prämissen der „Kritischen Theorie", aussehen und wie sie beurteilt werden könnte. Wir haben im vorangegangenen uns nur auf die ersten Schritte beschränkt; die Didaktik der ästhetischen Erziehung umfaßt freilich sehr viel mehr, nicht nur der Thematik nach, sondern auch im Hinblick auf spätere Schritte des Bildungsprozesses. Vielleicht sind aber doch die Kriterien deutlich geworden, deren Geltung hier für die ästhetische Erziehung vorgeschlagen wurden:

In der musikalischen Erziehung, die über den experimentellen Umgang mit Klangmaterialien und Gestaltungsprinzipien an Musik heranführt – und das könnte man auch auf andere Bereiche der ästhetischen Erziehung und Bildung übertragen – lernt das Kind – aber ebenso der Jugendliche oder der Erwachsene,

- aufmerksam und bewußt akustische und klangliche Ereignisse seiner Umwelt mit den Sinnen zu verfolgen;
- sich von überlieferten traditionellen Wahrnehmungsgewohnheiten zu lösen und diese nicht mehr als einzige Möglichkeit ästhetischer Gestaltung zu begreifen;
- sich in der handelnden Auseinandersetzung mit dem Material ästhetischer Produktion eigene Ausdrucksmöglichkeiten zu erschließen;
- die eigenen Gestaltungsversuche nicht nur als expressive spontane Gesten, sondern als Muster kreativer Gestaltung zu begreifen;
- sie der kritischen Beurteilung und Reflexion zu unterziehen;
- sich den Zugang zu den experimentellen und improvisatorischen Formen Neuer Musik, die nicht mehr den gewohnten Begriffen von Melodik, Harmonik und Rhythmik folgen, zu erschließen.

Zum Schluß noch einmal ein längeres Zitat von Gertrud MEYER-DENKMANN, an deren Didaktik wir uns im vorangehenden im wesentlichen orientiert haben:

„Ob Kunst und Musik mehr zur Identifikation mit subjektiven Gehalten oder zu objektiver Gesetzlichkeit neigt, ob Musik Abbild ideeller Vorstellungen oder Zeichen ei-

ner erkannten widersprüchlichen Realität und ihrer Vorläufigkeit ist – dies läßt sich nicht nur am Gestus, sondern auch an objektiven formalen Verhältnissen feststellen. Das Abbrechen historischer Kontinuität, ein Neuansatz kompositorischer Verfahren ist nicht nur Folge einer Veränderung ästhetischer Auffassungen, sondern bezeichnet ebenso Relationen zwischen kompositorischer Produktion und Gesellschaft. Gesellschaftliche Konstellationen – mögen sie den Autoren auch kaum bewußt sein – sind in der Organisation der Werke, in ihrer Aufführungspraxis, ja sogar im Verhalten des Komponisten zum Material und zu dessen Formung zu verfolgen. Ob ein Komponist seine Vorstellung als allein verbindlich ansieht oder ob er dem Interpreten eine Mitentscheidung zugesteht, ob die Organisation der Aufführungspraxis solistische Rollen vor begleitende stellt oder ob alle Stimmen gleichwertig und in Wechselbeziehung eingesetzt werden; ob der kompositorische Wille das Material einer mehr oder weniger strengen Regelhaftigkeit unterwirft und das Einzelne dem geschlossenen, vorgegebenen Ganzen unterstellt oder ob das Material als autonomes in Wechselbeziehungen zu einem ungeschlossenen Ganzen steht, verstanden als das Mögliche und Veränderbare" – in all diesem zeigt sich, daß wir uns in der Auseinandersetzung mit Kunst zugleich mit uns selbst, unseren sinnlichen und kreativen Möglichkeiten auseinandersetzen, aber auch mit dem, was wir als gesellschaftliche Wesen sind. Wir erfahren die Mühe, die es macht – aber auch die Lust, die es bereitet – in der handelnden Auseinandersetzung mit unserem historisch gewordenen „Habitus" eine neue Möglichkeit des eigenen Verhaltens hervorzubringen."
(G. MEYER-DENKMANN, a. a. O., S. 90).

Moralische Erziehung – Postkonventionelle Moral

2

Im dritten Kapitel der zweiten Studieneinheit haben wir unter der Überschrift „Utopie und Ideologie: Zur Normativitätsproblematik" die normativen Implikationen der Kritischen Theorie rekonstruiert und versucht, ihre Bedeutung für das pädagogische Handeln darzulegen. Der Gedankengang führte uns damals zu der Idee einer unbeschränkten und herrschaftsfreien Verständigung, der Idee der „idealen Sprechsituation". Diese Idee haben wir im Anschluß an Jürgen HABERMAS als Maßstab der Kritik an den faktischen Verhältnissen und als regulatives Prinzip des eigenen Handelns bestimmt. Mit der Idee der „idealen Sprechsituation" aber ist die Idee eines freien Subjekts verknüpft, das fähig ist, autonom zu handeln und Diskurse zu führen. Die Vertreter der Kritischen Theorie haben sich auf die Idee eines solchen Subjekts normativ auch dort noch bezogen, wo sie, wie etwa ADORNO und MARCUSE, die düstere Prognose stellten, daß das Subjekt in der total verwalteten Welt im Begriff ist zu verschwinden. Die normative Orientierung der Kritischen Theorie an der Idee eines freien und autonomen Subjekts macht das Interesse verständlich, das eine Reihe von Erziehungswissenschaftlern der Kritischen Theorie entgegenbrachten. In der Formulierung vom „mündigen Subjekt" spielte nämlich diese Idee schon in der neueren Geschichte der Erziehungstheorie die Rolle eines normativen Schlüsselbegriffs. Ein anderer Name für „Mündigkeit" ist der Begriff der Ich-Identität. In beiden Fällen ist damit die Idee eines Subjekts bezeichnet, das weiß, was es tut, das sein Handeln begründen und seine Motive artikulieren kann.

Im folgenden Kapitel wollen wir zuerst der Frage nachgehen, ob die Herausbildung einer derart als vorbildlich erachteten Ich-Identität einer Entwicklungslogik gehorcht und wenn ja, welcher. Unser besonderes Interesse wird sich dabei im zweiten Teil des Kapitels auf die Entwicklung des moralischen Bewußtseins und der Interaktionskompetenz richten. Im dritten Teil soll anhand eines Interaktionsprotokolls ein Beispiel moralischer Erziehung untersucht und beurteilt werden.

2.1 Stufen der Entwicklung zur Ich-Identität

Mit der Entwicklung des Ich hat sich bisher vor allem die Entwicklungspsychologie beschäftigt. Von allen dort aufgetauchten Ansätzen scheint der von PIAGET besonders weitreichend und erklärungskräftig zu sein. Auf ihn hat sich auch Jürgen HABERMAS bezogen. Im Anschluß an PIAGET und einen seiner wichtigsten Nachfolger, KOHLBERG, hat Jürgen HABERMAS drei Stufen in der Entwicklung der Ich-Identität skizziert (HABERMAS, J., Zur Rekonstruktion des Historischen Materialismus, Frankfurt 1976, S. 63 ff.)

„Natürliche Identität"

Die erste Stufe nennt er die Stufe der „natürlichen Identität". Sie erreicht das kindliche Subjekt, sobald es anfängt, sich und seinen Leib von der sozialen Umwelt zu unterscheiden. Es gewinnt seine „natürliche Identität" dadurch, daß es sich abgrenzt von dem, was es nicht selber ist. Dabei hält es physikalische und soziale Objekte noch nicht streng auseinander. Alles, was sich ihm entgegenstellt und seine Absichten durchkreuzt, wird von ihm verstanden als individuelle Maßnahme eines konkreten Anderen. Für das Bewußtsein des Kindes in diesem Entwicklungsstadium stoßen immer nur besondere Interessen auf besondere Interessen.

„Rollen-identität"

Im selben Maße jedoch, wie das kindliche Subjekt diese naive Gegenüberstellung überwindet und fähig wird zur Unterscheidung zwischen einem Gesamt- und einem Einzelinteresse, zwischen generalisierten Erwartungen und individuellen, zwischen Pflicht und Neigung, wird seine „natürliche Identität" überführt in eine „Rollenidentität". Auf der zweiten Stufe der Identitätsentwicklung sieht sich das Kind als Individuum den verallgemeinerten Erwartungen seines Familiensystems und den Handlungsnormen seiner Lebenswelt gegenüber und versucht ihnen zu folgen. Es versteht sich jetzt, nach HABERMAS, als „rollenabhängige Bezugsperson."

„Ich-Identität"

Auf der dritten Stufe dann begreifen die Subjekte ihre Identität unabhängig von spezifischen Rollenerwartungen und besonderen Normensystemen. Indem sie diese Rollenerwartungen und Normen widersprüchlich erfahren, lösen sie sich davon. Sie werden jetzt fähig zu der Unterscheidung zwischen Normen und normenerzeugenden Prinzipien und gewinnen dadurch die Möglichkeit, Normen durch den Aufweis ihrer Genese sowohl zu rechtfertigen wie zu problematisieren. In der Distanzierung von den Normen und Rollenerwartungen gewinnt das Subjekt seine „Ich-Identität". Die Akteure betrachten sich jetzt selbst und ihre Partner angesichts wechselnder Lebensbedingungen als autonome Subjekte.

Mit seiner Ich-Identität entwickeln sich gleichzeitig die **interaktive Kompetenz** (HABERMAS, J., a. a. O., S. 67) und das **moralische Bewußtsein** des Subjekts. Im folgenden wollen wir diese beiden Aspekte der Ich-Entwicklung gesondert darstellen, und zwar im Anschluß an PIAGET, auf den HABERMAS direkt zurückgreift.

2.2 Zur Entwicklung der Interaktionskompetenz und des moralischen Bewußtseins

Anfang der 30er Jahre beobachtete PIAGET kleine Kinder beim Murmelspiel und machte dabei die Entdeckung, daß sie mit zunehmendem Alter die Regeln dieses Murmelspiels immer besser beherrschten. Er unterschied im wesentlichen drei aufeinanderfolgende Stufen in der Beherrschung der Spielregeln und bezeichnete diese Stufen als Stufen in der Entwicklung der Regelpraxis. Man kann diese Stufen in der Entwicklung der Regelpraxis auch als Stufen in der Entwicklung der Interaktionskompetenz betrachten.

1. Stadium

Im ersten, dem motorisch-individuellen Stadium, beherrscht das Kind noch keinerlei Spielregeln. Wenn es mit den Murmeln hantiert, folgt es nur seinen eigenen Wünschen, seiner Neugierde und Experimentierlust. Durch häufige Wiederholungen entstehen bei dieser Gelegenheit zwar schon Regelmäßigkeiten in Gestalt ritualisierter Schemata, aber diese Regelmäßigkeiten bleiben individuell und erreichen nicht das Niveau einer mit anderen geteilten Spielregel. Es gibt noch überhaupt kein Bewußtsein von der Notwendigkeit einer solchen gemeinsam geteilten Regel, kein eigentlich moralisches Bewußtsein. Das Subjekt ist nur in der Lage, zwischen sich und seinen Wünschen einerseits und dem, was sich diesen Wünschen entgegenstellt andererseits, zu unterscheiden. Das Verhältnis der einzelnen zueinander ist noch bestimmt entweder durch persönliche Macht und Unterwerfung oder durch einen naiven Egalitarismus: jeder respektiert die Einflußsphäre des anderen.

Wiederholungen, aber noch keine Regelbeherrschung und kein moralisches Bewußtsein

2. Stadium

Im selben Maße, wie die Konflikte zwischen den Individuen zunehmen, wächst auch der Wunsch nach einer gemeinsamen Regel. Im zweiten Stadium der Entwicklung der Interaktionskompetenz, im Stadium der Heteronomie, glaubt das Kind diese allgemeine Regel in der von außen durch die Älteren festgesetzten Spielstruktur gefunden zu haben. Es verzichtet jetzt auf die spontane Befriedigung seiner Absichten und versucht das Verhalten der Erwachsenen und älteren Kinder nachzuahmen. Die kollektiven Spielregeln, die es vorfindet, betrachtet es als heilig und unantastbar und weigert sich, auch die geringfügigste Änderung an ihnen hinzunehmen. In jeder Regeländerung sieht es einen Verstoß. Wenn es dennoch Regeländerungen anerkennt, dann nur deshalb, weil es sie nicht als Regeländerungen begreift, sondern als Offenbarungen einer bisher noch nicht restlos erkannten „ewigen" und universalen Ordnung. Die mystische Achtung vor überlieferten Regeln kennzeichnet das moralische Urteil in diesem Stadium. HABERMAS spricht

> **Konventionelle Moral**

in diesem Zusammenhang von konventioneller Moral. Gut nennen die Kinder jetzt eine Handlung, wenn sie der vorgefundenen Ordnung entspricht, schlecht, wenn sie diese verletzt. Das Gute ist durch Gehorsam, das Schlechte durch Abweichung definiert. Es ist den Kindern dabei völlig gleichgültig, welchen Motiven eine Handlung entspringt; nicht die subjektive Absicht, die einer hat, ist für ihr moralisches Urteil maßgebend, sondern die reale Übereinstimmung bzw. Nichtübereinstimmung seiner Handlungen mit der vorgeschriebenen Regel.

> **Egozentrische Spielpraxis**

Paradoxerweise ist das Kind auf diesem Entwicklungsniveau zu der von ihm geforderten Übereinstimmung zwischen der generellen Regel und der individuellen Handlung, zwischen dem allgemeinen und dem besonderen Interesse, selber noch gar nicht fähig. Seine mystische Achtung geht noch einher mit einer egozentrischen Spielpraxis. Das Kind hält die gemeinsame Regel für heilig, ohne sie in Wirklichkeit befolgen zu können. Auch wenn das Kind subjektiv das Beispiel der Älteren nachahmt und der festen Überzeugung ist, mit allen anderen die Spielregel zu teilen, objektiv spielt es nichtsdestoweniger beinahe genauso wie im Verlauf des motorischen Stadiums; es spielt für sich allein und folgt viel eher seiner eigenen Phantasie und Bewegung als der übergeordneten Idee. In dem egozentrischen Stadium der Regelbeherrschung können deshalb beim gemeinsamen Spiel sehr verschiedene individuelle Spielpläne und Spielverläufe mit je anderen Anfangs- und Endzeiten, mit wechselnden Rhythmen und Höhepunkten konfliktlos nebeneinander bestehen. Die Kinder denken nicht daran, die unterschiedlichen, ja z. T. gegensätzlichen Phantasien zu vereinheitlichen und objektive Regelverletzungen zu korrigieren. Sie stehen in einem eingebildeten, nicht in einem wirklichen Spielzusammenhang.

3. Stadium

Erst im dritten Stadium, dem Stadium der Autonomie, werden die kindlichen Spiele wirklich sozial. Die Kinder überschreiten jetzt, nach einer Zwischenphase, die Grenzen ihres Egozentrismus und suchen die reale Zusammenarbeit mit anderen. Sie sind nun fähig, den gemeinsamen Regeln, denen sie sich bisher nur verpflichtet fühlten, auch in der Praxis zu folgen. Welche Kompetenz sie dabei wirklich erreichen, zeigen sie in der Genauigkeit, mit der sie sich durch dauernde Beobachtung und gegenseitige Kontrolle um die Einhaltung der gemeinsam anerkannten Spielregel sorgen. Aber nicht nur die Kompetenz in der Regelbeherrschung, auch das Regelbewußtsein ändert sich. Mit dem Übergang ins dritte Stadium machen sich die Kinder einen neuen Begriff von der Regel. Im selben Maße, wie in den vorhandenen Regeln Inkonsistenzen hervortreten und mögliche Alternativen denkbar werden, verschwindet die einseitige Achtung vor ihnen. Sie verlieren ihren heiligen und unantastbaren Charakter und werden als menschliche Produkte durchschaut. Durch die Entmystifizierung der Spielregeln wie der lebensweltspezifischen Normen überhaupt geraten die Kinder allerdings unter einen bisher unbekannten Legitimationsdruck. Sie sehen sich plötzlich vor die Aufgabe gestellt, die Regeln ihres Verhaltens autonom, unabhängig von der Überlieferung zu begründen oder zu rechtfertigen. Diese Aufgabe stellt neue intellektuelle Ansprüche. Um ihnen gerecht zu werden, müssen die Kinder eine Unterscheidung treffen, mit der sie sich auf das Niveau einer „Moral" begeben, in der zwischen Normen und normenerzeugenden Prinzipien unterschieden wird. Das Niveau einer solchen „Moral" bezeichnet Jürgen HABERMAS als postkonventionell. Die Kinder, die die Stufe der postkonventionellen Moral erreicht haben, betrachten die Regeln ihres Handelns nicht mehr als „ewig" und unantastbar, sondern als gemacht und deshalb auch veränderbar. Bei der Veränderung alter und bei der Einführung neuer Regeln oder Normen orientieren sich die Kinder an einer „Art Ideal". PIAGET nennt es das Ideal der „Gegenseitigkeit". Danach soll jeder das gleiche Recht haben, seine Argumente für oder gegen eine bestehende Regelung vorzutragen, und zwar so lange, bis eine Übereinkunft erzielt ist. Die Herbeiführung einer solchen gegenseitigen Übereinkunft verlangt die zeitweilige Entlastung von Handlungszwängen und, wie HABERMAS sagen würde, den Eintritt in ‚Diskurse'. Im Stadium der postkonventionellen Moral sind die Heranwachsenden fähig, solche „Diskurse" zu führen, ja sie finden sogar Gefallen daran. Sie versuchen nicht nur, eher zusammen als alleine zu spielen, sie sind auch geradezu darauf erpicht, die Regeln des Spiels immer wieder zu überprüfen und neu zu kodifizieren.

2.3 Moralische Erziehung – Analyse einer Interaktionssequenz

2.3.1 Das Interaktionsprotokoll

An dem Geschehen sind vier Kinder beteiligt: Alfred, Sonja, Dieter und Moritz. Alfred ist 5 Jahre und 7 Monate alt, Sonja 5 Jahre und 3 Monate, Dieter 5 Jahre und 3 Monate und Moritz 4 Jahre und 3 Monate.

Zu Beginn der Szene sieht man die vier Kinder in einem angedeuteten Halbkreis um den Erzieher herum sitzen oder stehen. Vorausgegangen war eine Prügelei zwischen Alfred und Moritz, in deren Verlauf der wesentlich schwächere Moritz am Mundwinkel leicht verletzt wurde. Die Verletzung nimmt Sonja zum Anlaß, um Alfred vor den Augen des Erziehers und der anderen Kinder „anzuklagen". Nach einem kurzen Wortwechsel, der nicht genau zu verstehen ist, sagt sie:

1	Sonja:	Der bringt immer Messer mit. Wo Sherry …
2	Erzieher:	Ein Messer bringt er mit, mhm.
3	Sonja:	… und er bringt, wo Sherry noch hier war, da hat er, ehm, lauter, immer so mit Messern rumgespielt, bis er sich mal schnitt, schneidet.
4	Alfred:	Ich hab mich schon mal geschneidet, aber da hab ich mich nicht, da hab ich nicht geweint, bä!
5	Sonja:	(zu Alfred) Aber du bist ja auch größer als die kleinen Kinder und hier …
6	Moritz:	(unterbricht Sonja, laut) Ach, ich hab mich auch schon mal, den ganzen Finger abgeschnitten, ne, den ganzen Finger geklemmt, den ganzen Finger in die Tür geklemmt.
7	Erzieher:	(zu Sonja) Ja, was wolltest du eben sagen, warum er die Messer mitbringt?
8	Sonja:	(unterbricht Moritz) Mensch, leise, du sollst nicht sprechen, wenn ich …
9	Alfred:	zum Stöcke abmachen
10	Moritz:	(so laut wie vorher) Hier, ich hab mir schon mal den ganzen, den ganzen Finger geklemmt.
11	Erzieher:	Geklemmt?
12	Moritz:	Da war hier ein Verband drüber.
13	Erzieher:	Einen Verband hast du drüber gekriegt und dann war es wieder gut?
14	Moritz:	(nickt)
15	Sonja:	(zu Moritz) Jetzt sei mal ruhig. (zum Erzieher auf Alfred weisend) Außerdem, wenn er noch mal ein Messer mitbringt, steckt das sofort weg, da kann man was an den Kopf kriegen, ins Auge, in Mund.
16	Moritz:	Weißte was, das hab ich ja mal Herrn Paine gegeben, das rote Messer.
17	Sonja:	Ja und, aber trotzdem, du bringst ja eben jeden Tag was anderes mit.
18	Erzieher:	Und soll er das nicht?

19	Sonja:	Nein, da kann ja leicht Kinder tot von sterben.
20	Erzieher:	Ja
21	Sonja:	Da können se auch hier (sie zeigt auf ihr Knie) das Bein abschneiden
22	Erzieher:	(zu Dieter) Was meinst du denn?
23	Moritz:	Ich schneid mir das Bein nicht.
24	Erzieher:	Soll er Messer mitbringen oder soll er keine mitbringen?
25	Dieter:	Keine.
26	Erzieher:	Keine?
27	Dieter:	(schüttelt den Kopf)
28	Sonja:	Außerdem, er verborgt die, er verschenkt die ...
29	Erzieher:	Ja.
30	Sonja:	.. und das ist ungerecht, sei, seine Mutter muß die immer kaufen.
31	Erzieher:	Ja.
32	Sonja:	.., er will die und er verschenkt sie.
33	Alfred:	(laut, fast schreiend) Äh, weißte was, ich kann mit meinen Sachen machen, was ich will, das sind ja nicht deine Sachen, bä!
34	Sonja:	Und deine Mutter muß immer das ganze Geld ausgeben.
35	Alfred:	Ne, ich hab ja sowieso Geld.
36	Sonja:	Deine Mutter, deine Mutter ...
37	Alfred:	Na und, ich hab ja sowieso Geld.
38	Erzieher:	Ja, aber, wenn alle hier, alle Kinder sagen, daß du kein Messer mitbringen sollst, kannst du dann ...
39	Sonja:	Aber ...
40	Erzieher:	... kannst du dann trotzdem noch Messer mitbringen?
41	Sonja:	Wenn er (auf Moritz weisend), er, wenn er mal den Magen aufschneidet, dann muß er ins Krankenhaus. Meine Oma, die hat schon mal so en großen Magen aufgeschnitten gehabt. Da ist sie gestorben.

42	*Erzieher:*	Ja.	
43	*Sonja:*	Jetzt hab ich nur noch eine Oma.	
44	*Erzieher:*	Ja, ja, jetzt hatse nur noch eine Oma.	
45	*Sonja:*	(zu Alfred) Daß des weißt.	
46	*Alfred:*	Ach, du hast ja gar keine Oma, das weiß ich nämlich.	
47	*Sonja:*	Jawohl, hab ich, in Kassel. Die kannste, da mußte zwei Stunden mitn Zug fahren, erst bergrunter mitn …	
48	*Alfred:*	Ach, mitn Zug, da kommen wir ja schon mit unserem Capri hin.	
49	*Erzieher:*	Ja aber, wie ist denn das mit den Taschenmessern? Ich finde das auch nicht gut mit den Messern.	
50	*Dieter:*	Ja.	
51	*Sonja:*	Und außerdem, da könnte …	
52	*Alfred:*	Darf ich mir keine Stöcke abschneiden?	
53	*Sonja:*	… da, ne, die we, die Großen werfen, daß die Kinder das in die Augen kriegen.	54 *Erzieher:* Ja, wenn wir … 55 *Erzieher:* Ja
56	*Alfred:*	(zu Sonja) Ich hab mich schon mal geschnitten, daß du's weißt.	
57	*Sonja:*	Die kleinen Kinder sollen gar nicht mit Messern umgehen und da drangehen. Außerdem, da können sie sich so leicht schneiden.	58 *Erzieher:* Ich meine, wenn, wir können das …
59	*Dieter:*	Ja.	
60	*Erzieher:*	(zu Dieter) Meinste auch? – Also bringen wir ab jetzt keine Messer mehr mit, nicht?	
61	*Sonja:*	(wischt Moritz etwas Blut vom Mund) Guck mal wie er blutet, er hier.	
62	*Erzieher:*	Aber das ist nicht vom Messer, ne?	
63	*Alfred:*	Ne, das ist nicht vom Messer!	
64	*Erzieher:*	Was, wovon ist das denn?	
65	*Alfred:*	Wir haben uns da geprügelt.	
66	*Erzieher:*	Ach so.	

67	Sonja:	Prügeln sollte man sich auch nicht: Da kann …
68	Alfred:	Wir, ich kann machen, wenn mich einer angreift, na, dann kann ich mich ruhig mit dem prügeln.
69	Erzieher:	Ja.
70	Sonja:	Aber wenn …
71	Moritz:	Ah …
72	Sonja:	(zu Moritz) Hier sei mal ruhig.
73	Moritz:	Ich, ich hab nämlich ein Gewehr, das schießt mit Patronen.
74	Sonja:	(zu Moritz) Sei ruhig.
75	Erzieher:	Aha.
76	Sonja:	(zum Erzieher) Sei mal ruhig. Außerdem …
77	Alfred:	(auf Moritz deutend) Der, der hat ja en Spleen.
78	Sonja:	… ich hab …
79	Alfred:	Und meiner, ne, der hat nen Achterschuß.
80	Erzieher:	Welcher deiner?
81	Alfred:	Mein, mein Vater.
82	Erzieher:	Ach so, und wenn er mit dem Gewehr kommt, mit den Patronen kommt, dann kommt dein Vater?
83	Dieter:	Das darf man gar nicht.
84	Alfred:	Doch
85	Dieter:	Dann kommt die Polizei.
86	Dieter:	Dann kann ich, ne, da kann ich nämlich ne Anzeige machen.
87	Sonja:	Außerdem prügeln, wenn einer das Messer in der Hand hat, ne, und ihr prügelt euch, dann kann einer sich stechen.
88	Erzieher:	Siehste.
89	Alfred:	Ach ja, wir gehen ja gar nicht mit Messern dran, wir gehen nur mit Fäusten dran.
90	Erzieher:	Ja, da kann man nur bluten bei, ne?
91	Alfred:	Hm. (bestätigend)

92	Erzieher:	Das ist nicht so schlimm, oder?
93	Alfred:	(schüttelt den Kopf)
94	Sonja:	Jawohl ist das schlimm, da kann man leicht, mhm, tot gehen oder krank werden.
95	Alfred:	Ach.
96	Sonja:	Jawohl, (zum Erzieher gewandt) ne?
97	Alfred:	Tot gehen kann man leider nicht, wenn man nicht mit dem Messer zuschlägt.
98	Sonja:	Jawohl
99	Erzieher:	So, vom Prügeln kann man nicht totgehen?
100	Dieter:	Dann kommt nämlich die Polizei …
101	Alfred:	Nee!
102	Sonja:	So was macht man auch nicht als Kinder.
103	Dieter:	(zum Erzieher) ne?
104	Erzieher:	(zu Dieter) Ja
105	Dieter:	Da müßte der Vater, da müßte der Vater ins Gefängnis
106	Alfred:	(freudig erregt) Ah, der Derrick Overdieck, der hat die Schrauben rausgedaubt, rausgeklaubt.
107	Sonja:	Außerdem, weil, wennste das noch mal machst, kann er auch hier (sie zeigt auf ihr Gesicht) noch aufgeschnitten kriegen, ge?
108	Moritz:	Wenn er sich seine Augen aussticht …
109	Sonja:	(zu Moritz, leise) Sei jetzt ganz ruhig, sonst fängt das wieder an zu bluten.
110	Erzieher:	(laut) Ach, wenn er, wenn er noch weiter spricht, dann fängt das wieder an zu bluten?
111	Sonja:	(grinst)
112	Erzieher:	(lacht)

113	Sonja:	(steht auf und gibt dem Erzieher einen Klaps auf den Kopf)
114	Erzieher:	(lacht, zu Moritz) Also stimmt das nicht, also kannst ruhig was sagen, das fängt nicht einfach an zu bluten.
115	Sonja:	(grinst) Doch!
116	Erzieher:	He?
117	Sonja:	(lacht)
118	Erzieher:	Doch? (lacht)
119	Alfred:	(unverständlich)
120	Moritz:	(zu Alfred) Hier, wenn du mein ganzes Gesicht aufschneidest, dann mußt es bezahlen.
121	Alfred:	Ach
122	Erzieher:	Ja
123	Sonja:	Nee
124	Erzieher:	Was kostet dein Gesicht?
125	Sonja:	Hundertzehn ...
126	Alfred:	(schreit) Zweihundertzehn Mark, arschklar.
127	Erzieher:	Zweihundertzehn Mark? Zweihundertzehn Mark? Und wieviel Mark hast du?
128	Alfred:	Weiß ich nicht.
129	Erzieher:	Was hastn in deiner Tasche?
130	Alfred:	Auf dem Spar, auf der Sparkasse hab ich, äh, nur alles groß, nur alles Großgeld.
131	Erzieher:	Ja
132	Alfred:	Und auf, und das ich jetzt habe, habe ich alles nur Kleingeld.
133	Erzieher:	Ja
134	Sonja:	Du weißte was dabei passieren könnte, mit Messern?
135	Erzieher:	Ja?
136	Sonja:	Könnte man sich den Fuß abschneiden
137	Erzieher:	Den Fuß kann man sich abschneiden? Was kostet denn ein Fuß?

138	Sonja:	(lacht) Gar nichts. Du fragst ja nur lauter Scheiße	Alfred:	(lacht)
139	Erzieher:	Ja		
140	Sonja:	(lacht) Und lauter, hast keine mehr (tippt an ihren Kopf) keine Tick, Methematik, ne, (lacht)		
141	Erzieher:	Keine, keine Mathematik		
142	Sonja:	(lacht)	143 Dieter:	(lacht)
144	Moritz:	(Schaut den Erzieher an) Wollen wir mal kämpfen.		
145	Alfred:	Wir machen Dalli-Dalli		
146	Erzieher:	Mathematik, dann tickt das so.		
147	Sonja:	(gibt dem Erzieher mehrmals einen freundlichen Klaps auf den Kopf)		
148	Moritz:	(geht auf den Erzieher zu) Wollen wir kämpfen? (Er stürzt sich auf den Erzieher)		
149	Sonja:	(stürzt sich auch auf den Erzieher)		
150	Alfred:	(schreit) los auf ihn drauf! (Er stürzt sich auch auf den Erzieher)		
151	Erzieher:	Moment, Moment, dann haben wir gleich alle blutige Lippen!		

Die Szene verwandelt sich in ein großes Geschrei und Gebälge.

2.3.2 Die Analyse

Bei der Analyse der vorliegenden Interaktionssequenz lassen wir uns von drei ausgewählten Fragen leiten.

1. An welchen moralischen Prinzipien orientiert sich der Erzieher im Umgang mit den Kindern?
2. Welche Stufe in der Entwicklung des moralischen Bewußtseins haben die Kinder erreicht?
3. Wie definieren die beiden Kontrahenten, Sonja und Alfred, die Situation, in der sie sich gemeinsam befinden?

Aufgabe 5

Versuchen Sie, bevor Sie weiterlesen, diese drei Fragen schon einmal selbst zu beantworten. Lesen Sie zu diesem Zweck das Protokoll noch einmal durch und notieren Sie sich zur Beantwortung jeder Frage jeweils drei Ihrer Meinung nach wichtige Textstellen.

An welchen moralischen Prinzipien orientiert sich der Erzieher im Umgang mit den Kindern?

Die nach dem Modell PIAGETs fortgeschrittenste Stufe des Regelbewußtseins hat von allen an der Interaktion Beteiligten nur der erwachsene Erzieher erreicht. Er möchte offenbar die Gesprächssituation, in der er sich mit den Kindern befindet, betrachten als einen Diskurs über das praktische Problem:

(24) Erzieher: Soll er Messer mitbringen oder soll er keine mitbringen?

Der Erzieher scheint eine allgemeingültige Entscheidung dieser Alternative nur dann für legitim zu halten, wenn sie das Ergebnis einer Übereinkunft aller ist. Indirekt gibt er das zu erkennen in der rhetorischen Frage, die er an Alfred richtet:

(38) Erzieher: Ja, aber, wenn alle hier, alle Kinder sagen, daß du keine Messer mitbringen sollst, kannst du dann ...
(40) Erzieher: ... kannst du dann trotzdem noch Messer mitbringen?

Man wird ohne allzu großes Irrtumsrisiko behaupten dürfen, daß der Erzieher diese Frage selbst mit „Nein" beantworten würde. Er orientiert sich bei der Aufstellung von Verhaltensnormen am regulativen Prinzip der „Gegenseitigkeit". Die gemeinsamen Normen sollen aus einem gemeinsamen Beschluß hervorgehen. Erst dann sind sie vernünftig und verdienen allgemein geachtet zu werden. Wenn der Beschluß wirklich gemeinsam sein soll, müssen die Beteiligten im Verlauf der Entscheidungsfindung aufeinander „Rücksicht" nehmen. Jeder muß in der Lage sein, die Position des anderen einzunehmen, um sie mit der eigenen zu vergleichen. Konsensbildung verlangt von den Individuen, daß sie einander verstehen. Der Erzieher bekundet als einziger, daß er das Verständnis der jeweils anderen bei jedem Interaktionsteilnehmer unterstellt, sonst würde er Sonja nicht nach den Motiven Alfreds fragen:

Der Erzieher betrachtet Normen als Ergebnis einer Übereinkunft

(7) Erzieher: (zu Sonja) Ja, was wolltest du eben sagen, warum er die Messer mitbringt?

> Der Erzieher versucht, die Kinder zu verstehen

Indem er fragt, bekundet er nicht nur, daß er das Verständnis der jeweils anderen bei jedem unterstellt, er bekundet auch, daß er sich selber de facto um dieses Verständnis bemüht. Er will wissen, was Sonja sagen wollte. Der Erzieher gibt auf der pragmatischen Ebene seiner Äußerungen, also durch seine Sprechakte, zu erkennen, daß er das aktuelle Gespräch, an dem er teilnimmt, führt zum Zweck der Verständigung. Er gesteht jedem das gleiche Recht und die gleiche Chance zu, seine Meinung vorzutragen und auf die Konsensbildung einzuwirken, und er nimmt auch für sich selbst dieses Recht in Anspruch. Er äußert seine Meinung als einfachen Diskussionsbeitrag:

(49) Erzieher: Ich finde das auch nicht gut mit den Messern.

Der Erzieher benimmt sich so, als sei er Teilnehmer an einer zwanglosen und allgemeinen Verständigung. Auch das Ergebnis einer solchen Verständigung, den Konsens, formuliert er noch so, als sei er wirklich erreicht.

(40) Erzieher: Also bringen wir ab jetzt keine Messer mehr mit, nicht?

„Gegenseitigkeit" als Bedingung eines wahren Konsens ist für den Erzieher nicht nur eine „regulative Idee", er praktiziert sie auch. Aber diese Praxis ist so fiktiv wie der Konsens, der aus ihr hervorgeht. Die Situation der „Gegenseitigkeit", die der Erzieher in seinem Handeln unterstellt, gibt es gar nicht. In der gemeinsamen Gesprächssituation sind die Beteiligungschancen nicht wirklich symmetrisch verteilt. Am Ende entscheidet doch der Erzieher allein, welche Norm gelten soll. Er tut gegenüber den Kindern so, als ob sie die gleichen Chancen hätten, Sprechakte zu wählen und auszuüben, wie er selbst und als ob sie die vernünftigen Subjekte schon seien, die sie erst werden sollen.

Auf dieser pädagogischen Vorwegnahme beruht die Humanität des erzieherischen Umganges mit den Kindern. Wenn verständigungsfähige Subjekte, nicht abgerichtete Organismen hervorgebracht werden sollen, dann muß im Erziehungshandeln, real also, „Gegenseitigkeit" schon antizipiert werden. Der Erzieher in der vorliegenden Szene tut genau dies: er antizipiert in seinem Verhalten „Gegenseitigkeit". Aber gleichzeitig versucht er auch durch sein Verhalten „Gegenseitigkeit" erst herzustellen. Sein Versuch, Dieter zu verstehen, ist zugleich Aufforderung an ihn, sich wie die anderen an der Diskussion zu beteiligen.

> Der Erzieher versucht, „Gegenseitigkeit" herzustellen

(40) Erzieher: (zu Dieter) Was meinst du denn?

Der Erzieher bemüht sich, alle drankommen zu lassen. Jeder soll seine Meinung sagen können. Als Sonja einmal Moritz mit einem scheinheiligen Argument am Reden hindern will, nötigt er sie zum Abbruch ihres Vorhabens und verschafft Moritz dadurch die Möglichkeit zu sagen, was er zu sagen hat:

(109) Sonja: (zu Moritz leise) Sei jetzt ganz ruhig, sonst fangt das wieder an zu bluten.
(110) Erzieher: (laut) Ach, wenn er, wenn er noch weiter spricht, dann fängt das wieder an zu bluten?
(111) Sonja: (grinst)
(112) Erzieher: (lacht)
(113) Sonja: (steht auf und gibt dem Erzieher einen Klaps auf den Kopf)
(114) Erzieher: (lacht, zu Moritz) Also stimmt das nicht, also kannste ruhig was sagen, das fängt nicht einfach an zu bluten.

Die interpersonelle Taktik, man könnte auch sagen, die pädagogische Intervention, durch die der Erzieher Sonja zum Abbruch ihres Vorhaben zwingt, ist gar nicht sehr originell. Er wiederholt nur noch einmal laut, so daß alle es hören können, was sie Moritz ins Ohr geflüstert hat und stellt sie dadurch öffentlich bloß. Sonja muß sich ertappt fühlen, sie grinst und gibt dem Erzieher, man weiß nicht recht, als Revanche oder als Zeichen des Eingeständnisses, einen Klaps auf den Kopf. Der Erzieher nimmt den Klaps jedenfalls als Eingeständnis und macht daraufhin Moritz den Weg frei, sich zu äußern:

(114) Erzieher: (lacht, zu Moritz) Also stimmt das nicht, also kannste ruhig was sagen.

Welche Stufe in der Entwicklung des moralischen Bewußtseins haben die Kinder erreicht?

Alfred, Sonja und Moritz haben erst, nach der PIAGET'schen Konstruktion, die zweite Stufe des moralischen Bewußtseins erreicht. Alle drei sehen die praktischen Regeln noch an als etwas Heiliges, Unantastbares. Sonja verkündet das gleiche, was von dem Erzieher als Diskussionsbeitrag gemeint war, als ehernes Gesetz:

> Die Kinder betrachten Normen als „heilige" und unantastbare Regeln

(57) Sonja: Die kleinen Kinder sollen gar nicht mit Messern umgehen und da drangehen.

Die Legitimität dieses Gesetzes steht für Sonja außer Zweifel. Jeder, der es verletzt, macht sich schuldig und muß bestraft werden. Möglicherweise nimmt Sonja an, daß die gerechte Strafe der Gesetzesübertretung selber innewohnt, ihr doch wenigstens automatisch folgt. Die folgende Äußerung jedenfalls könnte man verstehen als Ausdruck ihres Glaubens an eine Art „immanente Gerechtigkeit":

(3) Sonja: ... und er bringt, wo Sherry noch hier war, da hat er, ehm, lauter, immer so mit Messern rumgespielt, bis er sich noch mal schnitt, schneidet.

Wenn Sonja die physische Verletzung als Folge der Messerspielerei zugleich als die gerechte und zwangsläufige Strafe dafür betrachten würde, stünde sie noch auf der Stufe des kindlichen Animismus, der nicht unterscheidet zwischen moralischen Regeln und physikalischen Gesetzen. Aber dies ist nicht mehr wahrscheinlich. Die Interpretation, die zu diesem Ergebnis führt, stützt sich auch nur auf einen einzigen und dazu noch nicht einmal eindeutigen Beleg. Mit dem gleichen Recht und der gleichen Plausibilität läßt sich auch eine andere, beinahe gegenteilige These zu Sonjas Strafbegriff vertreten. Danach ist die Strafe dem Vergehen nicht immanent, sondern wird durch eine Autorität von außen verhängt.

(13) Sonja: (zum Erzieher, auf Alfred weisend) Außerdem, wenn er nochmal ein Messer mitbringt, steckt das sofort weg, dann kann man was an den Kopf kriegen, ins Auge, in'n Mund.

Die Strafmaßnahme, die Sonja dem Erzieher empfiehlt, entspringt nicht bloßer Willkür, sondern steht in Beziehung zur Straftat. Der Schuldige soll bestraft werden durch den Entzug des Werkzeugs, mit dem er die Tat beging. PIAGET spricht in solchen Fällen von Gegenseitigkeitsstrafen. Sie rechnen mit der Einsicht des Täters und sollen ihn den Sinn seines Vergehens verstehen lassen. Solche Strafen werden allerdings erst auf der dritten Stufe der Moralentwicklung gefordert und anerkannt. Wenn in Sonjas kindlicher Theorie der gerechten Strafe Gegenseitigkeitsstrafen wirklich nicht nur zufällig auftauchen würden, dann hätte sie das moralische Niveau ihrer Altersstufe genauso überschritten, wie sie es vorher, bei ihrem Glauben an eine „immanente Gerechtigkeit" unterschritten hätte. Das eine ist so wenig wahrscheinlich wie das andere. Vieles deutet vielmehr daraufhin, daß Sonjas moralisches Niveau dem ihrer Altersstufe entspricht. Ihre Straftheorie wäre dann die Theorie der Sühne. Nach dieser Theorie besteht die gerechte Strafe in einem körperlichen Schmerz, der jedem zugefügt wird, der den Gehorsam verweigert und die heiligen Gesetze verletzt. Zwischen der Art der Strafe und dem Vergehen besteht keine Beziehung. Die Sühne ist so gesehen willkürlich. Sie soll nur den Delinquenten zum Gehorsam zwingen und vor weiteren Straftaten abschrecken. Für das Sühnekonzept gibt es allerdings im Verhalten Sonjas keinerlei Anzeichen. Dennoch dürfte sie sich ihrem Alter gemäß auf jener Stufe der moralischen Entwicklung befinden, der das Sühnekonzept entspricht, der Stufe des moralischen Realismus oder der einseitigen Achtung. Dafür spricht ihr ausgeprägtes Desinteresse an den subjektiven Motiven des Täters. Was für Sonja zählt, sind, wie im Stadium der „objektiven Verantwortlichkeit" auch gar nicht anders

Desinteresse an den subjektiven Motiven

zu erwarten, allein die realen oder möglichen Folgen der Tat. Auf diese weist sie dann auch, ohne zu ermüden, in immer neuen Varianten hin:

(15)	Sonja:	... da kann man was an den Kopf kriegen, ins Auge, in'n Mund.
(19)	Sonja:	... da kann ja leicht Kinder tot von sterben.
(21)	Sonja:	... Da können se auch hier (sie zeigt auf ihr Knie) das Bein abschneiden.
(53)	Sonja:	... daß die Kinder das in die Augen kriegen.
(57)	Sonja:	Außerdem, da können sie sich so leicht schneiden.
(107)	Sonja:	... kann er auch hier (sie zeigt auf ihr Gesicht) noch aufgeschnitten kriegen, ge?
(136)	Sonja:	Könnte man sich den Fuß abschneiden.

Wie für Sonja sind auch für Alfred und Moritz die moralischen Gesetze heilig und unantastbar. An ihnen gibt es nichts zu revidieren. Sie müssen einfach befolgt werden. Wer sie verletzt, macht sich schuldig. Bei der Beurteilung eines Regelverstoßes spielen für Alfred und Moritz die subjektiven Motive des Täters genausowenig eine Rolle wie für Sonja. Alle drei Kinder befinden sich im Stadium der mystischen oder einseitigen Regelachtung.

Wie definieren die beiden Kontrahenten, Sonja und Alfred, die Situation, in der sie sich gemeinsam befinden?

Weil die Kinder die moralischen Gesetze für allgemein und unantastbar halten, kann es zwischen ihnen zu einem praktischen Diskurs nicht kommen. Jeder Streit über praktische Fragen muß aus ihrer Sicht die Form einer Gerichtsverhandlung annehmen. Sonja betrachtet denn auch die aktuelle Gesprächssituation als eine Gerichtsverhandlung, in der sie selber vor dem Erzieher als Anklägerin gegenüber Alfred auftritt, dem sie vorwirft, einen Gesetzesverstoß begangen zu haben.

Die Kinder definieren die Situation als „Gerichtsverhandlung"

(1)	Sonja:	Der bringt immer Messer mit. Wo Sherry ...
(2)	Erzieher:	Ein Messer bringt er mit? Mhm.
(3)	Sonja:	... und er bringt, wo Sherry noch hier war, da hat er, ehm, lauter, immer so mit Messern rumgespielt.

Alfred scheint durch solche Vorwürfe in Verlegenheit zu geraten. Dennoch streitet er, was als Möglichkeit ja nahe läge, weder die ihm zur Last gelegte Tat ab, noch die Wahrscheinlichkeit einiger Tatfolgen. Vielleicht verspricht er sich angesichts drückender Beweise und zahlreicher Tatzeugen nichts von der Leugnung eines Vergehens und plädiert statt dessen nur noch auf Anerkennung mildernder Umstände. Sein gesamtes Verhalten könnte man auf den ersten Blick interpretieren als den Versuch, durch den Hinweis auf die Besonderheit seiner Person und deren subjektive Wirklichkeit, den Richter gnädig zu stimmen. Er bagatellisiert die Gefährlichkeit der von Sonja befürchteten Tatfolgen, indem der an seine vergangenen Reaktionsweisen erinnert:

(4) Alfred: Ich hab mich schon mal geschneidet, aber da hab ich mich nicht, da hab ich nicht geweint, bä!

Er stellt sich dar als der vernünftige Junge, der weiß, wo die Gefahr beginnt, und der sich deshalb durch freiwillige Selbstbeschränkung erst gar nicht in sie begibt:

(16) Alfred: Weißte was, das hab ich ja mal Herrn Paine gegeben, das rote Messer.

Und er ergreift selbst in dem Augenblick, in dem sich die Waage durch den Spruch des Erziehers schon zu seinen Ungunsten gesenkt hat und er völlig isoliert ist, die Gelegenheit, noch einmal, nicht ohne den Brustton der Verwunderung, seine ehrenwerten Motive herauszustellen:

(53) Alfred: Darf ich mir keine Stöcke abschneiden?

Wenn Alfred wirklich mit diesen Äußerungen mildernde Umstände für sich reklamieren würde, hätte er damit zunächst dokumentiert, daß er wie schon Sonja die aktuelle Situation als Gerichtsverhandlung wahrnimmt, in der er selber der Angeklagte ist. Aber nicht nur das. Er hätte darüber hinaus dokumentiert, daß er das Prinzip der subjektiven Verantwortlichkeit anerkennt. Das darf aber der Konsistenz dieser Interpretation zuliebe nicht wahr sein. Es stünde im Widerspruch zum bisherigen Gang der Analyse und auch zu dem, was PIAGET für diese Altersstufe, der Stufe der subjektiven Verantwortlichkeit, festgestellt hat. Glücklicherweise können die Äußerungen Alfreds auch anders interpretiert werden: Zwar betrachtet Alfred die aktuelle Interaktion wie Sonja als Gerichtsverhandlung, aber er sieht im Vergleich zu ihr die Rollen anders verteilt: nicht er ist der Angeklagte, sondern sie. Alfred braucht vor dem Gericht weder seine Tat zu leugnen, noch braucht er dafür mildernde Umstände zu erhoffen, denn für ihn besteht nicht in ihr, sondern erst in Sonjas Anklage der wirkliche Regelverstoß. Er wirft ihr vor, sich in etwas hineinzumischen, was sie nichts angeht:

(33) Alfred: (laut, fast schreiend) Äh, weißte was, ich kann mit meinen Sachen machen, was ich will, das sind ja nicht deine Sachen, bä!

Für Alfred gilt ein anderes Gesetzbuch. Deshalb muß er Sonja anklagen, wenn diese ihn anklagt. Die Regeln, auf die sich beide als gemeinsam verpflichtende Ba-

sis berufen, sind für jeden von ihnen andere. In ihrem jeweiligen Bewußtsein füh- *Die Situation ist eine Gerichtsverhandlung/ein Normenkonflikt*
ren sie eine gemeinsame Gerichtsverhandlung, de facto aber urteilt jeder nach anderen Maßstäben. Der Streit zwischen ihnen wird dadurch objektiv zu einem Normenkonflikt. In ihm prallen nicht, wie es die Kontrahenten jeweils meinen, Anklage und Verteidigung aufeinander, sondern unterschiedliche, ja gegensätzliche Moral Vorstellungen*.

2.4 Ein unerledigtes Problem

Zum Schluß möchten wir noch ein im Zusammenhang mit der Moralentwicklung stehendes Problem thematisieren, dem wir bisher in diesem Kapitel geflissentlich aus dem Weg gegangen sind. Nach PIAGET gehorchen die Veränderungen der Interaktionskompetenz und auch die Veränderungen des moralischen Bewußtseins der Logik einer irreversiblen Abfolge von immer komplexeren und allgemeineren Entwicklungsstufen. Uns scheint dies aufgrund seiner Untersuchungen auch einleuchtend. Weniger einleuchtend aber erscheint uns die Erhöhung der Logik zu einem universalen Gesetz. Wie eine biographische Entwicklung verläuft, ist ganz und gar bestimmt durch ihren kulturellen Kontext. Das Heranwachsen eines Indianerkindes in den Urwäldern am Amazonas gehorcht sicherlich anderen Gesetzmäßigkeiten als das Heranwachsen irgendeines Kindes in der „Europäischen Gemeinschaft". Schon deshalb ist es problematisch, die Universalität einer Entwicklungslogik zu behaupten. Die Problematik einer solchen Behauptung wird aber noch erhöht durch die Überlegung, daß die Art der Entwicklungsstufen, ihre Zahl und auch die Richtung ihres Verlaufs Ergebnis sind einer jeweils besonderen Betrachtungsweise. Ob man zwei oder sieben Stufen unterscheidet, in dieser oder jener Reihenfolge, hängt ab von den Beobachtungsdaten, die man bei der Konstruktion einer Entwicklungslogik berücksichtigt. Die Kriterien, nach denen solche Beobachtungsdaten von dem erkennenden Subjekt ausgewählt werden, sind aber ihrerseits gesellschaftlich vermittelt. Wird das Konstrukt einer Entwicklungslogik von seiner eigenen Entstehungsgeschichte abgeschnitten, dann verwandelt sich diese Entwicklungslogik schnell zur verpflichtenden Norm. Die Frage nach der erreichten Entwicklungsstufe wird in diesem Augenblick zu einer verkappten Form sozialer Kontrolle. Aus diesen Gründen hat ADORNO, anders als HABERMAS, dem Konzept einer universalen Entwicklungslogik skeptisch gegenüber gestanden. Er hielt die Offenheit der biographischen Entwicklung wie des geschichtlichen Prozesses überhaupt nicht für vereinbar mit der Geschlossenheit eines evolutionären Musters.

Das Problem einer universalen Entwicklungslogik

---

*   sic

3 Abweichendes Verhalten – „Normalität" und „Anormalität"

3.1 Einleitung

In den vorangegangenen beiden Abschnitten war gleichsam vom „Normalfall" der Erziehung die Rede, wenn auch im Hinblick auf sehr verschiedene pädagogische Aufgabenstellungen: der ästhetischen Erziehung im einen und der moralischen Erziehung im anderen Fall. In diesem Abschnitt nun wollen wir die Aufmerksamkeit auf die „Randzonen" dessen lenken, was im öffentlichen Bewußtsein unserer Gesellschaft vornehmlich unter Erziehung verstanden wird: auf die Vorgänge der Aus- und Absonderung von Personen (Kindern und Jugendlichen), deren Verhalten in irgendeiner Weise beunruhigend ist, die aus den „normalen" Bildungsgängen herausfallen, die keine ökonomisch verwertbaren Leistungen erbringen, die eher stören und dem Pädagogen zusätzliche Mühe des Nachdenkens und des Handelns bereiten. Eine solche Thematik gehört – nach der gegenwärtig herrschenden Form von Arbeitsteilung in der Erziehungswissenschaft – dem zu, was „Theorie der Jugendhilfe" oder „Sozialpädagogik" genannt wird. Aber das ist eine problematische Abgrenzung. In Wahrheit nämlich finden jene Aus- und Absonderungen überall statt; in jeder Phase jedes Erziehungsprozesses treffen wir Entscheidungen über „faule" und „fleißige", „begabte" und „minderbegabte", „manierliche" und „verwahrloste", „nützliche" und „unnütze" Kinder und Jugendliche usw. Mit solchen Unterscheidungen beteiligen wir Pädagogen uns **notwendigerweise und jeder an seiner Stelle** an der Entscheidung über die Zukunft unserer Kinder und über die Zukunft der Verhältnisse, die wir als lebenswert erachten.

Lesen Sie jetzt in Ruhe – Sie sollten sich wirklich Zeit dafür nehmen – das folgende Vokabular durch:

„Normalität" und „Anormalität" als Thema von Erziehung

Personen sind
Abartige, Arbeitsscheue, Arme, Asoziale, Aussätzige, Banditen, Behinderte, Besessene, Bohemiens, Deppen, Delinquenten, Dissidenten, Entartete, Exilierte, Extremisten, Fixer, Flegel, Frevler, Gammler, Geisteskranke, Gestörte, Hexen, Hippies, Ithaker, Juden, Ketzer, Kinderficker, Kranke, Kriminelle, Krüppel, Legastheniker, Mörder, Narren, Neurotiker, Obdachlose, Penner, Perverse, Proleten, Psychopathen, Querulanten, Rebellen, Rowdies, Schwererziehbare, Schwermütige, Schwule, Selbstmörder, Süchtige, Sünder, Terroristen, Unreine, Veitstänzer, Verfassungsfeinde, Verhaltensgestörte, Verrückte, Verwahrloste, Wahnsinnige, Zigeuner.

Man kann Personen
abschrecken, analysieren, anprangern, ausstoßen, begnadigen, behandeln, bekehren, belehren, beraten, bestrafen, bessern, brandmarken, degradieren, demütigen, disziplinieren, erlösen, ermahnen, erwecken, erziehen, exorzieren, exkommunizieren, foltern, guillotinieren, heilen, heiligen, ignorieren, integrieren, kastrieren, kritisieren, kündigen, läutern, liquidieren, meiden, normalisieren, operieren, opfern, rädern, rechtfertigen, resozialisieren, romantisieren, säubern, schimpfen, schützen, töten, überwachen, umerziehen, unterwerfen, verachten, verbannen, verdächtigen, verfolgen, vergeben, vergessen, versöhnen, verstehen, verwahren, vorbeugen, warnen, zivilisieren, züchtigen, zureden.

Man kann Personen beeinflussen oder ändern durch
Anhörung, Arbeitshaus, Asyl, Beichte, Beratungsstelle, Besinnung, Bewährung, Chirurgie, Couch, Diagnostik, Dienst- und Vollzugsordnung, Dossier, Einzelzelle, Elektroschock, Entziehungskur, Erziehungsheim, Exil, Führungszeugnis, Fürsorge, Galgen, Gefängnis, Gehirnwäsche, Gericht, Gesetz, Ghetto, Inquisition, Irrenhaus, Jurisprudenz, Justiz, Kartei, Karzer, Kloster, KZ, Lobotomie, Moral, Notwehr, Ordnung, Polizei, Pranger, Prozeß, Prüfung, Religion, Reue, Sanatorium, Schande, Scheiterhaufen, Schule, Seelsorge, Selbstkritik, Sicherungsverwahrung, Sitte, Sonderschule, Sozialpädagogik, Sozialtherapie, Spital, Stock, Strafregister, Tabu, Therapie, Test, Tortur, Urteil, Valium, Verhaltensmodifikation, Wissenschaft, Zwangsjacke, Zuchthaus.

<small>Die Grenze zwischen Normalität und Anormalität – ihre Abhängigkeit von sozialen und geschichtlichen Zusammenhängen</small>

Die Sprache zieht Grenzen. Eine dieser Grenzen ist die Grenze zwischen dem ‚Normalen' und dem ‚Anormalen', ‚Abweichenden'. Nun zeigt unser Vokabular auf den ersten Blick, daß diese Grenze nicht eine gerade und ein für alle Mal gezogene Grenze durch den Bereich tatsächlicher und möglicher menschlicher Existenzformen und Äußerungsweisen ist – weder das ‚Normale' noch das ‚Anormale' haben einen einheitlichen Begriff. Wir müßten, um im Bilde zu bleiben, von einer Vielzahl von Grenzabschnitten sprechen, die der vielfältigen und mitunter widersprüchlichen Gliederung der Lebensvollzüge entsprechen, in welchen die Menschen existieren. Auch ist die Grenze **unterschiedlich deutlich und unterschiedlich durchlässig**, d. h., es ist nicht immer gleich leicht zu entscheiden, ob etwas oder jemand noch/schon normal oder noch/-schon abweichend ist; und es ist für Betroffene nicht immer gleich einfach oder gleich schwierig vom Status des Anormalen zum Status des Normalen überzuwechseln (und umgekehrt). Schließlich unterscheiden sich die Grenzabschnitte nach der **Stabilität** ihres historischen Bestands.

Aufgabe 6

Prüfen Sie einige der im obigen Vokabular bezeichneten Abweichungen und die dadurch gezogenen Grenzen zum ‚Normalen'

1) Versuchen Sie die Ausdrücke des „Vokabulars" für jeden der drei Abschnitte gesondert in geschichtlich zusammengehörende Gruppen zu ordnen (z. B. gehören „Verfassungsfeinde" und „Hexen" offenbar unterschiedlichen geschichtlich-gesellschaftlichen Kontexten an).
2) Versuchen Sie außerdem, solche Ausdrücke herauszufinden, die eher eindeutige Zuordnung von Personen erlauben (z. B. „Krüppel" ist eindeutiger als „Depp"; „brandmarken" eindeutiger als „verachten").
3) Versuchen Sie schließlich in einigen Fällen eine Zuordnung von
   - der Bezeichnung für eine Person,
   - der Art des Umgangs mit dieser Person
   - und der für sie vorgesehenen Einrichtung (Z. B.: „Geisteskranke – verwahren – Irrenhaus" oder „Geisteskranke – heilen – Therapie").

Anormalität und Abweichung können sich also offenbar auf verschiedene Elemente von Normalität beziehen: Ist es im einen Fall die körperliche Unversehrtheit, so im anderen die kognitive Funktionsfähigkeit, die religiöse Haltung, die Achtung der Gesetze, die Beherrschung der Triebe, die politische Botmäßigkeit, der Anstand usf. Jede dieser Abweichungen hat ihre Entsprechung in einem gesellschaftlich geltenden Normalitätsentwurf, einem Modell also des richtigen, gesunden und gekonnten menschlichen Lebens. Normalität und Abweichung definieren sich wechselseitig, keines ist ohne das andere denkbar.

3.2 Die handlungsleitende Funktion von Normalitätsdefinitionen

Über die Grenzziehung durch solche Beziehungen hinaus erfüllt die Sprache eine weitere soziale Funktion: In das Vokabular selber sind nämlich schon Handlungs-

Normalität und Anormalität als Definition eines Handlungsfeldes

anweisungen, Bewertungen, soziale Beziehungsmuster und Strukturen gleichsam „eingebaut". Der Akt des Bezeichnens, d. h. die Verwendung eines Zeichens (einer Vokabel) in einer konkreten Situation schafft deshalb zugleich ein soziales Handlungsfeld, das die Beteiligten normativ verpflichtet, das Institutionen „in Aktion setzen" kann und das Entwicklungslinien – etwa in der Form der typischen „Karriere" eines Fürsorgezöglings – vorzeichnet.

*Wird z. B. die Bezeichnung „geisteskrank" auf einen bisher als „normal" geltenden Menschen angewandt, so werden dadurch seine soziale Situation und die Entwicklungslinie seiner Lebensgeschichte beträchtlich verändert; er wird zu einem „anderen Menschen". War er bis dahin berechtigt, über die Art seiner Lebensführung selbstverantwortlich – d. h. im Rahmen der für jedermann geltenden Normen und materiellen Bedingungen – zu entscheiden, so konnte er für seine Entscheidungen und Handlungen von anderen, seien es Individuen oder Institutionen, **zur Rechenschaft gezogen** werden. Für den nunmehr „Geistesgestörten" verkehrt sich die Beziehung: „unzurechnungsfähig", wie er per definitionem ist, kann er für das, was er tut, nicht mehr **verantwortlich** gemacht werden. Damit aber verliert er auch das **Recht** auf selbständiges Entscheiden und Handeln. Die bisher verpflichtet waren, dieses Recht zu respektieren, erhalten jetzt das Recht, wo nicht gar die Pflicht, über die Lebensführung des als gestört Diagnostizierten zu wachen. Besondere Institutionen nehmen sich seiner an, er wird vom „normalen" sozialen Leben mehr oder weniger ausgeschlossen. Er wird mit sanftem Druck oder handfester Gewalt in die gesellschaftlich vorstrukturierte Karriere eines Geistesgestörten gedrängt.*

Bei aller individueller Besonderheit einzelner Fälle von Abweichung folgt deren soziale Inszenierung Regeln, die sowohl die Grenzziehung wie auch den sozialen Verkehr zwischen den Normalen und den Abweichenden bestimmen. Es sind im wesentlichen Regeln, die wir mit der Sprache und ihrer Verwendung lernen und die uns darum meist so „natürlich" und selbstverständlich erscheinen wie die Sprache und die von ihr bezeichnete und durchdrungene Alltagswelt.

Die Definition von Anormalität als normative Regel von Beziehungs- und Behandlungsformen

Ausgehend von der Sprache und ihrer gesellschaftlichen Verwendung lassen sich die sozialen Kontexte ermitteln, in denen und durch die erst die Unterscheidung von Normalität und Abweichung Realität werden kann. Es sind Kontexte, in denen die sprachlichen **Bezeichnungen**, die sozialen **Beziehungen** und instrumentellen **Behandlungen** einen mehr oder minder stimmigen Funktionszusammenhang bilden.

Am Beispiel der Geistesgestörtheit: der **Bezeichnung** „Geistesgestörtheit" entspricht **Entmündigung als Beziehungsform** und **Zwangstherapie und/oder Verwahrung als Behandlungsweise**. (Wird hingegen „dasselbe" – das dann aber nicht mehr dasselbe ist! – als „Besessenheit" bezeichnet, impliziert dies auch andere kommunikative und instrumentelle Reaktionsweisen).

Aufgabe 7

Überlegen Sie, wie das soziale Feld beschaffen ist, das durch die Verhängung des Etiketts

a) minderbegabt
b) verwahrlost

konstituiert wird!

1) Charakterisieren Sie die sozialen Beziehungen, die den Umfang (die Erwartungen und Bewertungen) zwischen den Abweichlern und anderen Gesellschaftsmitgliedern bestimmen, und überlegen Sie, wie wohl dem Abweichler dabei „zumute" ist.
2) Wie werden die gesellschaftlichen Maßnahmen gegenüber diesen Abweichungen gerechtfertigt?
3) In welchem Verhältnis stehen nach Ihrem Urteil **erklärter Zweck** und **erzielte Wirkung**?
4) Wann haben Sie zum letzten Mal gegen eine geltende Norm (z. B. Strafrechtform) verstoßen? und: Sind Sie dafür bestraft worden?
5) Beobachten Sie an sich selbst Verhaltensweisen, Gedanken oder Affekte, die etwas mit „Verwahrlosung" zu tun haben? Wenn nicht: Beunruhigt oder befriedigt Sie das?

3.3 Historizität und Wandel gesellschaftlicher Normalität

Das eingangs zitierte Vokabular, in dem Abweichung (Devianz) und soziale Kontrolle (Normalität) sprachlich repräsentiert sind, macht unmittelbar sinnfällig, daß die sozialen Kontexte von Normalität und Abweichung historischem Wandel unterliegen. Frühere Abweichungsformen, gesellschaftliche Reaktionsweisen und zugehörige Institutionen und Instrumente „veralten" gewissermaßen, werden (heute) als „barbarisch", „mittelalterlich", „reaktionär" oder „irrational" empfunden. (Beispiele: Hexerei, exorzieren, Scheiterhaufen). Andere Abweichungs- und Behandlungsformen hingegen entstehen neu als Produkte gesellschaftlicher Veränderungen. (Beispiele: Legastheniker, psychoanalysieren, Verhaltensmodifikation).

Die geschichtliche Bedingtheit von Abweichung und der damit implizierten Beziehungsdefinition und Behandlungsform

Die historische Relativität von Abweichungsdefinitionen und damit der Grenze zwischen normal und anormal könnte das Bewußtsein von „Natürlichkeit" der heute geltenden Definitionen und Reaktionsformen infrage stellen. Gesellschaften bzw. Kulturen tendieren jedoch dazu, ihre eigenen Vorstellungen für „natürlich", „vernünftig", „selbstverständlich" zu halten. Auch die bürgerliche Ideologie hat es zumeist jedenfalls verstanden, die von historisch-gesellschaftlichen Wandlungen ausgehenden Zweifel an der Natürlichkeit und Selbstverständlichkeit sozialer Normen und Institutionen dadurch zu entkräften, daß sie den geschichtlichen Wandel als Geschichte des menschlichen Fortschritts deutete – mit der bürgerlichen Gesellschaft als bisher höchster Stufe, auf der die Geschichte der Menschheit zur Vernunft gefunden hat.

Auf diese Weise wird der soziale Wandel nicht nur auf einer quasi-theoretischen Ebene zum Normalen, Natürlichen gemacht (weil dem Gesetz des Fortschritts gehorchend), der soziale Wandel kann darüber hinaus sogar zur Legitimation bestehender Zustände in Dienst genommen werden: Ob es sich um die Geschichte des Strafvollzugs, der gesellschaftlichen Hilfeeinrichtungen, der Krankenbehandlung, des Verhältnisses von Erwachsenen und Kindern oder um die Geschichte der politischen Disziplinierung handelt – Geschichte ist häufig als Geschichte des Fortschritts oder, bescheidener, von Fortschritten geschrieben worden.

Wir können die Frage nach dem Fortschritt, die letztlich eine geschichtsphilosophische ist, hier nicht weiter verfolgen. Unerläßlich erschien uns doch wenigstens der Hinweis auf ihre Problematik im Kontext der gesellschaftlichen Definitionen des Normalen und des Anormalen und seiner sozialen und instrumentellen Behandlung. Denn gerade die jüngste Geschichte dieses Feldes gibt Anlaß, der Gleichung: Veränderung = Reform = Fortschritt zu mißtrauen. (Vgl. hierzu auch die Überlegungen im 4. Abschnitt dieser Kurseinheit).

Veränderungen geltender Normalitätsvorstellungen können sich kaum bemerkt „hinter unserem Rücken" vollziehen. Irgendwann stellen wir dann vielleicht fest, daß wir Zugang zu Verhaltens- und Erlebnisbereichen gefunden haben, die „früher" jenseits unseres Vorstellungsvermögens oder jenseits von Moral- und Gewohnheitsschranken lagen; oder wir registrieren eines Tages ein Gefühl „früher" nicht gekannter Enge und Kontrolle, wir entdecken an uns eine bislang nicht empfundene soziale Angst.

Andere Veränderungen von Normalitätskriterien vollziehen sich im Medium politischer, sozialer und wissenschaftlicher Auseinandersetzung, um das, was geboten, gefördert oder geduldet, was verboten, unterbunden oder verpönt werden soll.

Beispiele dafür aus jüngster Zeit:

Soll Frauen das Recht zuerkannt werden, selbständig, ohne rechtliches und gesundheitliches Risiko und ohne materielle Ausbeutung durch andere, ihre Schwangerschaft zu unterbrechen?

Soll das (tatvergleichende) Schuldstrafrecht durch ein (Täter-bezogenes) Maßnahmerecht ersetzt werden? Soll überhaupt die Kriminalstrafe für Jugendliche beibehalten werden oder nicht?

Soll der Drogengebrauch entkriminalisiert werden?

Sollen wir psychotisch Kranke in erster Linie als organisch Kranke behandeln oder als solche, die subjektiv sinnvoll auf unerträgliche soziale Beziehungsmuster reagieren?

Wo liegt die Grenze zwischen „alternativem (subkulturellem) Lebensstil" und Verwahrlosung bei Jugendlichen?

Wann sind wir wirklich mit guten Gründen berechtigt, einen Schüler als „minderbegabt" einzustufen?

Wie immer solche Fragen beantwortet werden mögen, immer ist die Konsequenz, daß bestimmte Äußerungsweisen sanktioniert, andere honoriert bzw. geduldet werden; daß bestimmte Individuen und Gruppen eingeschränkt, ausgeschlossen, stigmatisiert, verfolgt oder irgendeiner Form von „Resozialisierung" unterworfen werden, daß Lebens- und Entfaltungschancen für die einen eröffnet und für die anderen verschlossen werden.

3.4 Erziehungswissenschaft und Abweichung

Wie man schon an vielen unserer Beispiele sehen konnte, kommt also die Erziehungswissenschaft an dem Problem von Normalität und Abweichung nicht vorbei – in gewisser Weise ist es eines ihrer Kernprobleme. Selbst, wenn wir diejenigen Erziehungsvorgänge außer Betracht lassen, die es speziell mit abweichenden Bildungsprozessen zu tun haben (z. B. Therapien, Drogenberatung, Erziehung im Gefängnis, die Sonderschule usw.), ist doch einsichtig, daß im Grunde jedes Erziehungshandeln sich an einem **Normalitätsentwurf** als einer Leitvorstellung von gelungenen Erziehungsprozessen orientiert. Ein solcher Entwurf enthält das „Anor-

Normalität und Anormalität als Implikation jeder Erziehung

male" nicht nur rein begrifflich, sondern auch praktisch – als das nämlich, was durch Erziehung **nicht** erreicht, was **verhindert**, was unmöglich gemacht werden soll.

Also nicht nur **die** Erziehungspraxis, die direkt dem sozial Auffälligen, Dissozialen gilt, stellt die Beziehung zwischen Erziehung und Abweichung her. Jedes schulische Curriculum, sowohl die Lerninhalte wie die Organisation ihrer Vermittlung, jede Prüfung, jede vergleichende Bewertung können als soziale Grenzziehung verstanden werden, als Ausschlußregel. Sie bestimmt, was und wie **nicht** gelernt werden soll, wie Gelerntes **nicht** verwendet werden soll, welche Bildungsprozesse **nicht** zur Kenntnis genommen werden sollen etc. – Allerdings erhält nicht alles, was auf solche Weise ausgeschlossen wird, den Status des sozial Abweichenden, Anormalen; manches ist einfach „irrelevant" und wird dem Konto subjektiver Eigentümlichkeit zugerechnet. Aber selbst dann noch bleibt es für den Einzelnen ein Problem seiner „Identität", mit dem er fertig werden muß.

Für die Erziehungswissenschaft stellt sich das Problem des Abweichenden, Anormalen also in einer spezifischen Weise. Weder darf sie sich die naive Einstellung des Alltagsbewußtseins zu eigen machen, dem die jeweils geltenden Normierungen des Wahrnehmens, Denkens und Handelns unmittelbar eins sind mit der „Natur" der Dinge; noch darf sie sich einem Fortschrittsglauben verschreiben; noch sollte sie sich auf relativistische Positionen zurückziehen und „alles gelten lassen". Es können also auch nicht alle gesellschaftlichen Erscheinungen gleich wert sein.

Wir wollen im folgenden drei Fragestellungen skizzieren, die den pädagogischen Zugang zum Normalitäts-/Abweichungskomplex verdeutlichen sollen.

3.4.1 Historische und gesellschaftstheoretische Analyse

Die Spaltung der menschlichen Wirklichkeit und der menschlichen Möglichkeiten in Normales und Abweichendes, Anormales ist Bestandteil der Kultur einer Gesellschaft und hat sich zumeist objektiviert in entsprechenden Deutungssystemen, Institutionen und Behandlungstechniken. Doch darin erschöpft sich ihre gesellschaftliche Bedeutung nicht. Diese erschließt sich vielmehr erst dann, wenn man die Regulierung von Normalität und Devianz in ihrem Zusammenhang mit der Durchsetzung gesellschaftlicher Interessen, vor allem mit der Schaffung und Erhaltung und Veränderung von Produktions- und Herrschaftsverhältnissen erkennt.

Abhängigkeit von gesellschaftlichen Herrschaftsverhältnissen

Nicht ob es in jeder Gesellschaft Devianz (Kriminalität, psychische Störungen, Verwahrlosung etc.) gebe, ist die primär interessierende Frage, sondern:

- Welche Kategorien von Devianz sind für die Definition des Normalen und Anormalen in einer bestimmten geschichtlichen Situation oder Epoche vorherrschend?
- Welche Institutionen wachen über die soziale Geltung dieser Definition?
- Unter welchen ökonomischen, politischen, sozialen und kulturellen Bedingungen entwickeln sich die betreffenden Kategorien und Einrichtungen?
- In welchem Zusammenhang stehen sie mit anderen Bereichen der Gesellschaft und mit deren Entwicklungsdynamik?
- Welche und wessen partikulare Interessen setzen sich mit den jeweiligen Normierungen durch? Auf wessen Kosten?
- Welche gesellschaftlichen Gruppen, Schichten und Klassen werden vorwiegend sanktioniert? Welche werden geschont?
- Wie werden die Normalitätskriterien gerechtfertigt?
- Welches Wissen wird in ihrem Zusammenhang produziert und verwendet? Welches dagegen unterdrückt? Welche Rolle spielt dabei die Wissenschaft?
- Welches Schicksal erleidet das einzelne Subjekt unter solchen Bedingungen? Werden seine historisch gegebenen oder herstellbaren Glücksmöglichkeiten und Freiheitschancen erweitert oder eingeschränkt?

Solche Fragen sind gegenüber einzelnen Devianzkategorien, die auch für die Pädagogik praktisch bedeutsam sind, gestellt worden: so gegenüber der Kriminalität und dem Strafvollzug (z.B. RUSCHE/KIRCHHEIMER, STEINERT/TREIBER), gegenüber dem Wahnsinn und der Psychiatrie (z.B. FOUCAULT, DÖRNER), gegenüber der Verwahrlosung und der öffentlichen Erziehung (z.B. THIERSCH). Wenn der Anschein nicht trügt, gewinnt auch die Sozialgeschichte dieser Felder – nicht zuletzt unter dem Einfluß der Kritischen Theorie – zunehmend an Umfang und Bedeutung. So konnte für alle drei der genannten Bereiche gezeigt werden, daß sowohl ihr Gegenstand (Kriminalität, Wahnsinn, Verwahrlosung) wie die Institutionen, die ihm zur Realität in seiner spezifischen Form verhalfen, in engem Zusammenhang mit der Industrialisierung und teils mit der Herausbildung und Durchsetzung kapitalistischer Produktionsverhältnisse und der dadurch notwendig gewordenen „Sozialdisziplinierung" standen.

Ökonomische Ausbeutung, politische Beherrschung, Einbindung der Individuen in den bürgerlichen Rechtsverkehr und Sicherstellung einer den Produktions- und Herrschaftsverhältnissen angepaßten Sozialisation der Heranwachsenden waren bedeutsame gesellschaftliche Triebfedern, denen wir die heute geltenden Grenzziehungen zwischen „normal" und „abweichend" verdanken – jenseits der Humanitäts-, Gerechtigkeits- und Vernunftansprüche, die die Praxis der sozialen Ausgrenzung und der Reintegrationsversuche gegenüber den Abweichlern begleiten.

Gerade der eklatante „Mißerfolg", der den angeblich auf Resozialisierung bedachten Einrichtungen – dem Strafvollzug allen voran – zu eigen ist, sollte den auf Erziehung und Therapie vertrauenden Pädagogen aufmerksam machen: Vielleicht liegt der gesellschaftliche Sinn der Institutionen gar nicht in der Reintegration, Resozialisierung oder Heilung der ihnen Anheimgegebenen? Vielleicht liegt er, ganz im Gegenteil, in der Erhaltung einer delinquenten Population, deren elende Existenz gegenüber den Nicht-Bestraften die staatliche Disziplinierungs- und Strafmacht dokumentiert und die Grenzen symbolisiert, die insbesondere den unteren, „gefährdeten" Schichten bei Strafe der sozialen Existenzvernichtung gezogen sind?

<small>Die Form der Probleme</small>

Besondere Aufmerksamkeit muß deshalb die Pädagogik auf die **Form** richten, in der ein soziales Problem gestellt wird, und auf die gesellschaftliche „Funktion", die diese Darstellungsweise erfüllt: So ist beispielsweise der Begriff „Verwahrlosung" und sind die mit ihm verbundenen sozialpädagogischen Einrichtungen zu Beginn des 19. Jahrhunderts keineswegs nur um des Wohls von Kindern entstanden. Diese Entwicklungen stehen durchaus auch im Zusammenhang mit dem für die Durchsetzung und Sicherung der neuen Produktionsweisen grundlegenden Problem, die proletarisierten Massen sowohl der industriellen Arbeitszucht und den entsprechenden Qualifikationserfordernissen zu unterwerfen, als auch den durch Klassenkämpfe bedrohten „inneren Frieden" zu sichern. Die Fürsorgeerziehung als öffentliche Zwangserziehung, zu verstehen als eine Präventivmaßnahme unter anderen, ist also zumindest hinsichtlich ihrer historischen Genese Ausdrucksform eines politisch-sozialen Konflikts. Die Form jedoch, in der sie erscheint, läßt gerade dieses wesentliche Moment unausgedrückt, verdeckt es: Denn Zwangs- bzw. Fürsorgeerziehung wird jeweils **individuell** angeordnet, Verwahrlosung wird durch Begriff, Gesetz und Interventionsweise reduziert auf individuelle Abweichung, die als Erziehungsbedürftigkeit bzw. **Psychopathologie** gedeutet wird. Es erscheint immerhin plausibel, daß Individualisierung und Pathologisierung (oder Pädagogisierung) eine wichtige gesellschaftliche Integrationsfunktion dadurch erfüllen, daß sie zur **Entpolitisierung** der Devianz und ihrer gesellschaftlichen „Verarbeitung" beitragen und Erziehung oder Behandlung als einzig angemessene Lösungsmöglichkeiten der zutage getretenen Konflikte erscheinen lassen.

Dies sind Andeutung und ganz vorläufige Hypothesen, mehr nicht. Sie sollen eine erste Vorstellung davon geben, welche Fragen und welche Art von Hypothesen eine kritische, mit der Ausgrenzung und Behandlung von Anormalität befaßte Erziehungswissenschaft zu verfolgen hätte.

3.4.2 Suche nach theoretischen Maßstäben

Nun lassen derartige gesellschaftskritische Analysen die Pädagogen oft ratlos. Wenn die geltenden Definitionen und Institutionen partikularen gesellschaftlichen Interessen dienen, also parteilich sind – woran soll das pädagogische Handeln dann orientiert sein? Sollte das, was als kriminell, gestört oder verwahrlost bezeichnet wird, als „im Grunde" legitime, aber nur gesellschaftlich unterdrückte Wahrnehmung von Lebensinteressen anerkannt werden und sollte also auf korrigierende Interventionen verzichtet werden? Ist beispielsweise die in der Bezeichnung „verwahrlost" enthaltene Bewertung völlig ungerechtfertigt, daß es sich hier nämlich um mißglückte oder defizitäre Bildungsprozesse handle?

Zielvorstellungen

Wir können die Frage allgemein so formulieren:

Läßt sich eine **normative Basis** finden, die es uns nicht nur gestattet, die herrschenden Normalitäts- und Devianzverhältnisse zu kritisieren, sondern die darüber hinaus einen Maßstab hergibt für die Beurteilung konkreter Handlungen, Bildungsprozesse, Charakterstrukturen usw. und damit auch für die Zielbestimmung pädagogischer und therapeutischer Praxis – zunächst einmal unabhängig von den in Frage gestellten Ausgrenzungs- und Einwirkungspraktiken, die in einer Gesellschaft faktisch vorherrschen?

Gibt es Kriterien und Gründe, die ein Verhalten, einen Entwicklungsverlauf oder einen Persönlichkeitstypus als normal, mißglückt oder gestört erkennen lassen – nicht einfach deshalb, weil sie mit anderen, mächtigeren Interessen kollidieren, sondern weil sie den legitimen Interessen des Subjekts selber zuwiderlaufen?

Mit dieser Frage haben wir, nunmehr von einer anderen Seite, einen Punkt erreicht, um den durch den ganzen Kurs hindurch unsere Überlegungen gekreist sind und der für eine Pädagogik als Handlungswissenschaft als ein organisierendes Prinzip fungieren könnte: das Normativitätsproblem (es wird am Ende dieses Kurses noch einmal auftauchen).

Wir glauben nicht, daß dieses Problem im Hinblick auf die Frage, was als „normal" gelten solle, auch nur annähernd gelöst wäre. Vielmehr sehen wir darin eine der schwierigsten Fragen der Erziehungswissenschaft überhaupt. In gewisser Weise – wir haben darauf hingewiesen – enthält jede positive Bestimmung auch die Definition einer entsprechenden Abweichung. Ein Weg, sich dem Devianzproblem zu nähern, kann darum sein, positive normative Aussagen „gegen den Strich" zu lesen.

An einem Beispiel illustriert: Wenn eine Theorie die Voraussetzungen ermittelt, die der individuelle Bildungsprozeß schaffen muß, damit ein Mensch kompetent am gemeinschaftlichen Handeln und an „Diskursen" teilhaben kann – dann sind damit indirekt auch die Störungen benannt, aufgrund deren die erfolgreiche Teilhabe beeinträchtigt oder verhindert wird.

Wir lassen es bei diesem Hinweis. Wenn Sie die Probe aufs Exempel machen wollen, empfehlen wir Ihnen, den Text von J. HABERMAS: „Universalpragmatische Hinweise auf das System der Ich-Abgrenzungen" nach dieser Regel zu lesen!

Aufgabe 8

Diebstahl
Verwahrlosung
Prostitution
Drogenabhängigkeit
Steuerhinterziehung
Verfassungsfeindlichkeit
Homosexualität
Neurose

Dies sind Abweichungen von der Normalität, die in unserer heutigen Gesellschaft mehr oder minder eindeutig als solche definiert sind.

1) Stellen Sie zunächst – ohne lange zu überlegen! – eine Ihrer Auffassung und Ihrem Empfinden entsprechende Reihenfolge her, so daß die **schwerwiegendste** Abweichung" an erster Stelle und die geringfügigste an letzter Stelle plaziert ist!
    (1)
    (2)
    (3)
    (4)
    (5)
    (6)
    (7)
    (8)

2) Überlegen Sie, welches Interesse durch die jeweilige Abweichung am stärksten verletzt wird:
    a) Das der Gesellschaftsordnung im ganzen?
    b) Einer bestimmten gesellschaftlichen Gruppe oder Institution?
    c) Das konkreter anderer Menschen?
    d) Das des abweichenden Individuums selber?

3) Mit welcher Form von Abweichung könnten Sie sich am ehesten identifizieren? – Welche ist Ihrem Fühlen und Denken am fremdesten?

4) Stellen Sie sich vor, Sie würden von anderen
   - als Dieb(in)
   - als verwahrlost
   - als Prostituierte(r)
   - als drogensüchtig
   - als Steuerhinterzieher(in)
   - als Verfassungsfeind(in)
   - als homosexuell
   - als Neurotiker(in)

   identifiziert. Unter welcher dieser Beurteilungen würden Sie am meisten leiden? Warum?

3.4.3 Ausgrenzung als Interaktion

Gestört ist, wer stört – so könnte man die Paradoxie pointieren, die die Beziehung zwischen Abweichlern und Normalen bestimmt. Wer stört, d. h. wer Erwartungen verletzt, wer irritiert, wer Angst macht, wird zum Objekt der Nachprüfungen gemacht: Was stimmt nicht **mit ihm!**

Die Erziehungswissenschaft sollte sich dieser Frage nicht entziehen, sollte jedoch die Lastenverteilung in der Interaktion zwischen „Normalen" und „Anormalen" genauer bedenken. Denn „Anormalität" als soziales Problem beginnt bei den Normalen, bei ihrem Sich-gestört-Fühlen. Deshalb muß dieses Sich-gestört-Fühlen, muß die individuelle und gesellschaftliche Haltung, die in den Irritationen, Ängsten und Enttäuschungen sich manifestiert, vorab zum Thema der pädagogischen Analyse werden. Der Pädagoge selber hat nämlich teil an der Grenzziehung zwischen dem Normalen und Anormalen und an der Plazierung des Störenden jenseits der Grenzen dessen, was noch zugelassen werden kann. „Abweichung" ist ein Vorgang **zwischen** Menschen, für den alle Beteiligten – und nicht, wie die Gesunden, Rechtschaffenen, Normalen häufig gerne meinen, der Abweichler allein – verantwortlich sind. Diese Sichtweise nötigt den Erzieher deshalb dazu, seinen eigenen Anteil an der Beziehung zum ausgegrenzten Anormalen sich klar zu machen und damit die sonst selbstverständliche Herrschaft des Normalen über das Anormale wenigstens in Gedanken außer Kraft zu setzen.

Abweichung als Moment sozialer Beziehungen

Den eigenen Interaktionsanteil zu bedenken, heißt natürlich nicht, moralisierend zu erkennen, man selber sei in vielem auch nicht besser als der Delinquent, habe nur mehr Glück gehabt usf. Es heißt vielmehr, sich selbst in seinem Denken, Fühlen und Handeln dem Anormalen gegenüber zu erkennen:

Was eigentlich stößt mich ab, empört mich, provoziert mich, ängstigt mich, irritiert mich, verletzt mich, erregt mich, zieht mich an, macht mir Schuldgefühle? In welchen Gewißheiten und Interessen fühle ich mich angegriffen?
Warum wird mein psychisches „Gleichgewicht" gestört? Bedarf ich der Existenz des Anormalen für mein Gleichgewicht?
Welche Funktionen haben meine Reaktionen für mich?

Was habe ich davon – emotional, geistig, materiell, moralisch – daß ich hasse, von mir weise, anklage, drohe, räche, verdächtige, verurteile, wegschaffen lasse, bestrafe, untersuche, einsperre, diagnostiziere, bemitleide, heile, verstehe, helfe, verzeihe, liebe, erziehe?

Schließlich auch: In welchem gesellschaftlichen Kontext bewege ich mich mit meinen Aktionen und Reaktionen, mit meinem „Habitus" dem Abweichenden gegenüber?

<small>Abweichung als individueller Protest gegen herrschende Verhältnisse</small>

Nun wäre jedoch eine pädagogische Praxis verfehlt, die aus solcher Selbstkritik und der Skepsis gegen die verschiedenen Definitionen von „Abweichung" folgend, vorwiegend darin bestünde, diese aufzuspüren und gesellschaftskritisch anzuprangern.

Werden nämlich die Beschädigungen und das Leiden allein herausgestellt, übersehen wir leicht, daß ihnen Vorstellungen innewohnen können davon, wie das Leben anders und besser sein könnte – Vorstellungen, die keineswegs mit dem herrschenden Normalitätskonzept übereinstimmen müssen. Abweichungen und Leiden haben – zumindest der Möglichkeit nach – eine Dimension der Veränderung, bestehend aus Träumen, Entwürfen und Protest, wie unartikuliert und unreflektiert auch immer. Diese Dimension auszublenden, bedeutete die Integrität des Gegenstandes zu verletzen, d.h. das abweichende Subjekt eines Teils seiner selbst zu enteignen, und zwar nicht nur eines Teils seines Erlebens, sondern auch eines Teils seiner Zukunftsmöglichkeiten. Dies aber betrifft die Pädagogik unmittelbar.

Sofern auch die Erziehung von „Abweichlern" Bildungsprozesse ermöglichen und fördern will, sollte sie nicht nur an erlittenen Mängeln, an der Verhinderung „falschen Lernens", an der Korrektur von „Fehlentwicklungen", dem „Vorbeugen" und „Heilen" interessiert sein, sondern ebenso oder gar mehr noch an den vorhandenen Stärken, den Hoffnungen und Entwürfen, die darüber hinausweisen. Gewiß gehören beide Seiten zusammen, und möglicherweise haben Mangel und Leid „objektiv" größeres Gewicht als Stärke und Hoffnung. Wenn wir hier die Gewichte dennoch anders verteilen mögen, so liegt darin vielleicht überhaupt das spezifisch Pädagogische: eine Haltung, die bei aller „Negativität" der Kritik, zu welcher sie theoretisch verpflichtet ist, letzten Endes konstruktiv sein will.

Grundregeln des Erziehungshandelns – Erziehung als Vergesellschaftung

4.1 Einleitung

Die pädagogische Theorie ist eine Theorie des Erziehungs**handelns**. Diese Behauptung gilt sowohl für das Alltagsverständnis von Erziehung als auch für die Auffassung, die die kritische Erziehungswissenschaft von der Sache hat: Entsteht irgendwo **außerhalb der Wissenschaft** ein Gespräch über Erziehungsfragen, dann steht in aller Regel die Frage nach der rechten Art von Erziehung im Mittelpunkt, die Frage also, wie man als Erzieher handeln solle, welche Gründe sich dafür geltend machen lassen, welche Voraussetzungen bedacht werden sollten, um richtig handeln zu können usw.

Ähnlich **in der Erziehungswissenschaft**: Sie trennt, jedenfalls als kritische Erziehungswissenschaft, ihre Fragen nach den Voraussetzungen (gesellschaftlichen und individuellen Bedingungen) des Erziehungshandelns, nach den geschichtlich beobachtbaren Normen des Handelns und der Erklärung ihrer gesellschaftlichen Herkunft nicht von den Fragen nach dem „richtigen", „vernünftigen", „guten" Umgang der Generationen miteinander ab; die empirische Erforschung dessen, **was ist,** und die historische Erforschung dessen, **was war,** erfolgt in praktischer Absicht, um besser klären zu können, **was sein soll.** (Lesen Sie dazu noch einmal die Darstellung der Methode der Kritischen Theorie in der Kurseinheit 2).

Wenn wir sagen, daß der Gegenstand der Erziehungswissenschaft vornehmlich das Erziehungs**handeln** ist, dann hat das indessen eine noch spezifischere Bedeutung: Obwohl bei der Erörterung der Probleme des Erziehungshandelns die subjektiven intentionalen Komponenten zur Sprache kommen sollen (das, was Erwachsene und Kinder **wollen,** und wie sie sich selbst und den anderen sehen), muß doch auch die heuristische Hypothese ins Spiel gebracht werden, daß dieses Handeln **Regeln** folgt, sich in bestimmten historischen **Mustern** ausprägt, die ihren Ursprung nicht in dem begründeten Wollen dieser konkreten Individuen ha-

<small>Die Abhängigkeit individuellen Handelns von gesellschaftlichen Normen und Regeln</small>

ben, sondern in den „Verhältnissen". Aus diesen aber kann man sich – Erzieher wie Educandus – vermutlich nur befreien (sofern man das will), wenn man sie kennt. Also sollte die Erkenntnis solcher Regeln des Erziehungshandelns ein Kernstück der erziehungswissenschaftlichen Tätigkeit sein – vielleicht ihr wichtigstes Thema überhaupt.

Erziehung als Individuation und Vergesellschaftung

Unerläßlich für die pädagogische Forschung ist dieses Thema vor allem auch aus folgendem Grund: Es sieht so aus, als könnten wir den Bildungsprozeß eines Individuums in unserem Kulturkreis nur dann recht verstehen, wenn wir zwei seiner Komponenten – die scheinbar einander widersprechen – hervorheben: eine eher dem **Individuum**, als **unterschieden** von den anderen Individuen, zugehörende Komponente und eine zweite Komponente, die das den verschiedenen Individuen je historisch Gemeinsame betrifft, inwiefern also das Individuum mit anderen Individuen **gleichartig** ist. In der Forschung werden diese beiden Komponenten – je nach besonderem Interesse – unterschiedlich bezeichnet: **Personalisation und Sozialisation, personale Identität und soziale Identität, Ich-Gefühl und Wir-Gefühl, Psychogenese und Soziogenese, Assimilation** (Aneignung der Umwelt) **und Akkomodation** (Anpassung an die Umwelt). Allerdings handelt es sich dabei um analytische, also nur gedachte Trennungen, die in der Theorie vorgenommen werden. Versucht man nämlich, irgendeinen beliebigen Schritt im Bildungsprozeß eines Kindes zu beschreiben und zu erklären, dann sieht man bald, daß die „wirklichen" Vorgänge ein praktisch unauflösbares Gemisch aus beiden Komponenten darstellen; die theoretische Hervorhebung einer der beiden Komponenten hat also nur den Sinn, unsere Aufmerksamkeit für die Details zu schärfen. An zwei Beispielen demonstriert:

Ein Kind im Alter von 18 Monaten sieht eine Katze und sagt „Wau-wau"; die Mutter antwortet: „Das ist kein Hund, das ist eine Katze!"

Ein 16-jähriges Mädchen, Schülerin einer Gesamtschule, sagt zum Lehrer: „Ich habe die Schule satt; ich will abgehen;" ihr Lehrer antwortet: „Na ja – hast Du Dir schon überlegt, was Du dann machen willst? Ich glaube, bis zum Abitur würdest Du es gut schaffen – aber wenn Du jetzt abgehst: Willst Du eine Lehre machen?"

In beiden Fällen geht es um ein besonderes, konkretes Individuum, um dessen Bildungsprozeß: im ersten Fall um den Erwerb eines Klassifikations-Begriffs (Unterscheidung von vierbeinigen Tieren in „Hunde" und „Katzen"), die Fähigkeit zu begrifflichen Unterscheidungen also; im anderen Fall um die Erläuterung eigener Motive, persönlicher Zukunftserwartungen („... was Du dann machen willst?").

Es geht aber auch um Fragen, die von diesem besonderen Subjekt (Kind/Jugendliche) unabhängig sind, um Erwartungen an das sich bildende Subjekt, die – innerhalb einer gegebenen Gesellschaft – allgemeine Geltung beanspruchen: die Aneignung von bestimmten Schemata begrifflicher Differenzierung im einen, die Hineinnahme der beruflichen Chancen-Struktur der Gesellschaft in die Motivation und die Vorstellungen von der eigenen Zukunft im anderen Fall.

In beiden Fällen also geht es im Hinblick auf die erste Komponente um die **Kompetenzen** dieses besonderen einzelnen; im Hinblick auf die zweite Komponente um die **Mitgliedschaft** dieses einzelnen in einem gesellschaftlichen Kontext. Beide Komponenten aber sind **nur Aspekte** der Erziehungshandlung (im Falle unserer Beispiele ist es eine Sprech-Handlung). Diese Erziehungshandlung – und das ist das Eigentümliche an ihr – ist so geartet, daß sie jene zwei Komponenten als zwei Funktionen der Handlung enthält: Sie präsentiert dem „Educandus" ein geschichtlich-gesellschaftlich entstandenes **Muster** (begriffliche Differenzierung mit Bezug auf beobachtbare Sachverhalte, Vorstellung eines gesellschaftlichen Systems von Arbeitsteilung und Berufschancen) mit der implizierten Aufforderung zur Auseinandersetzung damit.

Individuation und Vergesellschaftung als Komponenten ein und derselben Handlung

Das aber bedeutet nichts anderes, als daß der Erzieher (Mutter, Vater, Lehrer usw.) in seiner Erziehungshandlung Regeln folgt, in denen zwei Sachverhalte in irgendeinem Sinne Berücksichtigung finden:

- die gesellschaftlich geltenden allgemeinen Standards für sinnvolles Handeln der erwachsenen Gesellschaftsmitglieder und *Gesellschaftlich geltende Handlungsmuster*
- die – ebenso gesellschaftlich geltenden – Annahmen über die „Natur" des Educandus, die „angemessenen" Reaktionen auf ihn, seine Rolle und Stellung in der Gemeinschaft. *Gesellschaftliche Annahmen über den Bildungsprozeß des Individuums*

Bliebe es bei diesen beiden Sachverhalten, dann wäre kaum erklärbar, wie ein Erzieher dazu kommen kann, auch **neue** Regeln des Umgangs mit dem Educandus zu „erfinden". Wir müssen deshalb noch einen dritten Sachverhalt berücksichtigen, der damit zu tun hat, daß angesichts der relativen Zukunftsoffenheit jedes individuellen Bildungsprozesses auch unvorhersehbare neue Erfahrungen möglich sind, also

- die Erfahrungen, die der Erzieher mit dem Educandus und die dieser mit dem Erzieher macht, und zwar unter der Bedingung jener ins Spiel gebrachten Standards und Annahmen. *Individuelle Erfahrungen*

Die Regeln des Erziehungshandelns „vermitteln" also zwischen der Subjektivität/Individualität des Educandus und der Objektivität/Gesellschaftlichkeit des sozialen Systems. Wir wollen im folgenden Abschnitt einige solcher Grundregeln in ihrer geschichtlichen Besonderheit skizzieren.

Aufgabe 9

Erfinden oder beschreiben Sie drei pädagogische Situationen (möglichst verschiedenartig), und versuchen Sie zu bestimmen, was in diesen Situationen jeweils die dem individuellen Bildungsprozeß zugehörige Komponente ist und was den gesellschaftlich geltenden Erwartungen geschuldet ist.

4.2 Die historische Bestimmtheit pädagogischer Handlungsregeln

Aus den Erwägungen des vorangegangenen Abschnittes ergibt sich nun für die erziehungswissenschaftliche Forschung die Aufgabe, für bestimmte historisch-gesellschaftliche Kontexte (gesellschaftliche Formationen, Geschichtsepochen, kulturelle Einheiten) diese Grundregeln zu ermitteln, ihre Funktion zu bestimmen – sowohl nach der Seite des Individuums wie nach der Seite der gesellschaftlichen Reproduktion hin – und zu prüfen, welche Spielräume sie für die Zukunft des Erziehungshandelns offen lassen – welche praktisch-ethischen Fragen mit ihnen aufgeworfen sind.

Dieserart wissenschaftliche Fragestellung hat sich die Pädagogik (bzw. haben sich pädagogisch interessierte Wissenschaftler anderer Disziplinen) erst in der jüngsten Zeit zugewandt. Um welche Themen und Thesen es sich dabei handelt, wollen wir an drei Beispielen erläutern:

Die geschichtliche Entstehung der Kindheit als besonderer gesellschaftlicher Bereich

Im Zusammenhang mit dem in den letzten Jahrzehnten kräftig gewordenen **Interesse an der Sozialgeschichte** wurden – und zwar nicht nur in Deutschland, sondern auch in England, Frankreich und den USA – eine große Anzahl von Untersuchungen zur **Geschichte der Kindheit und der Familie** veröffentlicht (z. B. ARIES 1975 (1. Aufl. 1960), de MAUSE 1977 (1. Aufl. 1973), MITTERAUER/SIEDER 1977, CONZE 1976). Für unsere Fragestellung ist eine Kontroverse zwischen dem Franzosen ARIES und dem Amerikaner de MAUSE von besonderer Bedeutung.

Wandlungen der Kindheit

ARIES interpretiert den Geschichtsablauf der Neuzeit als eine Art „Erfindung" der Kindheit. Während vordem Kinder nicht als „Kinder", denen gegenüber pädagogische Sorgfalt geboten ist, behandelt werden, sondern sie in einer Art Dienstboten-Status am Leben der Erwachsenen unmittelbar teilnahmen, entsteht spätestens seit dem 17. Jh. die Vorstellung, daß es nötig sei, mit Kindern in ihrer Eigenart also noch-nicht-Gebildete eine besondere, eben pädagogische Art des Umgangs zu pflegen. Nun beginnt man überhaupt erst, die Kindheit zu „sehen" und schafft für sie jenen vom gesellschaftlichen Leben der Erwachsenen relativ abgetrennten Lebensraum, der uns inzwischen als Selbstverständlichkeit erscheint. Diese Entwicklung aber wird von ARIES nicht als „Fortschritt" interpretiert, sondern eher problematisch gesehen: das Kind wird zum Objekt eines immer differenzierter werdenden Systems von Disziplinierungen, einer immer lückenloser werdenden Zurichtung für gesellschaftliche Zwecke. Wenn uns heute dagegen barbarisch erscheint, wie etwa im europäischen Mittelalter mit Kindern verfahren wurde, dann sei ein solches Urteil der Sache unangemessen; ein angemessenes Urteil müsse die Perspektive der Epoche, die untersucht wird, einnehmen; was uns heute grausam erscheint, galt für die Akteure und ihre Zeitgenossen als normal, gerecht und angemessen.

Dieser These widerspricht de MAUSE heftig. Er interpretiert die Geschichte des Umgangs von Erwachsenen und Kindern seit dem Mittelalter als Evolution, als Herausbildung eines immer „menschlicheren" pädagogischen Handlungsmusters; dafür führt er, neben den historischen Quellen, psychoanalytische Argumente ins Feld. Seine entscheidende These lautet:

„Die Evolution der Eltern-Kind-Beziehungen bildet eine unabhängige Quelle historischen Wandels. Der Ursprung dieser Evolution liegt in der Fähigkeit der jeweils nachfolgenden Elterngeneration, sich in das psychische Alter ihrer Kinder zurückzuversetzen und die Ängste dieses Alters, wenn sie ihnen zum zweiten Mal begegnen, besser zu bewältigen, als es ihnen in der eigenen Kindheit gelungen ist. Dieser Prozeß gleicht dem der Psychoanalyse, zu dessen charakteristischen Merkmalen ebenfalls die Regression und eine zweite Gelegenheit, sich mit den Ängsten der Kindheit auseinanderzusetzen, gehören."
(de MAUSE 1977, S. 14).

Dieses Sich-in-das-Kind-Hineinversetzen gelingt also – nach de MAUSE – von Generation zu Generation besser; die Menschheit akkumuliert gleichsam im Laufe ihrer Geschichte psychologisches Wissen dadurch, daß „die psychische Struktur von Generation zu Generation durch den Engpaß der Kindheit weitergegeben werden muß". (S. 15).

Es gibt also zwei Fragen:

- Was hat sich erziehungsgeschichtlich ereignet?
- Wie sind die Ereignisse oder Vorgänge zu bewerten?

Zunächst zu den Ereignissen: Beide Autoren sind sich offensichtlich im Hinblick auf die Ereignisse in vielen Punkten einig. Wir nennen kurz die wichtigsten, auch unter Zuhilfenahme anderer erziehungsgeschichtlicher Forschungen:

- Im Verlauf der Neuzeit – am deutlichsten registrierbar im 18. Jahrhundert – wird die physische „Beschädigung" von Kindern (Kindesmord, Kindersterblichkeit, Ausstoßung von Kindern, physische Züchtigung) seltener.
- Die Beziehung zwischen Erwachsenen und Kindern erhält eine immer stärkere affektive Tönung.
- Es entsteht die „bürgerliche Familie", aus zwei Generationen bestehend (dies vor allem im 19. Jahrhundert), für die die Erziehung der Kinder ein dominantes Thema wird.
- Sieht man sich die Grundrisse von Häusern und Wohnungen an, dann entdeckt man, daß im 17. und 18. Jahrhundert (im Bürgertum) die Großräume (Hallen) verschwinden und die Wohnung eine innere Gliederung der Räume nach Funktionen und Rollen erhält. Das „Kinderzimmer" kündigt sich an.
- Es entsteht außerdem eine pädagogische Aufklärungsliteratur, in der Eltern Ratschläge gegeben werden, wie sie mit ihren Kindern umgehen sollten, welche „Techniken" für das Lernen des Kindes nützlich seien (Spielzeug, Lernspiele usw.) und welche Einstellungen und Handlungen dem Kind gegenüber zu wünschen wären (Psychologie des Kindes).

Bezug zu ökonomischen Entwicklungen

Das alles bedeutet: es entstehen die **uns** geläufige Sichtweise auf das Kind und die **uns** geläufigen Handlungsregeln im Umgang mit Kindern. Aber diese Regeln haben eine **gesellschaftliche** Funktion. De MAUSE möchte gern die **Psychogenese** im Umgang der Generationen miteinander zur **Ursache** der gesellschaftlichen Veränderungen erklären. Andere Autoren drehen den Spieß um: sie meinen z. B., die **ökonomische Entwicklung** sei die Ursache der von de MAUSE behaupteten Psychogenese. Unbestreitbar indessen ist dies:

- *Ungefähr gleichzeitig mit den Veränderungen in den Beziehungen der Generationen – manchmal früher, manchmal später – sind Veränderungen im ökonomischen System, besonders der Produktivkräfte und Produktionsweisen, beobachtbar.*
- *Es entstehen Manufakturen, d. h. produzierende Gewerbeunternehmen mit interner Arbeitsteilung und neuem Bedarf an Qualifikationen; außerdem entsteht ein gesellschaftlicher Bedarf an Verwaltungspersonal, an staatlichen Beamten.*
- *Die Trennung von Familienwohnung und Arbeitsplatz vollzieht sich; das bedeutet u. a. eine Dissoziation von produktiven (Arbeit) und reproduktiven (z. B. Erziehung) Funktionen – usw.*
(Zur Erweiterung dieses Katalogs und zur Vertiefung der Kenntnisse lesen Sie beispielsweise das Buch: „Die deutsche Familie" von J. WEBER-KELLERMANN, Frankfurt/M. 1974).

Spricht man von „Funktionen", dann meint man indessen nicht, daß das eine Er- **Funktionen des Erziehungshandelns**
eignis zweifelsfrei Ursache für das andere sei, sondern daß beide in einer sinnvollen Wechselwirkung stehen. Das bedeutet für unser Problem:
Die Ereignisse im Erziehungssystem (damit auch die Rolle, die das Individuum im Prozeß gesellschaftlichen Wandels spielt) und die Ereignisse im Bereich der gesellschaftlichen „Produktion", in der Wirtschaft, im Beschäftigungssystem sind „Momente" der gesellschaftlichen „Totalität", die sich wechselseitig bedingen: Die Trennung beispielsweise von Arbeitsplatz und Familienwohnung und die damit vorgenommene Herauslösung der Erziehungstätigkeit aus der Arbeit der Erwachsenen macht es möglich, daß sich die Arbeitsteilung weiterentwickelt, eine weitgehende Arbeitsteilung unterstützt und fördert ihrerseits die Veränderungen in der Familie als primärem Erziehungsmilieu.

In diesem Prozeß von Wechselwirkungen sind nun nicht nur neue pädagogische Aufgaben und Einrichtungen entstanden (die Familie, die allgemeinbildende Schule, die Berufsbildung, der Kindergarten, die Heimerziehung, die Gefängnispädagogik usw.), sondern zugleich neue Muster des pädagogischen Umgangs der Generationen miteinander. Und auch dieses Verhältnis von Einrichtungen und Handlungsregeln läßt sich als Wechselwirkung beschreiben.

Eine solche in den letzten Jahrhunderten entstandene pädagogische Hand- **Die Zergliederung des Educandus**
lungsregel scheint die Zergliederung des Educandus in einzelne trainierbare „Verhaltensweisen" und „Fähigkeiten" zu sein und die damit korrespondierende Zergliederung der pädagogischen Handlungsräume. Diese These läßt sich z. B. durch die folgenden drei Hinweise stützen (sie ist damit freilich noch nicht **bewiesen**, aber doch als forschungsbedürftig **plausibel** gemacht):

▶ *Hinweis 1*
Basil BERNSTEIN – ein englischer Bildungsforscher – hat 1971 in einem Aufsatz („Klassifikation und Vermittlungsrahmen im schulischen Lernprozeß", Zeitschrift für Pädagogik Jg. 1971) einen für die **Curriculum-Revision** wichtigen Vorschlag gemacht. Er meint, daß einige Eigentümlichkeiten der gegenwärtigen Organisation des schulischen Lernens besonders deutlich hervortreten, wenn man sich mit der Frage beschäftigt, wie wir heute eigentlich vorwiegend die Lerninhalte klassifizieren und den Lern- und Bildungsprozeß organisieren. Was er herausgefunden hat, ist dies: Anstelle eines – prinzipiell denkbaren und in der vorindustriellen Gesellschaft auch vorherrschend gewesenen – **integrativen** Curriculums bevorzugen wir heute ein **Kollektions**-Curriculum; d. h., wir entwickeln die Bildungsanforderungen nicht mehr aus dem sozialen und lebensge-* **Curriculum**

---

* Bernstein, B. (1971). Klassifikation und Vermittlungsrahmen im schulischen Lernprozeß. *Zeitschrift für Pädagogik*, 17(2), S. 145–173.

schichtlichen Erfahrungsraum des einzelnen Kindes („integrativ"), sondern aus einer dem Kind abstrakt vorgegebenen Klassifikation von Wissensbeständen, die in der Gesellschaft für wichtig gehalten werden und die sich das Kind und der Jugendliche mit Hilfe des Fächerangebots zusammensammeln müssen („Kollektion").

„Man wird durch diesen Lernprozeß mit zunehmendem Alter immer verschiedener von anderen. Das geschieht natürlich innerhalb jedweder Bildungskarriere, aber innerhalb des spezialisierten Angebot-Systems setzt dieser Prozeß viel früher ein. Deshalb entwickelt sich durch Spezialisierung sehr schnell Unterschiedenheit von anderen im Gegensatz zu Gemeinsamkeiten mit ihnen. Es wird sehr schnell eine bildungsbedingte Identität geschaffen, die eindeutig und fest umrissen ist." (S. 156 f.).

▶ *Hinweis 2*

*Kinderspiele und Spielzeug für Kinder gab es vermutlich immer. Im 18. Jahrhundert aber wird ein kräftiger historischer Einschnitt sichtbar: während beispielsweise in bildlichen Darstellungen die Spiele bis dahin nur wenig Variationen zeigen (es tauchen durch den Verlauf der Jahrhunderte der europäischen Geschichte immer wieder die gleichen Darstellungen auf), bringt das 18. Jahrhundert etwas Neues: es tauchen jetzt „Lernspiele" auf, die ausdrücklich **von den Erwachsenen für die Kinder** aus „pädagogischen" Gründen entwickelt werden: Puppenstuben zur Einübung in das soziale Feld „Familie", Lotto-Spiele zur Übung von Zahlbegriffen und Buchstaben, „sportliche" Spiele zur gezielten körperlichen Ertüchtigung, nicht nur zur Befriedigung der motorischen Lustbedürfnisse des Kindes.*

Kinderspiel

Aufgabe 10

Betrachten Sie genau das Bild „Kinderspiele" von Peter BRUEGEL dem Älteren (1525– 1569)* und vergleichen Sie damit das „Spiel-Inventar" heutiger Kinderzimmer und Spielplätze.

Versuchen sie herauszufinden, was gleich und was verschieden ist.

Versuchen Sie außerdem, das Verschiedene zu charakterisieren im Hinblick darauf, was jeweils Kinder in solchen Spielen lernen und wie solche „Lernperspektive" des Spiels auf den gesellschaftlichen Kontext, auf das durchschnittliche Erwachsenendasein bezogen werden könnte.

---

*   Etwa unter: https://artinwords.de/pieter-bruegel-der-aeltere-kinderspiele/ [Zugriff: 07.01.2021].

▶ **Hinweis 3**
In seinem Buch „Überwachen und Strafen" schildert der französische Philosoph und Sozialwissenschaftler Michel FOUCAULT, wie im 18. Jahrhundert eine Sichtweise des Menschen entsteht, die in verschiedenen Bereichen der Gesellschaft, auch in der Erziehung, sich durchsetzt. Er formuliert diese Entwicklung in Form verschiedener „Prinzipien", von denen wir einige, für die Erziehung besonders wichtige, aufzählen wollen:

Pädagogische Handlungsprinzipien

- **Das Prinzip der „Parzellierung"**
  Das Lernen der Kinder vollzieht sich nicht mehr inmitten anderer Handlungsvollzüge, von diesen nur schwer zu trennen, sondern an besonderen Orten, in besonderen Räumen: im Kinderzimmer, der Schulklasse, dem Heim usw.

- **Das Prinzip der Rang-Ordnung**
  Die Älteren werden von den Jüngeren, die „Besseren" von den „Schlechteren", die „Normalen" von den „Abweichenden" (Waisenhäuser, Heime, später dann auch Sonderschulen und -Klassen) getrennt. Diese Rangordnung „individualisiert die Körper durch eine Lokalisierung, die sie nicht verwurzelt (z. B. in der Lebenseinheit eines Hauswesens, einer Gemeinde, einer sozialen Gruppe, d. Verf.), sondern in einem Netz von Relationen verteilt" (S. 187).

- **Das Prinzip der Zeitplanung**
  Es präzisieren sich die Vorstellungen davon, daß der Bildungsgang des Kindes in Phasen verläuft, in denen es – soll es als „normal" gelten – jeweils bestimmte Lernleistungen zu erbringen hat; innerhalb der Phasen wird der Lernrhythmus (z. B. in der Schule) von der Arbeitszeit und der Spielzeit unterschieden, die Lernzeit wiederum in Unterrichtsstunden unterteilt. Wer es besonders gründlich machen wollte, verengte dies mechanische Zeitgitter – das sich nicht mehr an dem subjektiven Lernrhythmus des einzelnen Kindes und dem Lernrhythmus seiner unmittelbaren Umwelt orientiert, sondern an der gesellschaftlichen Nutzbarmachung seiner Kräfte – noch weiter: „8.45 Eintritt des Monitors (Hilfslehrer), 8.53 Ruf des Monitors, 8.56 Eintritt der Schüler und Gebet, 9 Uhr Einrücken in die Bänke, 9.04 erste Schiefertafel, 9.08 Ende des Diktats, 9.12 zweite Schiefertafel usw." (zitiert bei FOUCAULT, S. 193).

Wenn auch die Angaben in diesem letzten Zitat uns heute übertrieben erscheinen: Die Prinzipien der räumlichen Aufgliederung von Lernleistungen, der Einordnung des Kindes in eine Leistungs-Rang-Skala, der mechanischen Zeitgliederung von Bildungsprozessen (auch weitere, nur nicht ausgeführte Prinzipien der pädagogischen Organisation) sind auch in der Gegenwart noch in Geltung.

Diese drei Hinweise – auf die Klassifikationen, denen wir in der Organisation der Bildungsinhalte folgen; auf die Veränderung des Spielzeugs, auf die Prinzipien der modernen Erziehungsplanung – sollen zeigen, wie die historisch je besonderen pädagogischen Handlungsregeln zwischen dem lernenden Kind und den gesellschaftlichen Anforderungen vermitteln, und zwar im Sinne einer „Funktion": Wird der Bildungsgang nach jenen Gesichtspunkten organisiert, dann ist zu erwarten, daß derart „gebildete" Individuen die Hervorbringung eines Systems gesellschaftlicher Arbeitsteilung betreiben, in dem sie das Gelernte verwerten können und das nun seinerseits jene Regeln stützt und festigt: „Der Mensch macht die Umstände", aber auch „die Umstände machen den Menschen" (PESTALOZZI).

4.3 Praktische Fragen

Will man sich also mit den Grundregeln des Erziehungshandelns befassen, dann muß sich die Aufmerksamkeit auf zwei in ihrer Art verschiedene Sachverhalte richten:

- auf den Bildungsgang des Individuums bzw. die Art, in der Erzieher und Lehrer sich an der Hervorbringung dieses Bildungsganges beteiligen, und
- auf die „Verhältnisse", die solche Bildungsgänge stützen, ihnen gesellschaftliche Chancen einräumen, ihre „Verwertung" sichern.

Die Entscheidungssituation des Pädagogen

Dies in sorgfältigen Analysen des Zusammenhangs von Erziehung und Gesellschaft zu prüfen – sorgfältiger, als wir es hier auf knappem Raum tun konnten – ist eine Sache. Eine andere ist indessen die Frage, wie sich in der praktisch-pädagogischen Situation der Handelnde zu solchen Grundregeln stellen soll. Da diese gleichsam die „Nahtstelle" zwischen dem Bildungsgang des Individuums und den gesellschaftlichen Umständen, zwischen „Verhalten" und „Verhältnissen" darstellen, beteiligt sich der Erzieher **in jedem Fall** an der Stützung oder Veränderung dieser Umstände.

- Welches Spielzeug soll er wählen?
- Wie soll er mit dem Kinde reden?
- Welche „Tugenden" darf er vom Kinde erwarten?
- Soll er das „Glück" des Kindes in der Gegenwart für wichtiger halten als sein zukünftiges Glück, vielleicht um den Preis, daß das Kind im Augenblick der Erziehung leidet?
- Soll er sich für ein „integriertes" Curriculum entscheiden oder für den, an dem Stand der kindlichen Erziehung gemessen, abstrakten, „Kollektions"-Typus?

- Soll er die Planung von Bildungsprozessen an mechanischen Zeitrhythmen orientieren oder am subjektiven Lernrhythmus des Kindes?
- Soll er dem Kinde vermitteln, daß derjenige erfolgreich, glücklich, geachtet ist, der sich – nach Maßgabe der geltenden Rangordnung – durchsetzt gegen seine Konkurrenten, oder soll er in dem Kinde Zweifel an diesem Prinzip und die Fähigkeit, ihm ohne Schaden zu widerstehen, wecken?

Sie können gewiß diese Liste von Fragen erweitern. Fragen dieser Art machen deutlich, daß das Erziehen nicht nur eine „Technik" ist; daß, wer „richtig" erziehen will, nicht nur Kenntnisse und Fertigkeiten benötigt, die es ihm erlauben, jeweils die zweckgerechten Mittel einzusetzen, die jeweils „effektivste" Handlungsregel zu wählen. Sie machen deutlich, daß das Erziehen **immer auch** praktisch-ethische Entscheidungen einschließt. In jeder Erziehungshandlung treffen oder vollstrecken wir eine Wahl im Hinblick auf das, was „vernünftiges Erziehen", „humane Verhältnisse", „gutes Leben" usw. heißt. Wie Sie in den Abschnitten zur Normenproblematik (in der 2. und 3. Kurseinheit) schon gelesen haben, ist dies durchaus ein wesentliches Thema der „Pädagogik der Kritischen Theorie" von ihrem Anfang an gewesen.

Erziehung: eine Tätigkeit der praktischen Vernunft

Uns scheint indessen, daß dieses Thema zwar immer wieder aufgeworfen, nicht aber systematisch durchgeführt wurde. Die Frage: Wie müssen wir in der Erziehungswissenschaft argumentieren, um in den normativen Fragen der Wahl unserer Ziele und Handlungsregeln **rational** entscheiden und – wenn möglich – zu einem Konsens kommen zu können – **diese Frage zu beantworten,** scheint uns eine der wichtigsten Aufgaben der Zukunft zu sein.

Wenn Sie sich, über diesen Kurs hinaus, für dieses Problem interessieren, dann lesen Sie noch einmal nach, was im Kurs „Einführung in die pädagogische Theoriebildung II"* über SCHLEIERMACHER und was im Kurs „Geisteswissenschaftliche Pädagogik"** über LITT gesagt wurde.

Eine Weiterführung dieser Fragestellung finden Sie außerdem in den Veröffentlichungen der sogenannten „Erlanger Schule", zumal bei den Philosophen O. SCHWEMMER und W. KAMLAH, aber auch bei M. RIEDEL oder F. KAMBARTEL, allerdings ohne daß dort schon die pädagogisch-ethischen Probleme ausdrücklich behandelt würden.

---

[*] Dieser „Kurs" ist der Studienbrief 3003 der FernUniversität Hagen: Dickopp, K.-H. (1983). *Einführung in die pädagogische Theoriebildung.* Hagen: FernUniversität.

[**] Dieser „Kurs" der FernUniversität ist ebenso als Buch erschienen: Klafki, W. (2020). *Geisteswissenschaftliche Pädagogik. Fünf Studienbriefe für die FernUniversität in Hagen.* Hrsg. von Cathleen Grunert und Katja Ludwig. Wiesbaden: Springer VS.

Erratum zu: Klaus Mollenhauer und die Pädagogik der Kritischen Theorie – eine Einleitung

Erratum zu:
K. Mollenhauer, *Pädagogik der ‚Kritischen Theorie'*, Neuere Geschichte der Pädagogik, https://doi.org/10.1007/978-3-658-23246-7_1

Der Name wurde von Cathleen Grunert zu Klaus Mollenhauer auf dem Springer Link geändert. Das wurde dies nun aktulisiert.

Die aktualisierte Fassunge des Kapitels finden Sie unter
https://doi.org/10.1007/978-3-658-23246-7_1